ullstein

Das Buch

Ingo Zamperoni war stets fasziniert von den USA. Er ist es
bis heute – nun aber mit einem nüchternen Blick auf die
Realitäten des Landes. Sein dortiges Studium und seine
journalistische Tätigkeit haben ihm gezeigt: Vieles an Amerika mag man bewundern, etwa den ausgeprägten Altruis-
mus oder die Innovationsbereitschaft. Gleichzeitig gibt es
erhebliche Differenzen, etwa beim Waffengesetz oder der
Geheimdiensttätigkeit. Doch trotz aller Missklänge haben
die deutsch-amerikanischen Beziehungen nach wie vor zentrale Bedeutung für die Zukunft unseres Landes. Denn die
großen Herausforderungen durch Terror, Kriege, Flucht, Fi-
nanzkrisen und Klimawandel können Deutschland und die
USA nur gemeinsam meistern. Je besser wir einander verstehen, desto leichter erneuern wir eine Partnerschaft, auf
die beide Länder nicht verzichten können.

Der Autor

Ingo Zamperoni, geboren 1974, studierte Amerikanistik,
Jura und Geschichte. Ein Fulbright-Stipendium führte ihn
zum Auslandsstudium nach Boston. Nach dem Master arbeitete er unter anderem im ARD-Studio in Washington und
als Inlandskorrespondent für *Tagesschau* und *Tagesthemen*.
Später moderierte er unter anderem das *ARD Nachtmaga-
zin*. Ab Februar 2014 arbeitete er wieder in Washington als
ARD-Auslandskorrespondent, seit Herbst 2016 moderiert
er die *Tagesthemen*. Er lebt mit seiner amerikanischen Frau
und seinen drei Kindern in Hamburg.

INGO ZAMPERONI

FREMDES LAND
AMERIKA

Warum wir unser Verhältnis
zu den USA neu bewerten müssen

Ullstein

Besuchen Sie uns im Internet:
www.ullstein-taschenbuch.de

Erweiterte Ausgabe im Ullstein Taschenbuch
1. Auflage Mai 2018
© Ullstein Buchverlage GmbH, Berlin 2016 / Ullstein Verlag
Lektorat: Jan Martin Ogiermann
Umschlaggestaltung: zero-media.net, München nach einer
Vorlage von Büro Jorge Schmidt, München
Titelabbildung: © Jennifer Fey Photography (Porträt);
© Colourbox (Weißes Haus)
Satz: L42 AG, Berlin
Gesetzt aus der Aldus nova Pro
Druck und Bindearbeiten: CPI books GmbH, Leck
ISBN 978-3-548-37733-9

Für Jif

Inhalt

TEIL III   UNTERSCHIEDE UND GEMEINSAMKEITEN
Was können wir von den USA lernen?

Vorwort zur Taschenbuchausgabe

Eigentlich müsste ich Donald Trump ja dankbar sein. Denn seine Kandidatur, sein Wahlkampf, ja, das ganze Phänomen Trump haben im Herbst 2016 nicht nur dazu geführt, dass das Interesse an den Entwicklungen jenseits des Atlantiks gigantisch anwuchs, sondern auch, dass der Titel dieses Buches noch aktueller, noch treffender erschien. Sicher, es gab schon in den Jahren zuvor hierzulande immer wieder Unverständnis, Kopfschütteln und Ablehnung gegenüber Entscheidungen und Ereignissen in den USA – ein gewisser latenter deutscher Antiamerikanismus kommt nicht von ungefähr. Aber ein solches Befremden wie über diese unwahrscheinliche Figur, die zunächst nur wie ein Clown im amerikanischen Politzirkus wirkte, um dann tatsächlich als maßgebliche Figur ins Zentrum der Macht zu rücken, hat es wohl noch nicht gegeben. Keine Frage, die USA sind durch die Wahl von Donald Trump zu ihrem 45. Präsidenten für viele weltweit ein »*Noch* fremderes Land Amerika« geworden – und für einen Großteil der Amerikaner ebenfalls.

Das Phänomen Trump ist ja auch in vielerlei Hinsicht unglaublich. Der rasante Aufstieg eines Immobilien-Tycoons und Reality-TV-Stars, der zuvor noch nie irgendein politisches Amt bekleidet und auch keinen Militärdienst geleistet hatte, zum Oberbefehlshaber und Staatschef der Weltmacht, dies auch noch gleich im ersten Anlauf, sucht

I

seinesgleichen. Und was nach seinem Amtsantritt folgte, bestätigte viele Befürchtungen.

Das Unverständnis für diese Vorgänge bei uns rührt zum einen aus dem Vergleich zum Vorgänger. Barack Obama verkörperte alles, was wir Deutsche an einem mächtigen Politiker lieben: besonnen abwägend, multilateral handelnd, gepaart mit einer gewissen Gelassenheit, einer gewissen Coolness. Noch bevor er Präsident wurde, kamen Zehntausende an die Berliner Siegessäule, um ihn reden zu hören – er wurde geradezu als Heilsbringer verehrt nach der düsteren Ära des George W. Bush. Trump mit seiner brachialen *America first*-Botschaft könnte gegensätzlicher zu Obama nicht sein: aufbrausend, eigensinnig, eigenmächtig.

Zum anderen empören gerade wir Deutschen uns über die Wahl dieses Präsidenten, weil wir meiner Meinung nach zu oft dem verfallen, was ich im ursprünglichen Vorwort als *Vertrauensillusion* bezeichne: Wir meinen die USA gut zu kennen, aus Urlauben, aus Filmen, aus Berichten, und sie daher einschätzen zu können – und sind dann umso enttäuschter, wenn die Amerikaner sich mitunter ganz anders verhalten, als von uns erwartet.

Fest steht: Trump hat das Amt nicht durch einen Putsch oder Betrug errungen, sondern durch eine legitime Wahl. Er hat Strömungen erkannt, die keiner sonst so ansprechen konnte – oder wollte. Zwar hat Hillary Clinton insgesamt fast drei Millionen Stimmen mehr geholt als er, aber so ist das amerikanische Wahlsystem mit seinen Wahlmännern und -Frauen im *Electoral College* nun mal. Wäre es andersherum gelaufen, hätten wir uns sicher nicht beschwert.

Wohl wissend, dass der Wahlkampf und die Wahl, die ja zwei Monate nach Erscheinen von *Fremdes Land Amerika* stattfand, bald nicht mehr aktuell sein würden, bin ich beim Schreiben dieses Buches bewusst weniger auf die Auseinandersetzung Trump-Clinton eingegangen als vielmehr auf die Gründe und Entwicklungen, die letztlich zu diesem

Ergebnis geführt haben. Denn diese Verschiebungen sind tiefgreifender. Meiner Meinung nach ist Trump nicht die Ursache für das, was derzeit in den USA passiert, sondern ein Symptom. Er hat es geschickt verstanden, vor allem die Wut und den Frust der weißen Wählerschaft anzuzapfen und zu verstärken. Dadurch, dass ich in erster Linie auf die Ursachen für diesen Zorn, auf die sich vertiefende Spaltung der amerikanischen Gesellschaft und auf die dafür verantwortlichen Hintergründe geblickt habe, hat das Buch, wie ich finde, wenig von seiner Aktualität und Aussagekraft eingebüßt, auch knapp zwei Jahre nach seiner Erstausgabe nicht.

Gleichwohl lässt sich nicht ausblenden, dass die Präsidentschaft Trump inzwischen eine tiefgreifende Zäsur darstellt, die fast alle Bereiche des amerikanischen Alltags betrifft. Als ich daher mit meinem Verlag über eine Taschenbuchausgabe von *Fremdes Land Amerika* sprach, waren wir uns rasch einig, dass es einer gewissen Aktualisierung bedürfe sowie eines weiteren Kapitels über Donald Trump, den Präsidenten. Doch recht schnell wurde klar: Ein einzelnes Kapitel würde niemals reichen, um den mitunter atemberaubenden Drehungen und Normverschiebungen dieser Präsidentschaft, dem Chaos, aber auch den erfolgreichen Umsetzungen vieler Wahlversprechen auch nur ansatzweise gerecht zu werden. So entstand die Idee, all diese Aspekte lieber gleich in einem neuen, eigenen Buch zu beleuchten: *Anderland. Die USA unter Trump – ein Schadensbericht.* Wenn man so will, handelt es sich um die Fortsetzung des Buches, dass Sie, liebe Leser, gerade in den Händen halten. Es liest sich quasi als nächste Folge in dem Politdrama, dass sich derzeit auf der anderen Seite des Ozeans abspielt – nicht nur in der Hauptstadt Washington, DC, sondern im ganzen Land, quer durch die amerikanische Gesellschaft.

Aber wie gesagt, jenseits der Causa Trump und dem, was dieser Präsident heute für sein Land bedeutet oder symbolisiert, bieten die folgenden Seiten von *Fremdes Land Amerika* viele grundsätzliche Beobachtungen über die USA und schildern zugleich sehr persönliche Erfahrungen, die ich sowohl durch meine Arbeit als Korrespondent als auch im Austausch mit meiner eigenen amerikanischen Familie gemacht habe. Die Themen, denen ich hierbei nachgegangen bin, bewegen nach wie vor Amerika und den Rest der Welt: Einwanderung, Waffengewalt, Rassismus, ehrenamtliches Engagement, Handel, Anti-Terrorkampf, Klimaschutz oder die tiefgreifenden Umwälzungen, die von den Machern im Silicon Valley angeschoben werden. Dazu immer wieder die spektakuläre Landschaft, die Natur und das Licht in diesem gigantischen Land.

Vor allem aber bleibt das Ziel dieses Buches das gleiche wie bei seiner Premiere: zu versuchen, den Lesern diese widersprüchliche, extreme, faszinierende Nation so weit es geht ein Stückchen verständlicher zu machen. Das ist heute wohl gebotener denn je. In diesem Sinne wünsche ich spannende Lektüre.

Einleitung

Es begann mit einer Dose. Mitte der achtziger Jahre, gegen Ende meiner Grundschulzeit, brach in meinem Freundeskreis die Dosensammelwut aus. Nicht wegen des Dosenpfands – der lag damals noch in ferner Zukunft –, sondern einfach um der Dosen willen. So wie andere Leute Aufkleber sammeln, Knöpfe oder Briefmarken. Vielleicht war es wegen der unterschiedlichen Designs der verschiedenen Getränkehersteller. Oder weil man leere Getränkedosen einfach gut ins Regal stapeln konnte. Irgendwann war jedoch, trotz aller Vielfalt, das Angebot der deutschen Supermärkte erschöpft. Und wer aus dem Urlaub mit »neuer Ware« aus fernen Ländern zurückkam, war der Held. Je exotischer die Dose, desto besser.

Für mich gab es aber noch einen anderen Weg, an solche Sammlerstücke heranzukommen. Denn ich wuchs in Wiesbaden in unmittelbarer Nähe des Aukamm-Housings auf, einer Siedlung für US-Soldaten und ihre Familien, von denen damals Tausende im Rhein-Main-Gebiet stationiert waren. Ein *little America* wie direkt aus einer amerikanischen Vorstadt verpflanzt, und das mitten in der hessischen Landeshauptstadt, inklusive offener Vorgärten ohne Zäune, was allein schon genügte, um mich fundamentale kulturelle Unterschiede zu meiner Heimat und ein grundsätzlich anderes Verhältnis zum Schutz der Privatsphäre erahnen zu lassen. Es gab dort große Barbecue-Grills und Auffahrten

9

vor den Häusern, auf denen beeindruckend breitspurige Boliden *made in USA* standen, die kein deutscher TÜV jemals zugelassen hätte. Natürlich fehlten weder ein Basketball-Platz noch ein Baseball-Feld.

Dieses Viertel war meine »Goldmine«. Denn vor allem am Wochenende füllten sich die Mülleimer entlang dieser Knotenpunkte amerikanischer Zivilisation mit den fremdartigsten, coolsten Dosen: Mountain Dew, Dr. Pepper, Coke Classic. So banal es klingt, meine Faszination für die USA muss irgendwann in dieser Zeit mit verbeultem, klebrigem Weißblech begonnen haben.

Aber nicht nur deshalb empfand ich die Ausflüge in die US-Vorstadtidylle gleich nebenan als äußerst aufregend, sondern auch, weil im Herbst skurril ausgehöhlte Kürbisse vor den Türen standen, und das lange bevor Halloween auch bei uns ein Fixpunkt im Kalender wurde. Oder weil Kinder sich dieses seltsame Lederei zu*warfen*, es aber dennoch *Football* nannten. Oder weil in der Adventszeit die blinkenden Festbeleuchtungen an den Häusern allein ausgereicht hätten, um den nahegelegenen Atomreaktor Biblis II rentabel zu halten.

Dass es sich bei den Amerikanern nicht nur um ein kurioses Volk handeln musste, sondern auch um ein irgendwie einflussreiches, hatte ich schon früh mitbekommen. Eine meiner ersten Fernseherfahrungen, an die ich mich erinnern kann, hat mit den USA zu tun. Ich erlebte, wie meine Mutter 1980 gebannt in den Nachrichten den Wahlerfolg Ronald Reagans über Jimmy Carter verfolgte und dabei versuchte, mich auf die Relevanz dieses Ereignisses aufmerksam zu machen – was bei einem Sechsjährigen natürlich komplett ins Leere lief. Aber ich weiß noch, dass ich zumindest eine Ahnung von der Bedeutung der USA bekam: Was in diesem Land passierte, wer an die Macht kam oder nicht, welche Richtung dort eingeschlagen wurde, das alles hatte offenbar Auswirkungen auf den Rest der Welt. Und nebenbei fand ich es höchst unfair, dass das nette blonde Mädchen namens Amy, das neben ihrem Vater, dem Wahlverlierer, stand, nun vorzeitig aus dem schönen weißen Haus ausziehen musste, nur weil der andere Mann mit dem glänzenden Haar irgendeine Abstimmung gewonnen hatte.

Mittlerweile ist das transatlantische Verhältnis für mich längst ein persönliches geworden – ich bin mit einer Amerikanerin verheiratet. Aber schon davor zog sich die Auseinandersetzung mit den Vereinigten Staaten von Amerika wie ein roter Faden durch mein berufliches und privates Leben und war zunächst von einer jugendlich naiven Begeisterung für dieses Land geprägt. Dabei hatten es mir anfangs besonders die amerikanischen Sportarten angetan. Ich organisierte mit meinen Kumpels Flag-Football-Spiele im Wiesbadener Kurpark, und zu Hause quengelte ich so lange, bis meine Eltern mir einen Basketballkorb an unsere Garage hängten. Mein Enthusiasmus nährte sich zunächst nur von Beobachtungen aus der Ferne und beruhte deshalb auf vielen falschen Vorstellungen und übertriebenen Erwartungen. Es sollte einige Jahre dauern, bis mein romantisiertes USA-Bild einer etwas realistischeren, nüchterneren Betrachtung wich.

Zunächst aber beeinflusste meine Faszination für den *American Way of Life* und für diesen enormen Kontinent im fernen Westen auch meine Studienwahl: Amerikanistik im Hauptfach. Die logische Konsequenz folgte 1997, als ich zum Auslandsstudium an die Boston University ging. Ich hatte zwar zuvor schon einige Male Urlaub in den USA gemacht, doch hatten diese Reisen meine Neugier höchstens oberflächlich befriedigt. Nun sollte es also ein ganzer Lebensabschnitt werden. Und tatsächlich ergab sich aus dem einen Austauschjahr ein dreijähriger Aufenthalt, zur Hälfte in Boston, zur Hälfte in der Hauptstadt Washington, D.C., wo ich zuerst als Praktikant, dann als Producer im ARD-Studio arbeitete.

Gerade in dieser Zeit habe ich die USA näher und vielfältiger erlebt und kennengelernt, als ich mir das je hätte vorstellen können. Von Key West bis zur äußersten Aleuten-Insel im Nordpazifik, von Arizonas kargen Wüsten bis an Maines zerklüftete Küste, »*from Sea to shining Sea*« sammelte ich einzigartige Erlebnisse und beeindruckende Begegnungen – sei es mit waghalsigen Küstenbewohnern, die ihr Haus trotz eines herandonnernden Hurrikans nicht verlassen wollten, mit Wahlkämpfern, die für ihren Kandidaten schon Jahre vor der eigentlichen Abstimmung unerschütterlich trommelten, oder mit einem alten Boxer, der einst Sparringspartner von Ernest Hemingway gewesen war.

Doch als ich nach drei Jahren nach Deutschland zurückkehrte, zog ich Bilanz: Das Abenteuer Amerika hatte seinen Preis gehabt. Meine über Jahre gepflegte Affinität zu den USA hatte einige gehörige Dämpfer bekommen. In manchen Punkten würde ich sogar schlicht von Enttäuschung sprechen. Es ist eben das eine, sich an der spektakulären Natur des Kontinents zu berauschen und die Freundlichkeit der Menschen zu genießen. Und es ist etwas ganz anderes, die Widersprüche, Ungereimtheiten und Mängel der Vereinigten Staaten im Alltag hautnah zu erleben, mitunter auch zu erleiden. Dies beginnt mit der maroden Infrastruktur oder der häufig herrschenden Doppelmoral, und es greift weit tiefer, wenn es um die vielerorts unübersehbare krasse Armut, das absurde Recht auf Waffenbesitz oder den alltäglichen Rassismus geht.

Gleichzeitig setzte sich aber eine weitere Erkenntnis durch. Meine Sicht auf die USA war nun zwar nicht mehr so unhinterfragt schwärmerisch, nachdem, wie in jeder »Beziehung«, der Alltag manche Euphorie, manche Leidenschaft abgeschliffen hatte. Dafür war mein Blick nun klarer, realistischer und ermöglichte mir einen ehrlicheren und damit letztlich tiefergehenden Zugang. So gesehen bewirkte die – zunächst negative – Erfahrung also eine Bereicherung.

Genau an diese Erfahrung habe ich mich wieder sehr

bewusst erinnert, als in Deutschland die Empörung über die ausufernde Überwachung durch amerikanische Geheimdienste hochkochte. »Unverschämtheit, wie können die so etwas machen? Wir sind doch Freunde – so etwas tut man unter Freunden nicht!«, lautete der Tenor. Ja, das stimmt. Schließlich sind wir mit kaum einem anderen Partner enger verbündet als mit den USA. Die Frage, auf welcher Grundlage diese von Vertrauen abhängige Partnerschaft nach den Enthüllungen Edward Snowdens steht, ist durchaus berechtigt. Selbstverständlich hat das Ausspionieren von Angela Merkels Mobiltelefon nichts mit dem Antiterrorkampf zu tun und ist schlicht ein Affront. Das Problem ist jedoch, dass wir Deutschen in dieser Freundschaft unsere eigene Erwartungshaltung hegen, die vom amerikanischen Partner so nicht geteilt wird. Unsere Enttäuschung über die USA rührt eben auch daher, dass wir eine hoffnungslos romantische Vorstellung von dieser Partnerschaft haben – beziehungsweise hatten. Man könnte in der Tat von enttäuschter Liebe sprechen.

Ein solches Gefühl fundamentaler Entfremdung ist in den USA nie aufgekommen. Dafür gab es andere Themen, welche die Amerikaner zumindest irritiert haben: die oftmals feindselige Haltung deutscher Verbraucher gegenüber dem transatlantischen Handelsabkommen TTIP oder der dreiste Betrug des deutschen Autobauers Volkswagen anhand gezielt gefälschter Abgaswerte. Oder warum Deutschland mehr als ein Vierteljahrhundert nach der deutschen Einheit sich immer noch so schwertut mit der militärischen Verteidigung von Freiheit und Souveränität außerhalb der Nato-Grenzen.

In der NSA-Affäre hingegen herrschte in Washington allenfalls die überraschte Einsicht vor, dass der Schaden offensichtlich doch größer war als gedacht. Grundsätzlich sahen (und sehen) die Amerikaner die Angelegenheit viel pragmatischer. Ich bin öfter von Bekannten angesprochen worden, die sich über die Aufregung in Deutschland gewundert haben. »Warum die Empörung? Machen das nicht alle Geheimdienste? Ihr profitiert doch auch von unseren Erkenntnissen. Und nicht zuletzt: Wir verstehen ja, dass ihr mit eurer Gestapo- und Stasi-Vergangenheit beim Thema Überwachung empfindlicher reagiert, aber ihr müsst einsehen: Seit den Anschlägen vom 11. September 2001 ist eben vieles anders.« In der Tat: Bei der Terrorbekämpfung gilt in den USA nun einmal eine andere Gewichtung von nationaler Sicherheit und individueller Freiheit als in Deutschland – wenn auch manchem von uns der Hinweis auf die Anschläge von 2001 inzwischen als Totschlagargument erscheinen mag.

Der Vertrauensbruch im NSA-Skandal ist aber nicht der einzige Grund, warum sich im deutsch-amerikanischen Verhältnis Risse zeigen. Antiamerikanische Strömungen hat es schon immer gegeben, von ganz links bis ganz rechts. Spannungen gab es etwa während des Vietnamkriegs oder zu Zeiten des Nato-Doppelbeschlusses. Nach der deutschen Einheit gesellte sich dann der Wunsch nach Abnabelung vom (über)mächtigen Verbündeten hinzu. Irakkrieg, CIA-Folter und Guantánamo sorgten in der jüngeren Vergangenheit für neue Ressentiments, ehe die amerikanischen Abhörmethoden weiteres Öl ins Feuer gossen.

Nach meiner Auffassung hat der transatlantische Riss jedoch eine weitere, fundamentale Ursache: das Phänomen der gefühlten Vertrautheit. Der Koordinator für Transatlantische Zusammenarbeit im Auswärtigen Amt, Jürgen Hardt, hat dies einmal treffend auf den Begriff der »Vertrauensillusion« gebracht: »Wir denken, wir kennen Amerika, weil wir die amerikanische Alltags- und Konsumkultur kennen. Sie ist bei uns allgegenwärtig. Wir müssen uns aber eingestehen, dass wir Amerika eigentlich nicht kennen und erst verstehen müssen.«[1]

Tatsächlich fällt es leicht zu meinen, Amerika zu kennen. Nachrichten aus den USA erreichen uns häufiger als solche aus Papua-Neuguinea. Sehr viele Deutsche verstehen die englische Sprache, die amerikanische Popkultur beeinflusst die unsere, ja sie ist mit ihr großenteils identisch; alle möglichen Trends schwappen regelmäßig über den Atlantik zu uns. Viele Deutsche waren im Urlaub in den Vereinigten Staaten, schauen gerne Hollywood-Filme, und das Internet lässt die Welt sowieso zusammenrücken. Und dann gleicht sich auch noch in den USA selbst so vieles: etwa die Einkaufszentren, die austauschbaren Vorortsiedlungen, die uninspirierten Restaurantketten. Als speise sich das alles aus einem Einheitsbrei.

Dabei ist Amerika in sich äußerst vielfältig. Der Mittlere Westen und der tiefe Süden, die liberale Westküste oder die traditionsbewusste Nordostküste könnten in vielem unterschiedlicher kaum sein – nicht nur landschaftlich, sondern auch von der Mentalität her. Schon dass uns die Wahrnehmung für diese Unterschiede fehlt, zeigt, dass wir in einigen Aspekten die Amerikaner nicht viel besser verstehen als die Chinesen oder die Inder. Letztlich ist Amerika für uns also das, was der Titel dieses Buches besagt: ein fremdes Land.

Diese Vertrauensillusion generiert eine überzogene, aber mächtige Erwartungshaltung: Gerade wenn man jemanden gut zu kennen glaubt, meint man, sein Verhalten berechnen zu können. Und ist umso frustrierter, wenn dieses Verhalten ganz und gar nicht den eigenen Erwartungen entspricht. Verbunden nicht zuletzt mit den unerfüllbaren Hoffnungen, die gerade wir Deutschen auf Barack Obama geladen hatten, entwickelte sich in den letzten Jahren eine regelrechte Lawine von Enttäuschungen und Reibungen, die das transatlantische Verhältnis unter sich zu begraben droht.

Das ist der Grund, warum ich dieses Buch schreibe: Das deutsch-amerikanische Verhältnis ist belastet wie selten zuvor. Es unter neuen Vorzeichen wieder zu stärken und auf ein neues Fundament zu stellen halte ich im Interesse unseres Landes für eminent wichtig. Wir befinden uns an einem Punkt, an dem wichtige Weichen für das fortschreitende 21. Jahrhundert gestellt werden. So wie jede Beziehung lebt auch die transatlantische von Dynamik und Veränderung. Ob es um die NSA-Affäre oder das Handelsabkommen TTIP geht, um das Innovationstempo, das die Macher im Silicon Valley vorgeben, oder um die veränderte Rolle Deutschlands in der Welt, etwa in der Ukrainekrise oder bei der Flüchtlingsproblematik – überall sind die Dinge in Bewegung. Sie erfordern Entscheidungen und eben auch eine Verständigung zwischen den Partnern.

Dieses Buch will versuchen, den Blick auf die USA zu schärfen und einen Zugang zu ermöglichen, der weder romantisiert noch alles in Bausch und Bogen verdammt; der weder schwärmerisch noch in negativer Weise voreingenommen ist. Der zumindest mit weniger Erwartungshaltung, weniger Illusionen behaftet, dafür ehrlicher und realistischer ist – und damit besser für beide Seiten. Schließlich lernt man von anderen nicht nur im Positiven, wenn sie etwas besser machen als man selbst, sondern auch im Negativen, wenn man erkennt, was im eigenen Land besser läuft als anderswo und welche Trends und Entwicklungen man nicht unbedingt mitmachen sollte.

Für eine Beziehung heißt das auch: Es muss nicht immer das Schlechteste sein, wenn es mal kracht. Wichtig ist nur, dass wir grundsätzlich wissen, auf wen wir uns in dieser turbulenten Welt im Zweifel verlassen können. Eine wirkliche Partnerschaft hält Konflikte aus. Denn dass die deutsch-amerikanische Partnerschaft trotz aller Zerwürfnisse, Enttäuschungen und Differenzen eine zentrale Rolle für die Zukunft unseres Landes spielt, davon bin ich fest überzeugt.

Ich will in diesem Buch versuchen, einige zentrale Gedanken zu formulieren und zu ordnen. Im ersten Teil geht es um eine Standortbestimmung für die USA in der auslaufenden Ära Obama und um einen Blick aufs Innenleben der

Weltmacht. Was ist aus den Hoffnungen geworden, die den ersten schwarzen US-Präsidenten ins Weiße Haus getragen haben? Wie hat seine Präsidentschaft das Land geprägt? Wo steht es heute? Welches Vermächtnis hinterlässt er? Obama war der Mann, der einst behauptete, es gäbe keine Weißen Staaten von Amerika, keine Schwarzen, keine Roten, keine Gelben, sondern nur die Vereinigten Staaten von Amerika. Doch dieses Land ist gespaltener denn je. Gerade Obama sah sich wie kaum ein Präsident vor ihm mit der lähmenden Polarisierung im Zwei-Parteien-Kongress und im Land konfrontiert. Manches hat er dennoch erreicht, in anderen Fällen ist er an den Verhältnissen verzweifelt. So hat die fundamentale Frage des Rassismus die amerikanische Gesellschaft erneut vor eine Zerreißprobe gestellt. Der Präsidentschaftswahlkampf mit den erfolgreichen Antipoden Bernie Sanders und Donald Trump hat zudem alte Regeln und Gewohnheiten der US-Politik fulminant über den Haufen geworfen und tiefgreifende Entwicklungen in der Gesellschaft offenbart. Das gute Abschneiden dieser Kandidaten, gipfelnd im überraschenden Wahlsieg von Donald Trump, ist nämlich kein Zufall, sondern das Ergebnis gravierender Verwerfungen und politischer Verlagerungen. Was ist los in diesem Land? Ich habe schon mehrere Präsidentschaftswahlen aus der Nähe beobachtet und über sie berichtet – so etwas wie 2016 habe ich allerdings noch nie erlebt.

Im zweiten Teil geht es um die neue geopolitische Rolle der USA und darum, wie das Land und seine Menschen den Übergang von der unangefochtenen weltweiten Dominanz nach Ende des Kalten Krieges in ihre heutige, deutlich umkämpftere Position im globalen Gefüge erleben und verarbeiten. Welche unmittelbaren Auswirkungen hat diese Kräfteverschiebung für Deutschland? Und welche Verantwortung ergibt sich daraus für uns? Um dies zu beantworten, müssen wir verstehen, welchen Weg die USA in der Post-9/11-Ära eingeschlagen haben und wohin sie wollen.

Und schließlich geht es im dritten Teil ganz konkret um die aktuellen Unterschiede und Gemeinsamkeiten zwischen den Vereinigten Staaten und Deutschland. Es gibt Bereiche, in denen wir von den USA lernen können, so wie auch umgekehrt die USA von uns. In mancher Hinsicht sind beide Länder grundverschieden, auch wenn es auf den ersten Blick nicht so scheint. Manches müssen wir akzeptieren, selbst wenn wir es anders sehen wollen oder nicht begreifen können. Kann es uns also, wenigstens in einigen Punkten, gelingen, die *Vertrauensillusion* zu überwinden?

Ich hatte das Glück, für mein Studium in den Vereinigten Staaten in den Genuss eines großzügigen Fulbright-Stipendiums zu kommen. Senator J. William Fulbright gehörte zu den beeindruckendsten politischen Persönlichkeiten des 20. Jahrhunderts in den USA. Besonders eines seiner vielen Zitate hat mich nachhaltig geprägt: »Der Kern interkulturellen Austauschs ist es, Empathie zu entwickeln – die Fähigkeit, die Welt mit den Augen anderer zu sehen. Und dabei der Möglichkeit Raum zu geben, dass andere vielleicht etwas sehen, was wir selbst übersehen haben. Oder, dass sie es genauer sehen.«[2]

Dieser Gedanke ist das Leitmotiv dieses Buchs.

Teil I

UNCLE SAM IN SCHIEFLAGE

Auf Schlingerkurs
ins 21. Jahrhundert

Rückkehr in ein »neues« Land

»Das Leben ist oft wie Jazz:
Der klingt am besten, wenn man improvisiert.«
George Gershwin

Da war sie gleich wieder, diese legendäre Freundlichkeit, die so typisch für die Amerikaner ist. Es war ein klirrend kalter Wintertag im Januar 2014. Der Schnee türmte sich entlang der Gehwege und Straßen, knirschte unter jedem Schritt, aber die Sonne strahlte hell vom gänzlich wolkenfreien Himmel. Ich war mit meiner Familie zwei Tage zuvor in Washington gelandet, wir waren kaum dem monatelangen grauen Nieselwetter des Hamburger Winters entkommen, und schon jetzt, bei der Ankunft, wusste ich, was ich an Washington eines Tages mit am meisten vermissen würde: das Wetter. Oder, besser gesagt: das Licht. Denn auch wenn es mal stürmt, regnet oder schneit, dauert es selten länger als zwei, drei Tage in Amerikas Hauptstadt, bis der Himmel wieder stahlblau leuchtet. In Norddeutschland vergisst man schnell, dass milchig-grau und nass nicht der Normalzustand sein muss.

Unseren Umzugscontainer hatten wir schon Wochen zuvor auf die Reise über den Atlantik geschickt, und glücklicherweise war er fast zeitgleich mit uns angekommen. Nun standen wir also im Eingangsbereich unseres neuen Zuhauses und dirigierten die Möbelpacker mit den Kisten in die jeweiligen Zimmer. Der Container war noch nicht zur Hälfte leer, da kam auch schon von gegenüber die erste Nachbarin mit einem Körbchen voller Blaubeermuffins als Begrüßungsgeschenk vorbei. Die Nachbarn links neben uns stellten uns eine Flasche Wein hin mit der Botschaft: »Willkommen in der tollsten Straße Washingtons!« Und eine weitere Nachbarin steckte uns ihre Visitenkarte mit der Bemerkung zu: »Ich sehe, ihr habt Kinder im selben Alter wie meine, vielleicht wollen sie mal zum Spielen rüberkommen, während ihr die Kisten auspackt. Hier ist meine Nummer.« Später sollte sich noch ein Herr vorstellen, der uns in den nachbarschaftlichen E-Mail-Verteiler aufnehmen wollte, damit man sich besser austauschen könne in der *community*, der Gemeinschaft – ein Begriff, der mir in diesem Land noch oft zu Ohren kommen sollte. Kurz gesagt, wir waren baff. Und begeistert.

Diese Offenheit, Freundlichkeit und einnehmende Herzlichkeit wird von uns Deutschen ja gerne belächelt und als fast schon naiv oder gerne auch als oberflächlich abgetan. Und tatsächlich muss in diesem Land nicht jede Einladung oder jedes Angebot wörtlich und verbindlich genommen werden, ebenso wenig, wie die Begrüßungsformel »*How are you?*« ernsthaft nach einer minutenlangen Darlegung der tatsächlichen Befindlichkeit verlangt. Hin und wieder mache ich mir einen Spaß daraus, beispielsweise Kassierern im Supermarkt auf diese Frage ernsthaft zu antworten, nur um in ihrem Gesicht die Verwirrung darüber zu sehen, wie denn nun mit mir und meinen Ausführungen umzugehen sei. Dennoch habe ich mich über diesen von deutscher Seite erhobenen Vorwurf immer gewundert. Uns jedenfalls war am Tage unseres Einzugs völlig egal, ob etwa die Offerte zum *play date*, zur Verabredung der Kinder, aufrichtig gemeint war oder nur als freundliche Floskel – sie und all die anderen herzlichen Gesten unserer neuen Nachbarn sorgten nämlich vom ersten Moment an für ein wunderbares Willkommensgefühl in unserer neuen Heimat. (Unsere Kinder gingen dann tatsächlich zum Spielen zu den Nachbarn und sind bis heute mit deren Kindern befreundet.)

In Washington, D.C., hatte ich, wie erwähnt, bereits um die Jahrtausendwende anderthalb Jahre gelebt und als Producer im ARD-Studio gearbeitet. Insofern empfand ich unsere Ankunft in vieler Hinsicht auch als *Homecoming*, wie ein Wandeln auf alten Pfaden im und um das Viertel Georgetown, wo sich das Studio befindet. Gleichzeitig war es auch ein ganz neues Abenteuer. Damals lebte ich als Single in einer Wohngemeinschaft, nun kehrte ich mit Familie zurück. Damals lieferte ich Korrespondenten wie Claus Kleber, Tom Buhrow, Christoph Lütgert oder Uli Adrian zu, nun war ich selbst verantwortlich für die Beiträge aus diesem riesigen Berichtsgebiet.

USA-Korrespondent war immer mein Traumjob gewesen. Aber die USA waren inzwischen nicht mehr uneingeschränkt mein Traumland – zu viel war passiert in der Zwischenzeit. Ich betrachte jene Jahre Ende der Neunziger als eine Art goldenes Zeitalter. Das mag viel mit dem nostalgischen Wohlwollen eines jeden Rückblicks zu tun haben. Doch tatsächlich erscheint mir diese Zeit als eine glückliche Ära für Amerika. Geopolitisch war das Land als einzige verbliebene Weltmacht aus dem Kalten Krieg hervorgegangen. Die neue Internet-Industrie boomte und mit ihr der Aktienmarkt. Ein Platzen der New-Economy-Blase konnte sich kaum jemand vorstellen, es ging ja immer nur weiter nach oben an der Börse. Die Flut hebt alle Schiffe, heißt es so schön, und das schien damals ganz besonders zu gelten. Sogar mein Friseur erzählte mir bei jedem Besuch, worin er gerade investiert habe und welche Aktien gerade die heißesten am Markt seien. Es herrschte so etwas wie eine neugierige Vorfreude auf das heraufziehende neue Millennium, selbst bei den Apokalyptikern, die vor den Konsequenzen des wegen der Jahrtausendwende angeblich drohenden Computerfehlers »Y2K-Bug« warnten. Flugzeuge nahm man wie Busse, man konnte nach oberflächlichen Sicherheitskontrollen selbst in letzter Minute noch zusteigen. Das Einzige, was die Nation politisch zu bewegen schien, war die Frage, ob der Präsident nun eine Affäre mit einer Praktikantin gehabt hatte oder nicht. Das Leben hätte gemütlich so weiterplätschern können.

Die verkorkste Präsidentschaftswahl im Jahr 2000 mit ihrer wochenlangen Hängepartie rund um die Frage, ob denn nun Al Gore oder George W. Bush der 43. Präsident der USA werden würde, sorgte für einen ersten Dämpfer, den das Land aber rasch überwand, auch weil sich eine sehr amerikanische Sichtweise durchsetzte: Es ist egal, wie knapp jemand gewinnt, aber gewinnen muss einer. *Let's move on!* – Weiter geht's! Da sind die Amerikaner kompromisslos. Selbst im Sport gibt es das Konzept des Unentschieden kaum – die Verlängerung geht so lange weiter, bis es einen Sieger gibt. Diese an Wettkampf, Entscheidung und Klarheit orientierte Haltung zieht sich durch alle Lebensbereiche – von der Politik bis zur Freizeitgestaltung.

Deutlich schwerer lastete auf dem amerikanischen Optimismus, dass die New-Economy-Blase schließlich doch platzte. Amerikaner investieren privat deutlich mehr in Aktien als wir Deutschen. Dass zahlreiche Modelle für die Altersvorsorge hauptsächlich auf einem Portfolio basieren, bringt einen stärkeren Glauben an die Kraft der Märkte zum Ausdruck sowie die grundsätzliche amerikanische Überzeugung, dass man besser auf Chancen setzt, als sich von Risiken abschrecken zu lassen (ein weiterer Gegensatz zu uns Deutschen). Aber auch diese Talfahrt erschütterte das Land nur bedingt. Jeder weiß: *What goes up, must come down* – was aufsteigt, muss wieder herunterkommen. Und aus Erfahrung wissen die Amerikaner, dass sich das irgendwann auch wieder umkehrt.

Doch dann geschahen die Anschläge vom 11. September 2001 – und änderten alles. Denn sie trafen die amerikanische Gesellschaft ins Mark. Man kann die Zäsur, die diese furchtbaren Terrorakte für die USA politisch, gesellschaftlich, psychologisch, ja, in allen Lebensbereichen bedeuteten, nicht deutlich und oft genug betonen.

Mein Sender schickte mich damals mit der ersten Maschine, die in den nach den Anschlägen tagelang gesperrten nordamerikanischen Luftraum einfliegen durfte, nach Washington, um das ARD-Studio bei der umfassenden Berichterstattung über dieses Ereignis und seine Folgen zu unterstützen. Ich erinnere mich noch gut an dieses Nicht-fassen-Können der Amerikaner angesichts der Monstrosität der Anschläge. Am besten beschrieb dies der verdutzt-versteinerte Gesichtsausdruck von Präsident George W. Bush, als er minutenlang fast regungslos vor einer Grundschulklasse in Florida verharrte, während Berater ihm die ersten Details über die Attacken ins Ohr flüsterten. Das bislang weitgehend unbekannte Gefühl der Verwundbarkeit im eigenen Land führte zu den kuriosesten Reaktionen. Selbst in den entlegensten Regionen von Iowa oder Nebraska kam es zu Hamsterkäufen; Menschen deckten sich mit Gasmasken, Munition und Wasservorräten für mehrere Wochen ein, um für weitere Angriffe gerüstet zu sein. Das war absurd, doch schwankte das gesamte Land in den Tagen und Wochen nach den Anschlägen so heftig zwischen Schockstarre und Hysterie, dass nichts mehr ausgeschlossen und undenkbar erschien.

Wir hatten in den folgenden Jahren auch in Europa immer wieder furchtbare Terrorattacken, in London, Madrid oder zuletzt in Paris und Brüssel. Diese Ereignisse haben die Anschläge von New York und Washington, D.C., ein wenig aus unserem europäischen Blickfeld verdrängt. Zudem saß der Schock über 9/11 bei uns nicht genauso tief, obwohl es weitreichende Konsequenzen auch für uns hatte, beispielsweise durch den Afghanistaneinsatz der Bundeswehr. In den USA hingegen sind die einstürzenden Zwillingstürme von New York nach wie vor sehr präsent. Natürlich ist auch dort seitdem viel Zeit vergangen. Der Verarbeitungsprozess ist fortgeschritten – aber eben noch nicht abgeschlossen. Sogar meine Kinder wurden in ihrer amerikanischen Grundschule erstmals damit konfrontiert. Einmal kam meine ältere Tochter am 11. September mit einer Collage nach Hause, über der »*Never Forgotten – September 11th, 2001*« prangte sowie eine in den amerikanischen Nationalfarben von ihr ausgemalte Schleife. Darunter las man ein in der krakeligen Schrift einer Zweitklässlerin verfasstes Dankesschreiben an die mutigen Feuerwehrleute, die damals so selbstlos ihr Leben riskiert hatten (»*Dear firefighters, thank you so much from* (sic) *saving us*«). Ich wusste anfangs nicht, was ich davon halten sollte. Einerseits war ich etwas befremdet darüber, dass meine Tochter persönlich dankbar sein sollte für etwas, von dem sie bis dahin noch nicht einmal gehört und das noch dazu Jahre vor ihrer eigenen Geburt stattgefunden hatte. Pathos lernt man in diesem Land eben früh. Andererseits hatte die Klassenlehrerin die Ereignisse mit ihren Schülern auch erörtert und sie nicht einfach stumpf eine Collage basteln lassen. Da die Anschläge einen derartigen Einschnitt für dieses Land bedeuteten und aus ihnen so viele Entwicklungen resultierten, die auch Kinder im Alltag mitbekommen, fand ich es nur konsequent, dass sich auch Grundschüler schon mit den Terrorattacken auseinandersetzten. Immerhin weiß meine Tochter jetzt auch, warum man sich in den USA vor jedem Flug die Schuhe ausziehen muss.

Wie sehr der 11. September 2001 einen Bruch bedeutete, spiegelt sich in vielen politischen Entscheidungen, nicht zuletzt in der Verabschiedung des umstrittenen Patriot Act, der den rabiaten Auswüchsen im Antiterrorkampf Tür und Tor öffnete – man denke nur an die Stichworte Guantánamo, Waterboarding oder NSA-Skandal. Aber die politischen

Veränderungen waren nicht die einzigen Unterschiede, auf die ich bei meiner Rückkehr in die USA gespannt war. Auch die kleinen Wandlungen im Alltag, die in der Summe doch ein anderes Bild ergaben, fielen mir bald auf. Das konnten mitunter ganz banale Dinge sein, etwa, dass ich den Müll nicht mehr ungetrennt in eine Tonne werfen musste und mittlerweile die Vorkehrungen für Recycling auch zum Standard eines urbanen US-Haushalts gehören. Oder die Radwege, die sich nun durch Washington ziehen und von denen manche sogar besser und breiter sind, als ich es aus Hamburg kannte. Ein Carsharing-System sowie ein stadtweites Leihfahrrad-Netzwerk sind in Amerikas Hauptstadt inzwischen ebenfalls eine Selbstverständlichkeit – oder auch Notwendigkeit: Washington hat nach offiziellen Angaben die schlimmsten Verkehrsprobleme des ganzen Landes. Nirgendwo sonst stecken die Menschen so viel im Stau wie hier: Mit 86 Staustunden im Jahr pro Autofahrer liegen die Washingtoner um das Doppelte über dem nationalen Durchschnitt und damit noch vor den Metropolen Los Angeles und New York. Praktischerweise haben inzwischen alle öffentlichen Busse in D.C. Fahrradträger vor dem Kühlergrill, was auch weiter entfernt lebende Pendler zum Radfahren animieren soll. Überhaupt ist der Gedanke des Umweltschutzes in Zeiten des Klimawandels deutlich präsenter, als er es um die Jahrtausendwende war. Dies mag nicht für alle Regionen der USA gelten, denn es gibt weiterhin genügend Amerikaner, die den Klimawandel leugnen und als Obamas gruselige Gehirnwäsche abstempeln. Washington ist daher in diesen Dingen – wie in vielen anderen – mitnichten repräsentativ für das Land. Aber immerhin mit tonangebend.

In puncto Improvisationskunst hingegen sind sich die Amerikaner treu geblieben. Das wurde mir sogleich schlagartig bewusst, als ich zum ersten Mal in den Keller unseres neuen Zuhauses hinabstieg. Offensichtlich gilt in den USA immer noch: Die kürzeste Verbindung zwischen zwei

Punkten ist eine Gerade, zumindest wenn es um das Verlegen von Kabeln geht. Das unentwirrbare Geflecht von Strom- und Telefonkabeln, schnörkellos und ungeschützt an die Holzwände und Rigipsdecken getackert, würde jeden deutschen Elektro-Azubi zum Schaudern bringen. Ich war nur froh, dass meine Kinder noch nicht an die unverputzt baumelnden Stromkabel heranreichten. Andererseits konnte ich mich nicht beschweren, denn jeder Lichtschalter im Haus funktionierte so, wie er sollte, und irgendwann nahm ich das Kabelgewirr auch nicht mehr wahr. So wie es einem im Straßenbild irgendwann nicht mehr auffällt, dass die Kabelbäume und Stromtrassen sich von Haus zu Haus und von Kreuzung zu Kreuzung manchmal so sehr verknoten, dass man sich an Kalkutta erinnert fühlt. Funktioniert doch. Und wenn ein Sturm die Leitungsmasten mal wieder umreißt und Tausende Amerikaner tagelang ohne Strom und Internet ausharren müssen, dann ist das zwar ärgerlich, aber immer noch günstiger, als Millionen Kilometer Kabel in der Erde zu verbuddeln. Diese stoische Haltung gegenüber einem Baustandard, der eher einem Entwicklungsland denn einer Weltmacht entspricht, ist beneidenswert, weil sie einen die alltäglichen Mängel, die es schließlich überall gibt, gelassener ertragen lässt.

Woran ich mich allerdings wohl nie gewöhnen werde, ist der Zustand vieler Straßen. Ich meine dabei nicht irgendwelche kaum befahrenen, halb zugewucherten Landstraßen, sondern Hauptverkehrsadern wie beispielsweise Washingtons Wisconsin Avenue, die mein täglicher Radweg zur Arbeit wurde – und mich die marode Infrastruktur am eigenen Leibe spüren ließ. Es war, wie jeden Morgen mit einem Presslufthammer zu tanzen, denn die Arme vibrieren noch eine ganze Weile nach der Ankunft. Dabei sind das Schlimmste nicht einmal die Schlaglöcher, in denen ganze Kaninchensippen überwintern könnten, sondern das fast ununterbrochene Grundrauschen der Risse und Spalten im

Asphalt. Kein Wunder, dass SUVs mit ihren breiten Reifen und gigantischen Federungen in den USA so beliebt sind.

Wobei meine Probleme auf dem Weg zur Arbeit absolut harmlos sind im Vergleich zu den tödlichen Folgen, welche die bröckelnde Bausubstanz gelegentlich hat. Das wurde mir besonders bewusst, als ich zum zehnten Jahrestag von Hurrikan Katrina in New Orleans im Lower Ninth Ward unterwegs war. Die Naturkatastrophe hatte das traditionsreiche schwarze Armenviertel, mehr als ein Meter unter dem Meeresspiegel gelegen, am heftigsten getroffen. Noch heute ist es kaum wiederhergestellt. Unzählige der fast 2000 Opfer kamen dort ums Leben, als unter der Last der Wassermassen mehrere Flutmauern brachen. Das US Army Corps of Engineers, das diese Mauern einst gebaut hatte, wusste, dass manche von ihnen einem größeren Sturm nicht standhalten würden, und musste das in einer anschließenden Untersuchung auch zugeben. Dabei hätten zwei Drittel der Überflutungen in der zu 80 Prozent unter Wasser gesetzten Stadt verhindert werden können, wären die Deiche und Mauern ausreichend in Schuss gewesen.

Eine bessere Überprüfung durch die Aufsichtsbehörden hätte wohl auch den Tod von 13 Menschen verhindern können, als im August 2007 eine Brücke über den Mississippi bei Minneapolis unter dem abendlichen Berufsverkehr einstürzte. Die *New York Times* rechnete vor, dass jedes Jahr Hunderte von Todesfällen, Krankheiten oder Verletzungen dem Verfall von Brücken, Dämmen und Straßen zuzuschreiben sind.[1] Immerhin ist dies ein Missstand, den die Amerikaner nicht so ohne Weiteres hinnehmen. Aber die jahrelange Vernachlässigung, die sich jetzt rächt, lässt sich so schnell nicht aufholen, zumal Bundes- und Landesregierungen immer noch viel weniger investieren, als nötig wäre.

Was sich auch nicht geändert hatte, war, dass die amerikanische Bürokratie nach wie vor für Zugezogene allerlei Überraschungen parat hält. Dass es kein Meldewesen gibt, mag ja historische Hintergründe haben. Und dass man daher bei der Führerscheinbehörde seinen Wohnort mit einer Strom- oder Wasserrechnung nachweist, weil sich darauf die Adresse nachlesen lässt, ist ebenfalls kein neues Phänomen. Aber angesichts der Tatsache, dass der Führerschein mangels Personalausweis ein so zentrales Dokument für jeden Einwohner dieses Landes ist, geht man beim Department of Motor Vehicles in Washington, D.C., verblüffend lax damit um. Obwohl ich felsenfest überzeugt war, beim Ausfüllen des Antragsformulars alles korrekt angegeben zu haben, und auch die – allerdings nicht sehr motiviert dreinschauende – Sachbearbeiterin noch einmal einen prüfenden Blick darauf geworfen hatte, war ich auf dem ersten mir zugesandten Exemplar plötzlich eine braunäugige Frau. Was mich persönlich nicht weiter gestört hätte, aber auf langwierige Erklärungen beim Check-in am Flughafen oder bei einer Polizeikontrolle auf dem Highway hatte ich dann doch keine Lust. Auf der zweiten, »korrigierten« Fassung stand unter dem Punkt Geschlecht diesmal immerhin ein M, aber braune Augen hatte ich nach wie vor. Erst im dritten Anlauf war es dann so weit: männlich, blaue Augen. Wenigstens verliefen die Umtauschvorgänge unbürokratisch. Ein Anruf, bei dem ich nicht einmal irgendwelche persönlichen Angaben machen musste, um mich zu identifizieren, genügte – prompt kam die nächste Version per Post. Übrigens scheint das kein Einzelfall gewesen zu sein, denn meinem Kollegen Holger Stark vom *Spiegel* ist eine solche »Geschlechtsumwandlung« auf dem Papier ebenfalls widerfahren.

Wenn ich mich aber festlegen müsste, welche der mir aufgefallenen Veränderungen die größte darstellt, dann wäre dies wohl das Lebensgefühl der Amerikaner, ihr Selbstverständnis – die Auffassung, was für ein Land die USA sein sollen und wollen. Ich merkte ziemlich bald, dass die George-W.-Bush- und Obama-Jahre in dieser Hinsicht Spuren hinterlassen hatten. Oder vielmehr: tiefe Furchen.

Nichts ist von der wuchtigen Euphorie geblieben, die den so jugendlich-dynamisch wirkenden Barack Obama einst ins Weiße Haus gespült hatte. Und der allgemeine Optimismus der neunziger Jahre kommt mir nicht nur kalendarisch gesehen wie aus einem anderen Jahrtausend vor. Stattdessen spürt man heute allenthalben Zweifel, Verunsicherung. Egal welche Umfrage man sich ansieht, ob eine von CBS News, Bloomberg oder der *New York Times* – auf die Frage, ob das Land in die richtige Richtung steuere oder nicht, ist die Antwort eindeutig. Nur etwa ein Drittel der Befragten ist zufrieden mit der *State of the Union*. Zwei Drittel dagegen empfinden die Lage der Nation und ihre Entwicklung als negativ. Zum Vergleich: 1999 waren laut PEW Research Center 70 Prozent der Befragten zuversichtlich, was die Zukunft ihres Landes betraf.[2] Die heutige pessimistische Sichtweise hält sich in den Umfragen seit einigen Jahren hartnäckig auf hohem Niveau. Ein Land, gefühlt auf Abwegen, verängstigt, orientierungslos – das Selbstbewusstsein der USA hat gelitten.

Diese subjektive Sichtweise ist umso erstaunlicher, wenn man sich die wirtschaftlichen Rahmendaten anschaut. Dem Land geht es rein nach den Zahlen nämlich alles andere als schlecht. So haben die USA in jüngster Vergangenheit durch das Frackingverfahren eine Energieunabhängigkeit erlangt, von der sie lange Zeit nur träumen konnten. Der weltweit gesunkene Ölpreis macht den Unternehmen wegen des aufwendigen Förderverfahrens zwar zu schaffen, aber erstmals seit mehr als vierzig Jahren sind die USA sogar wieder Ölexporteur. Ende 2015 hob der Kongress den nach der Ölkrise 1973 verhängten Exportstopp für amerikanisches Rohöl auf. Die Spritpreise an der Tankstelle sind geradezu unverschämt tief gesunken. Davon profitiert die US-Autoindustrie, die 2015 ein Rekordjahr hatte und so viele Autos verkaufte wie seit 15 Jahren nicht mehr. Und nach wie vor kommt ein Großteil der digitalen Innovationen aus den USA. So viele Amerikaner wie nie sind krankenversichert. Im Grunde herrscht Vollbeschäftigung, denn unter Präsident Obama ist die Arbeitslosenquote auf knapp unter fünf Prozent gefallen. »Seit 2010«, verkündete Obama stolz in der *State of the Union*-Rede, »haben wir mehr Jobs geschaffen als Europa, Japan und jede andere entwickelte Wirtschaft zusammen.«[3]

Dennoch herrscht eine greifbare Zukunftsangst. Die Politikverdrossenheit, ja der Hass auf das »System« Washington, das sich lieber ideologisch blockiert, als Kompromisse zum Wohl der Bürger zu schmieden, ist gewaltig. Diese Wut ist ein Hauptgrund, warum im Präsidentschaftswahlkampf 2016 die Anti-Establishment-Kandidaten so sehr gepunktet haben. Und das auf beiden Seiten des Spektrums: Donald Trump wie auch Ted Cruz bei den Republikanern, Bernie Sanders bei den Demokraten. Es gibt in der Politikwissenschaft das schöne Bild vom Hufeisen, dessen entgegengesetzte Enden sich näher sind als die Mitte. Hier trifft dieses Bild zu: Denn die politische Mitte erntet von den erstarkten, sich in ihrer Ablehnung einigen Rändern die Früchte des Zorns. Immer mehr Menschen, die ökonomisch zur Mittelschicht zählen, fühlen sich als Verlierer, als Abgehängte, die in Zeiten der Globalisierung nicht mehr mitkommen. Trump etwa streute unaufhörlich Salz in diese vermeintliche Wunde (»Amerika gewinnt nicht mehr!«, lautete eine seiner Parolen) und begeisterte seine Anhänger, indem er mit einfachen Botschaften den starken Mann gab und großspurig versprach, Amerika wieder groß zu machen – was immer das auch heißen mag. Wie kein Zweiter hat Trump die Wählerwut geschickt angezapft und entfesselt. Und er lieferte mit nationalistischen Tönen praktischerweise die Sündenböcke gleich mit: illegale Einwanderer, China, Muslime.

Sanders wiederum wetterte ohne Unterlass gegen die immer weiter auseinanderklaffende Schere zwischen Arm und Reich, gegen die ungezügelten Auswüchse des amerikanischen Kapitalismus. In der Tat: Das eine Prozent der reichsten Familien Amerikas besitzt laut einer Studie der University of California mit 42 Prozent fast die Hälfte des Vermögens im Land.[4] Der winzige Teil der Bevölkerung, der sowieso alles Erdenkliche besitzt, hat die Verluste der erschütternden Wirtschaftskrise von 2008 längst wieder eingefahren, während all diejenigen, die mit ihren geringen Investments viel weniger zur Schieflage am Kapitalmarkt beitrugen und nichts für diese Krise konnten, immer noch unter den Folgen leiden. Sanders traf einen Nerv, vor allem bei jungen Wählern, wenn er anprangerte, wie die Mittelschicht erodiert und immer weniger Menschen eine realistische Chance auf die Verwirklichung des amerikanischen Traums haben.

Die politischen Pole üben eine immer stärkere Sogwirkung aus und drohen die Mitte des Landes auseinanderzureißen. Das Kernwort einer jeden Demokratie – »Kompromiss« – gilt in den USA fast schon als Schimpfwort.

Bei Minderheiten, die seit jeher Grund dazu hatten, überrascht eine pessimistische Sicht auf die Zukunft weniger. Die Ausschreitungen von Afroamerikanern in Ferguson oder Baltimore haben die jahrelang aufgestaute Wut über eine Gesellschaft entfesselt, in der diese Gruppe nach wie vor benachteiligt ist. Aber erstaunlicherweise ist es vor allem das große Segment weißer Amerikaner in den mittleren Jahren, das vor Wut zu schäumen scheint. Diese zornige Ablehnung der Verhältnisse hat fatale Folgen, wie Ende 2015 eine bemerkenswerte Studie zweier renommierter Professoren der Princeton University zeigte.[5] Die Wirtschaftsnobelpreisträger Angus Deaton und Anne Case haben herausgefunden, dass die Sterblichkeit unter weißen Amerikanern zwischen 45 und 55 Jahren dramatisch gestiegen ist. Bis zur Jahrtausendwende sank die Sterberate im Einklang mit vergleichbaren Industrienationen wie Großbritannien oder Deutschland stetig – aufgrund gesünderer Lebensweise, medizinischer

Fortschritte, sicherer Verkehrsmittel. Doch dann fing diese Kurve bei den weißen Amerikanern mittleren Alters plötzlich an zu steigen, und das sowohl bei Männern als auch bei Frauen – allerdings mit Schwerpunkt in der unteren Mittelschicht, die überwiegend keine höheren Bildungsabschlüsse erreicht hat. Die Todesrate unter allen anderen ethnischen Gruppen wie den Schwarzen (bei denen die *absolute* Todesrate nach wie vor am höchsten ist), Latinos oder asiatischen Amerikanern sinkt dagegen weiter.

In keinem vergleichbaren Land der industrialisierten Welt ist ein ähnliches Muster feststellbar. Als Gründe nennt die Studie Drogenmissbrauch, Selbstmord und alkoholbedingte Gesundheitsschäden. Vor allem der Anstieg von Vergiftungen durch opioide Schmerzmittel wie Oxycodon ist erschreckend. Dieses Phänomen hat sich zu einer landesweit grassierenden Epidemie entwickelt, denn mittlerweile haben die meisten auf Überdosen zurückzuführenden Todesfälle mit Medikamenten zu tun. Ich habe im ländlichen Kentucky einen Sheriff getroffen, der kaum noch etwas anderes tut, als den illegalen Handel mit verschreibungspflichtigen Schmerzmitteln zu bekämpfen. Es gibt ganze Landstriche, in denen fast jeder Haushalt auf die eine oder andere Weise von dem Problem betroffen ist. Und dieses spezielle Problem trifft Arme genauso wie Reiche, schlechter Gebildete ebenso wie Eliten.

Parallel dazu ist der Heroinkonsum rapide angestiegen, weil das Rauschgift eine fast identische Wirkung im Körper entfaltet wie die opioiden Medikamente und zudem oft leichter und billiger auf der Straße zu erwerben ist, weshalb Abhängige dann dazu greifen, nachdem der Arzt das Oxycodon-Rezept abgesetzt hat. Hinzu kommt, dass unter Amerikas Weißen auch die Zahl der Depressionen, der psychischen Störungen sowie derjenigen angestiegen ist, die sich nicht mehr imstande sehen zu arbeiten. Eine schockierende Erkenntnis.

Aber was steckt hinter dieser Selbstvergiftung, der immer häufigeren Flucht in den Rausch, dem Anstieg von Suchtkrankheiten aller Art? In einem Interview kann sich auch Professor Deaton nur bedingt einen Reim darauf machen.[6] Denn wenn die Schockwellen der Finanzkrise, das Verschwinden von Industriejobs oder sonstige wirtschaftliche Faktoren eine Rolle spielen, warum schlägt sich das nicht auch im ähnlich gebeutelten Europa nieder? Die USA scheinen da auf traurige Weise einzigartig zu sein. Es könnte laut Deaton damit zu tun haben, dass Amerikas Weißen das Narrativ ihres Lebens abhandengekommen zu sein scheint. Alle Generationen vor ihnen, besonders die Baby-Boomer, hatten es jeweils besser als die Generation vor ihnen. So lautete das Versprechen des *American Dream*, so ist es ihnen vorgelebt und gepredigt worden: Wenn du hart arbeitest und dich an die Regeln hältst, dann wartet ein gutes Leben auf dich. Und ein noch besseres, so die bisherige Gewissheit, später auf deine Kinder.

Mit solchen Hoffnungen, Fortschrittsvorstellungen und Erwartungen ist diese Generation herangewachsen. Nur, um dann bitter enttäuscht zu werden, gerade was sichere Beschäftigung, Jobqualität und allgemeine Zukunftsaussichten angeht. Denn in der globalisierten Wirtschaft gilt die bisher für selbstverständlich gehaltene Aussicht auf ein besseres Leben für viele Amerikaner auf einmal nicht mehr, vor allem nicht für die untere, meist nichtakademische weiße Mittelschicht. Deshalb ist sie auch am wütendsten.

Der aus diesen unerwarteten Enttäuschungen resultierende Stress könnte das selbstzerstörerische Verhalten befeuert haben. Schwarze oder Latinos dagegen haben diese hohen Erwartungen nie gehabt, weil sie generell von »viel weiter unten« starten und dementsprechend weniger tief fallen. Dass Weißen also etwas passiert, was sonst nur die diskriminierten Minderheiten erleiden mussten, schürt unter ihnen eine selbstgerechte Wut. Dass ihnen ein Schicksal droht, das ihrer Meinung nach so nie »vorgesehen« war, löst Ängste aus und führt zu Hass. Die wachsende Zahl der Nichtweißen verstärkt dieses Gefühl. Bald werden Weiße nicht mehr die absolute Mehrheit im Lande stellen, sondern nur noch die relative. Die Zahl etwa der Latinos und der asiatischen Amerikaner steigt rasant, wobei Letztere die am schnellsten wachsende Minderheit stellen. Man könnte dies aus Sicht der Minderheiten »ausgleichende Gerechtigkeit« nennen. Dass die betroffenen Weißen das so nicht sehen, auch wenn sie im Vergleich und trotz allem nach wie vor privilegiert sein mögen, kann man sich denken. Leider schüren solche Einstellungen zusätzlich Ressentiments und Rassismus.

Die nackten Wirtschaftszahlen mögen folglich toll klingen, die Realität aber sieht für Teile der Bevölkerung alles andere als rosig aus. Selbst wer eine sichere Arbeit hat, kommt mit nur einem Job oft kaum über die Runden. So wie Leah Lipska in der Nähe von Madison, die jeden Morgen für ihre Anstellung im öffentlichen Dienst des Bundesstaates Wisconsin um fünf Uhr aufsteht und eine Stunde zur Arbeit fährt, während ihr Mann und die drei kleinen Kinder noch schlafen. Er bleibt zu Hause, weil das Paar sich eine Kinderbetreuung nicht leisten kann. Einen bundesgesetzlich verankerten Mutterschutz gibt es in den USA nicht, Leah hatte kaum Verschnaufpausen nach den Schwangerschaften. Sie vermarktet die Produkte, die Häftlingswerkstätten herstellen – ein Vollzeitjob, aber die umgerechnet etwas mehr als 2500 Euro Bruttoverdienst monatlich sind nicht viel für eine fünfköpfige Familie. Also parkt Leah zwei Straßen vom Büroparkplatz entfernt und läuft den restlichen Weg. Parkgebühren gehören zu den vielen Dingen, die sich die Alleinverdienerin nicht leisten kann: »Das sind zwölf Dollar pro Gehaltsscheck, die ich lieber in Milch und Brot investiere, als sie fürs Parken auszugeben.« Dabei hat Leah einen Zweitjob beim örtlichen Schulamt, um sich etwas dazuzuverdienen.

Amerikas Mittelschicht erodiert und ist vor allem deshalb gebeutelt, weil Löhne und Gehälter seit Jahrzehnten in frappierender Weise stagnieren. Das Bureau of Labor Statistics verfolgt die Entwicklung genau und rechnet vor, dass seit Ende des Zweiten Weltkrieges bis in die siebziger Jahre hinein der Stundenlohn für Fabrikarbeiter stetig anstieg und sich in dieser Zeit verdoppelte. Aber seitdem dümpelt er bei zwanzig Dollar vor sich hin. Das sind fast vierzig Jahre Stillstand. Das durchschnittliche Haushaltseinkommen ist seit der Wirtschaftskrise 2007/08 sogar um 9,2 Prozent gesunken (es liegt nun um 6113 Dollar im Jahr niedriger).[7] Kein Wunder, dass Amerikas Arbeiterschicht wütend ist. Zudem hat auch die Kaufkraft enorm gelitten. Seit 2010 kommt der bescheidene landesweite Lohnanstieg kaum über die Inflationsrate hinaus, und wie robust der plötzlich etwas höhere Lohnanstieg 2016 von rund 2,5 Prozent langfristig ist, muss sich noch zeigen. Die Folge ist, dass Millionen Menschen wie verrückt schuften, aber auf keinen grünen Zweig kommen. Wenn also Sanders gegen einen Kapitalismus wettert, bei dem die sozial Schwachen trotz doppelter Jobs weiter in die Armut rutschen, trifft er einen wunden Nerv.

Denn gleichzeitig sind, von den Benzinpreisen abgesehen, die Lebenshaltungskosten ordentlich gestiegen. Die Lipskas beispielsweise sind trotz zweier Jobs auf Essensmarken angewiesen. Weil sie ihre Situation nicht tatenlos ertragen will, engagiert Leah sich in einer Gewerkschaft – das ist sozusagen ihr dritter Job, wenn auch ein unbezahlter. Einer der Gründe, warum in den USA viele Gehälter stagnieren, liegt darin, dass der Einfluss der Gewerkschaften seit Jahrzehnten dramatisch sinkt. In vielen US-Bundesstaaten, so auch in Wisconsin, haben konservative Regierungen Tarifverhandlungen sogar gesetzlich ausgehebelt, in der Hoffnung, die arbeitgeberfreundlichen Bedingungen würden für neue Jobs sorgen.

Ein weiteres Problem: Die Industriejobs, die früher für ein beschauliches Mittelschichtsleben ausreichten und lediglich einen High-School-Abschluss voraussetzten, gibt es heutzutage vielerorts nicht mehr. Die Automatisierung von Arbeitsprozessen hat viele Stellen überflüssig gemacht. Zudem hat sich die Produktion in einer Welt des weitgehend ungehinderten Warenverkehrs in andere Länder verlagert. Diese Verlagerung spüren wir in Deutschland auch, aber die hohe Spezialisierung deutscher Industrieunternehmen bremst sie, und unsere soziale Marktwirtschaft federt ihre Auswirkungen stärker ab. In Amerika dagegen lässt diese Entwicklung die Schere zwischen Arm und Reich noch viel stärker auseinanderklaffen und rüttelt wie kaum ein anderer Faktor am Fundament der Gesellschaft.

Und die nächste Generation Frustrierter steht schon parat. Denn früher winkte immer ein Ausweg aus prekären Verhältnissen: ein akademischer Grad. Doch die alte Gleichung »Uni-Abschluss = besseres Gehalt« geht nicht mehr automatisch auf. Zwar waren die Studiengebühren in den USA schon immer irrwitzig hoch, vor allem verglichen mit denen in Deutschland. (Meine Frau konnte nur müde lachen, als sie einmal in Hamburg an einer Großdemo vorbeikam, auf der Studierende heftig gegen die Erhöhung der Studiengebühren auf 500 Euro protestierten. Wer wie sie ein gutes Jahrzehnt gebraucht hat, um seine Uni-Kredite zurückzuzahlen, hat wenig Verständnis für die finanziellen Sorgen deutscher Nachwuchsakademiker.) Mittlerweile haben die Gebühren aber selbst für amerikanische Verhältnisse Höhen erreicht, die einfach nur sprachlos machen. Seit ich in den USA studierte, sind die Studiengebühren im Landesdurchschnitt um mehr als die Hälfte angestiegen. Was vor wenigen Jahren noch für ein Jahr an einer elitären Ivy-League-Uni reichte, genügt jetzt nicht einmal mehr für ein Semester an einer deutlich weniger renommierten Hochschule.

Ich habe Anfang 2015 einen 29-Jährigen interviewt, der einen Abschluss an der renommierten University of Chicago gemacht hat, in der Erwartung, dass ihm seine Qualifikation einen gutbezahlten Job einbringen würde. Doch alles, was Roger Ferria diese Ausbildung eingebrockt hat, war ein Schuldenberg von etwa 100 000 Dollar. Und damit hatte er noch »Glück« – manche starten mit einer noch viel höheren Last in ihr Berufsleben. Es geht um Summen, die man sonst von Hypotheken kennt, nicht aber als Bürde für Berufsanfänger. Kein Wunder, dass einem da Zweifel kommen. Auch deshalb löste ein Vorschlag des demokratischen Präsidentschaftskandidaten Bernie Sanders solche Euphorie bei Amerikas Jugend aus: Sanders wollte die Studiengebühren an öffentlichen Unis abschaffen.

Rogers Kumpel Phillipp hat erst einmal Zuflucht an der Uni gesucht und lernt bereits für den dritten Abschluss. Denn solange er eingeschrieben bleibt, muss er keine Kredite abstottern. Es ist nicht das Leben, das die beiden sich vorgestellt hatten. »Ich dachte immer, du musst bestimmte Dinge tun, um Erfolg zu haben in Amerika«, sagt Phillipp, »aber dann habe ich festgestellt, das ist egal, keinen interessiert's, also mache ich jetzt mein eigenes Ding.« Und Roger fügt hinzu: »Ich werde wohl die nächsten dreißig Jahre meine Kredite abbezahlen. Das ist nicht fair, aber mich groß darüber aufzuregen bringt mich jetzt auch nicht weiter.«

Trotz aller Widrigkeiten – hier zeigt sich dann doch diese gewisse Unerschütterlichkeit, der ich in den USA so oft begegnet bin und mit der mich Roger und Phillipp sehr beeindruckt haben. Mund abwischen, weitermachen, sagen sie sich. Ich wäre verrückt geworden, wenn ich vor meinem ersten richtigen Job schon so in der Kreide gestanden hätte wie diese beiden. Es ist dieser standhafte amerikanische Optimismus, den ich in Deutschland häufig vermisse.

Aber auch dieser hat gewaltige Kratzer bekommen, wie die erwähnten Zahlen und Studien zeigen. Die USA waren immer ein Land im Wandel, daraus haben sie konstant Kraft gezogen. Doch in vielerlei Hinsicht stehen die USA gerade vor einer Weichenstellung wie wohl selten in ihrer Geschichte. Wir erleben ein letztes Aufbäumen der alten, von Weißen dominierten Strukturen, sagen manche. Keine Frage, das Land verändert sich: politisch, gesellschaftlich, ethnisch. Und das macht vielen Angst. Vor allem denjenigen, die meinen, am meisten zu verlieren zu haben. Dies ist der Grund, warum die Stimmung alles andere als euphorisch ist, trotz der auf dem Papier guten Wirtschaftszahlen. Der amerikanische Traum verspricht zwar jedem: Solange du dich anstrengst, kannst du es hier schaffen. doch so wie es für viele aussieht, wird es immer schwerer, aus diesem Traum Wirklichkeit werden zu lassen.

Messias ohne Wundertaten?
Die Ära Obama

> »Willst du den Charakter eines Menschen
> kennenlernen, so gib ihm Macht.«
> Abraham Lincoln

Es gibt Nachrichten und Ereignisse von solcher Wucht oder historischen Bedeutung, dass man nie vergessen wird, wo man sich gerade befand, als man davon hörte oder sah. Der Fall der Berliner Mauer etwa. Oder der 11. September 2001. Für mich persönlich gehört auch die Wahl von Barack Obama zum ersten schwarzen Präsidenten der USA dazu (wobei ja nur sein Vater aus Kenia stammte, während seine US-amerikanische Mutter, die ihn maßgeblich prägte, hätte weißer kaum sein können – aber das übersehen auch die Amerikaner regelmäßig).

Ich hatte den 4. November 2008 im ländlichen Virginia verbracht, in einem Kaff namens Culpeper, um eine Reportage für die Wahlberichterstattung in der ARD zu drehen. Den Wahltag über hatte ich einen knorrigen Republikaner begleitet, der in einer alten Scheune eine kleine, malerische Schnapsbrennerei betrieb, die aus einer Jack-Daniel's-Werbung hätte stammen können. Da der streng konservative alte Herr aber selbst für eine so bedeutsame Wahl nicht seine Gewohnheiten zu ändern gedachte und wie üblich früh zu Bett ging, ohne das Wahlergebnis abzuwarten, verfolgte ich die eintrudelnden Hochrechnungen auf einer Wahlparty seines Sohnes. Und ich werde den Moment nie vergessen, als der junge Senator aus Illinois im Grant Park von Chicago, begleitet von seiner Familie, am späten Abend vor die jubelnde Menge trat, der – wie Millionen vor den Fernsehern – bewusst wurde, dass sie gerade etwas Historisches miterlebten. »An alle, die immer noch daran zweifeln, dass Amerika ein Ort ist, an dem alles möglich ist, die sich immer noch fragen, ob der Traum unserer Gründer noch lebendig ist in unserer Zeit, die immer noch die Kraft unserer Demokratie in Frage stellen – heute Abend habt ihr Eure Antwort bekommen«, begrüßte Obama seine Wähler. In der Menge stand auch der schwarze Bürgerrechtler Jesse Jackson, der als junger Mann noch ein nach Hautfarbe getrenntes Amerika erlebt und bekämpft hatte. Ihm liefen die Tränen herunter. Wie er hatten viele Schwarze Amerikas von diesem Augenblick kaum zu träumen gewagt. Ein wirklich bewegender Moment. »Unser Moment!«, rief der Wahlsieger der Nation zu. »Solange wir atmen, können wir hoffen. Und wenn wir mit Zynismus und Zweifel konfrontiert werden von denjenigen, die sagen, wir schaffen das nicht, dann werden wir ihnen das zeitlose Credo entgegenschleudern, das den Geist unser Nation zusammenfasst: Ja, wir schaffen das! *Yes, we can!*«

Ich schaute mich um. Selbst in diesem Republikaner-Nest in Virginia nickten sie anerkennend. Währenddessen kamen vor dem Weißen Haus in Washington spontan Hunderte begeisterte Anhänger zusammen und skandierten »USA! USA!«.

Obamas Wahl war nicht bloß eine Abstimmung, sie war Kulminationspunkt einer Bewegung, getragen von der leidenschaftlichen Begeisterung der Minderheiten, von auffallend vielen jugendlichen Wählern, einem beispiellosen Internet-Wahlkampf – und auch einer überzeugenden

Mehrheit. Seit Lyndon B. Johnsons Sieg in der noch vom Kennedy-Attentat geprägten Wahl 1964 hatte kein Demokrat mehr so viele Wählerstimmen gewinnen können wie Obama. Auch weltweit schlugen ihm nach der Durststrecke der Bush-Jahre die Sympathien entgegen. Besonders wir Deutschen waren geradezu verliebt in den coolen, schwungvollen Hoffnungsträger. Das zeigte sich eindrucksvoll, als im vorangegangenen Juli mehr als 200 000 Menschen gekommen waren, um Obama vor der Siegessäule in Berlin reden zu hören. Barack Obama Superstar! Geradezu messianisch waren die an ihn geknüpften Hoffnungen und Erwartungen. Der Wahlabend war folgerichtig einer jener Momente, in denen man das Gefühl bekommt, dass alles möglich ist.

Aber wie das so ist mit euphorischen Gefühlen: Sie sind trügerisch. Wie sich herausstellte, konnte Barack Obama doch nicht übers Wasser gehen. Nach dem Anfangszauber entpuppte sich Amerikas 44. Präsident als fähiger, aber eben auch in den Realitäten seines Landes und der Welt gefangener Politiker. Die erste Gelegenheit, bei der offensichtlich wurde, dass die Welle der Begeisterung wohl zu hoch geschwappt war, kam, als das Nobelpreiskomitee Obama, kaum ein Jahr im Amt, den Friedensnobelpreis zusprach. Das waren dann doch arg viele Vorschusslorbeeren, dachten nicht nur politische Gegner. In gewisser Weise kam der Preis Obama aber auch entgegen, denn danach begann man, seine Amtsführung realistischer zu beurteilen.

Ein besonders schwerer Fall von enttäuschter Liebe traf dabei sicherlich uns Deutsche. In Deutschland wäre Obama wohl mit mehr als neunzig Prozent gewählt worden (hätte man uns gefragt). Wir dürsteten geradezu nach dem strahlenden Mann, der einen solchen Kontrast bot zu seinem Vorgänger, welcher einen Krieg mit unberechtigten Begründungen vom Zaun gebrochen und im Antiterrorkampf das Augenmaß verloren hatte. Aber auch hier sind wir der eingangs beschriebenen Vertrauensillusion verfallen. Unser

Verhältnis zu Barack Obama ist geradezu ein Paradebeispiel: Je schillernder die Illusion, desto bitterer der Aufprall in der Wirklichkeit. Denn nicht wenige Deutsche hatten erwartet, Obama werde nun in »unserem« Sinne die Welt lenken. War er nicht die Lichtgestalt nach der dunklen Ära Bush? Doch er ist eben der Präsident der Vereinigten Staaten und nicht der Bundesrepublik Deutschland – und hat somit immer zuerst die US-Interessen im Blick. Diese mögen oft im Einklang mit unseren Interessen liegen, sie tun dies aber nicht zwangsläufig. Das werden Obamas Nachfolger nicht anders halten.

Und so kam es, wie es kommen musste: Stück für Stück bröckelte der Putz am vorschnell errichteten Denkmal. Das Gefangenenlager Guantánamo – immer noch nicht geschlossen. Die ungezügelten Überwachungsmaßnahmen im Antiterrorkampf der NSA – erst nach den Enthüllungen durch den Whistleblower Edward Snowden ein wenig beschnitten und nicht etwa vom Präsidenten sofort abgeschafft. Die Ausweitung des vermeintlich präzisen Drohnenkriegs, der den Tod von Zivilisten in Kauf nimmt – für einen Friedensnobelpreisträger höchst fragwürdig. Natürlich war 2008 der Wunsch Vater des Gedankens, aber hätten wir uns damals nicht dermaßen an Obama »rangeschmissen«, wir wären später nicht so enttäuscht gewesen.

Aber wie berechtigt ist unsere Enttäuschung? Ist unsere Kritik nicht ebenso übertrieben wie zuvor unser Enthusiasmus? Welche seiner Schritte sind, nüchtern betrachtet, nicht doch nachvollziehbar? Zunächst einmal scheint das Amt eher Obama gezeichnet zu haben, als dass er das Amt geprägt hätte. Er wird erst Mitte fünfzig sein, wenn er das Weiße Haus verlässt, aber er wirkt längst nicht mehr so jugendlich frisch wie bei seinem ersten Amtseid. Der Präsident ist nicht nur objektiv grauer geworden, er sieht abgekämpft, ja geradezu verbraucht aus. Macht mag sexy machen, sie ist aber offenbar auch ungesund. Eine Studie, veröffentlicht im *British Medical Journal*, hat festgestellt, dass ins Amt gewählte Regierungschefs 2,7 Jahre kürzer leben als die jeweiligen Wahlverlierer. Möglicherweise ist das ein Trostpflaster für die Mitt Romneys und John McCains dieser Welt.

Wenn man an jenen so hoffnungsvollen Abend in Chicago zurückdenkt, an Obamas Versprechen, das Land zusammenzuführen, die Botschaft von Hoffnung und Wandel, die *Yes-we-can*-Haltung, die dem Parteiengezänk in Washington im Speziellen und der so vieles untergrabenden Polarisierung des Landes im Allgemeinen Einhalt gebieten sollte, dann muss man zumindest in diesem Punkt feststellen: Mission gescheitert. Und zwar auf geradezu spektakuläre Weise. Amerikas Politik ist nach wie vor nach Parteilinien gespalten, ja, die verfeindeten Fraktionen scheinen sogar kompromissloser denn je, und das mit einer Intensität, dass nicht nur der Präsident persönlich, sondern auch das Amt an sich Schaden genommen haben könnte. Zu Obamas Vermächtnis wird gehören, dass er der polarisierendste Präsident der Neuzeit geworden ist. Ausgerechnet er, der Mann, der angetreten war, das Land zu versöhnen – der immer von den *Vereinigten* Staaten redete!

Obama mag politisch vieles erreicht haben, aber der Preis dafür war eine Vertiefung des parteipolitischen Grabens. Bei seiner letzten Rede zur Lage der Nation im Januar 2016 brachte er dies sogar zum Ausdruck: Es gehöre zu den wenigen Dingen, die er in seiner Präsidentschaft bereue, dass »Groll und Misstrauen zwischen den Parteien schlimmer geworden sind statt besser«.[8]

Es ist geradezu tragisch: Die Diskrepanz von Obamas Zustimmungswerten zwischen Demokraten und Republikanern liegt bei siebzig Prozentpunkten.[9] Laut Gallup Umfrageinstitut polarisiert Obama damit sogar noch mehr als der umstrittene George W. Bush, dessen Wert bei 61 Prozent lag. Zum Vergleich: Bill Clinton lag bei 56, und den haben die Republikaner immerhin versucht, per Amtsenthebungsverfahren aus dem Weißen Haus zu jagen. Ronald Reagan lag bei 52, alle anderen Präsidenten seit Dwight D. Eisenhower wiesen eine Diskrepanz unter 41 Prozentpunkten auf.

Es nahm teilweise schon absurde Züge an, wie die Republikaner eine kompromisslose Frontalopposition gegen Obama fuhren. Nichts schien für sie ein roteres Tuch zu sein als dieser Präsident. Obama hätte ein Heilmittel gegen Krebs finden können, von der Opposition wäre auch dann vermutlich nur ein »Ja, aber …« gekommen. Selbst vermeintlich konsensfähige Gesetze wie die neue Transportation Bill, in dem es um Investitionen in die Infrastruktur geht, gerieten zur Machtprobe. Zwar müssten eigentlich beide Seiten Interesse an besseren Straßen und Brücken haben, aber es war das erste größere Gesetz unter dem neuen Sprecher des Abgeordnetenhauses, Paul Ryan, der sich erst einmal profilieren musste. Also wurde es äußerst kontrovers behandelt und wäre am Streit um die Höhe der Investitionen fast gescheitert.

Im Innern hat es schon immer heftige Grabenkämpfe gegeben, aber nach außen boten die USA bislang meist eine geschlossene Front. Auch das hat sich gewandelt. Es gibt eine ganze Reihe von Beispielen, die zeigen, wie die Opposition versuchte, Obamas Autorität und Handeln auch international zu untergraben. Doch nichts war wohl dreister als die Querschüsse gegen den Atom-Deal mit dem Iran. Noch während die US-Regierung mit ihren internationalen Partnern, darunter auch Deutschland, auf der Zielgeraden mit dem Iran verhandelte, schrieben 47 republikanische Senatoren einen offenen Brief an die Mullahs in Teheran. Darin äußerten sie nicht nur ihre tiefe Sorge über das Abkommen, das sie als schlecht für die USA und riskant für den engen Verbündeten Israel ansahen, sondern warnten die iranische Regierung ganz unverblümt, dass dieses Abkommen nicht lange halten würde und von Obamas republikanischem Nachfolger jederzeit rückgängig gemacht werden könne und würde. Eine solche Einmischung in die Befugnisse des Regierungschefs hat es wohl selten gegeben. Nicht nur die direkte Attacke auf Barack Obamas Glaubwürdigkeit in Verhandlungen, sondern auch die Respektlosigkeit vor dessen Amt hatte eine neue Qualität. Selbst in dem Land, wo man die USA einst als »großen Satan« bezeichnete, war man verblüfft, ließ sich aber nicht irritieren. Der Deal kam dennoch zustande.

Es gibt in meinem amerikanischen Kollegen- und Bekanntenkreis nicht wenige, die diesen Umgang mit Barack Obama auf eine gehörige Portion Rassismus zurückführen. Einen weißen Demokraten hätten die Republikaner demnach wohl nie so blockiert, sagen Obamas Anhänger. Da mag etwas dran sein, doch lässt es sich schwer beweisen. Ich denke, dass die Polarisierung des Landes sich an der Person Obama zwar manifestiert, sie aber weit über diese, zugegebenermaßen zentrale Einzelperson hinausgeht. Auch im amerikanischen Alltag scheinen Freundeskreise und Nachbarschaften immer weniger Brücken zur »anderen Seite« zu schlagen (mehr dazu im folgenden Kapitel).

Für die Linke agierte Obama nicht links genug. Für die Rechte war er der jederzeit sichtbare Beweis dafür, dass das Land in eine zu progressive, linksliberale Richtung treibe. Und das obwohl die Republikaner zuversichtlich waren, mit ihrer konservativen Ausrichtung dem Willen des Volkes zu entsprechen. Neben der Wiedereroberung des Repräsentantenhauses und des Senats haben sie während Obamas Regierung auch ein Dutzend Gouverneursposten hinzugewonnen. Zudem sind mehr als zwei Dutzend Bundesstaatenparlamente ins republikanische Lager gewechselt.

Und doch haben Obama und die Demokraten erstaunlich viel durchsetzen können. Sogar der Oberste Gerichtshof entschied bei Schlüsselthemen häufig in ihrem Sinne, etwa, als er im Sommer 2015 die gleichgeschlechtliche Ehe landesweit legalisierte oder mehrfach juristische Attacken gegen Obamas Gesundheitsreform abschmetterte – lauter politische Ohrfeigen, die den republikanischen Frust steigerten, die Anti-Obama-Blockade noch zusätzlich festigten und auch zum Phänomen Trump beisteuerten, weil viele seiner Anhänger das Gefühl haben, die konventionellen Politiker, die man bisher nach Washington geschickt hatte, um den politischen Linksdrall des Landes aufzuhalten, seien trotz aller Versprechungen gescheitert; was hätte man also zu verlieren, wenn man es nun mit diesem unkonventionellen Mann probierte?

Dennoch ist dies keineswegs eine einseitige Angelegenheit. »*It takes two to tango*« – »Zum Tangotanzen braucht es zwei«, lautet ein Sprichwort. Es gehören in einem Zweiparteiensystem, in dem der Kongress getrennt von der Regierung gewählt wird, eben immer zwei zum Streiten. Und trotz aller Versprechungen hat auch Obama nicht gerade Schwerstarbeit geleistet, wenn es darum ging, die Hand auszustrecken. Dabei hat ihm natürlich der Siegeszug der Tea-Party-Bewegung die Arbeit schwerer gemacht als seinen Vorgängern. Diese spülte bei den Kongresswahlen 2010 derartig fundamentalistische Abgeordnete in die Opposition, dass selbst die Republikaner sich darüber gespalten haben.

Aber auch Bill Clinton hatte sich mit einer »Republikanischen Revolution« konfrontiert gesehen: 1994 übernahmen die Republikaner unter Führung von Newt Gingrich erstmals nach vierzig Jahren wieder die Kontrolle über das Abgeordnetenhaus und versuchten daraufhin, Clinton vor allem haushaltspolitisch einzudämmen. Und trotz des konservativen Gegengewichts gelang es Clinton, eine ganze Reihe von Kompromissen auszuhandeln und einigermaßen parteiübergreifend zu regieren. Weil Clinton politisch viel näher an der Mitte stand als Obama, war der Weg nach rechts natürlich kürzer, aber auch, weil er stärker versuchte, auf die andere Seite zuzugehen, sich mit Oppositionsführern traf und gemeinsame Positionen als Verhandlungsbasis nutzte.

Obama dagegen scheint irgendwann seiner Frustration nachgegeben zu haben und hörte auf, nennenswert auf die Opposition zuzugehen. Kompromisse ging er nur noch ein, wenn sie klar in seinem progressiven Sinne waren. Ihm kam offenbar irgendwann die abschließende Erkenntnis, dass mit diesen Republikanern buchstäblich kein Staat zu machen sei, und er bemühte sich dann kaum mehr, sie ins Boot zu holen. In seinen ersten beiden Amtsjahren brauchte er ja kein Übermaß an Kompromissbereitschaft, denn da hatte er eine demokratische Mehrheit in beiden Kammern des Kongresses hinter sich. Aber spätestens ab 2010 hätte er mehr Überzeugungsarbeit leisten müssen. Doch statt sich mit Kongresssabgeordneten abzugeben, zog er ein Abendessen mit der Familie oder eine Runde Golf mit alten Freunden vor.

Eine gewisse Arroganz und intellektuelle Überheblichkeit gegenüber der Opposition im Kongress, die er sich hier und da in seiner *coolness* nicht verkneifen konnte, war sicher auch nicht gerade hilfreich. Politische Gegner, aber auch Parteifreunde warfen ihm Distanziertheit vor. Es gehört zu Obamas Schwächen, keinen persönlichen Draht zu Politikern aufbauen zu können, die ihm nicht sympathisch sind oder die er nicht respektiert, obwohl er es aus professioneller Sicht müsste, sei es im Verhältnis zu Wladimir Putin, Benjamin Netanjahu oder Senatsmehrheitsführer Mitch McConnell.

Als die Demokraten 2014 spektakulär auch noch die Mehrheit im Senat verloren, war es endgültig vorbei mit einer möglichen Wiederannäherung. Obama folgte nun nur noch dem Motto »Dann mach ich's halt allein«, indem er gleich an mehreren Fronten Eigeninitiativen vorantrieb: bei der Annäherung an Kuba, bei der Begrenzung der Schadstoffemissionen von Kraftwerken oder beim Iran-Deal. Er hatte ja auch nichts mehr zu verlieren in seinen letzten beiden Amtsjahren, denn er würde danach ohnehin nicht mehr zur Wahl stehen.

Dieser Kurs wurde ein Hauptkritikpunkt seiner Gegner: Obama überschreite mit solchen Alleingängen seine Befugnisse und missbrauche geradezu despotisch die Exekutivmacht seines Amtes; er zeige sich als Aktivist, der mit seiner Agenda das Land hartnäckig nach links ziehe (was auch immer die Amerikaner für links halten mögen). Und das gegen die parlamentarische Mehrheit, obwohl in den USA nach wie vor der Kongress die Gesetze mache und nicht das Weiße Haus.

Das ist eine übliche Leier der jeweiligen Opposition. Dabei haben die Vereinigten Staaten nun einmal keine parlamentarische, sondern eine Präsidialdemokratie, die auf einen starken Regierungschef gepolt ist. Doch vor allem Obamas Exekutivdekrete und Präsidialverfügungen brachten die Republikaner auf die Palme. Für bestimmte Bereiche kann jeder Präsident diese *executive orders* und *presidential memoranda* nämlich am Kongress vorbei anordnen (allerdings kann sie ein Nachfolger auch jederzeit mit einer Unterschrift wieder außer Kraft setzen, da sie ja nicht in ein Gesetz gemeißelt sind). Sie sind ein legitimes Mittel im Arsenal des US-Regierungschefs. Und Obama nutzte es nicht häufiger als andere Präsidenten vor ihm. Bis Ende 2015 hatte er 219 *executive orders* unterzeichnet. George W. Bush hatte es in acht Jahren auf 291 gebracht, Bill Clinton auf 364.[10] Auch von seinem Vetorecht hat Obama im selben Zeitraum nur neunmal Gebrauch gemacht. Bush stoppte achtmal Gesetze mit seiner Unterschrift, Clinton dagegen 35-mal. Geradezu absurd wurde die Animosität zwischen dem demokratischen Präsidenten und der republikanischen Opposition, als diese ihm vorwarf, durch seinen Regierungsstil und seine Entscheidungen mitverantwortlich für den Erfolg eines Populisten wie Donald Trump zu sein.

Das Land einen konnte Barack Obama also nicht. Aber

verändert hat er es dennoch, tiefgreifend sogar. Um bewerten zu können, was ein Regierungschef erreicht hat, muss man stets im Blick behalten, wo er angefangen hat und wo das Land stand, als er die Zügel übernahm. Ronald Reagan nutzte das schon erfolgreich im Wahlkampf gegen Jimmy Carter, als er die Amerikaner fragte: »Geht es Ihnen besser als vor vier Jahren?« Und auch die Opposition kann schwerlich leugnen, dass es wohl kaum einen schwierigeren Zeitpunkt gab, das Land zu übernehmen, als mitten in einer der schwersten globalen Wirtschaftskrisen der letzten Jahrzehnte, während Amerika gleichzeitig in zwei Kriege verwickelt war. Besonders die USA hatten zu dieser *Great Recession* beigetragen, weil Banken zu vielen Bürgern zu leicht zu hohe Kredite und Hypothekendarlehen gewährt hatten, die viele plötzlich nicht mehr bedienen konnten – und weil die Pleite der Bank Lehman Brothers nicht nur das amerikanische, sondern auch das weltweite Finanzsystem gewaltig ins Schwanken gebracht hatte.

Obama verlor damals keine Minute. Nur wenige Wochen nach seiner Amtseinführung unterzeichnete er ein gigantisches, mehr als 800 Milliarden Dollar schweres Paket zur Ankurbelung der Wirtschaft – inflationsbereinigt das größte seiner Art in der Geschichte der USA. Es sah unzählige Investitionen vor, damit aus der Großen Rezession nicht eine Große Depression wie Anfang der dreißiger Jahre würde. Mehr als seinerzeit Franklin D. Roosevelt in seinem New Deal pumpte Obamas Programm gigantische Summen in die Infrastruktur, schaffte damit Zigtausende Jobs und verhinderte durch Steuererleichterungen, den Ausbau der Arbeitslosenversicherung und die Übernahme von Gesundheitskosten, dass Millionen Amerikaner in die Armut abrutschten. Das Bildungswesen profitierte in Form von Hunderttausenden neuer oder geretteter Lehrstellen genauso davon wie der Ausbau der erneuerbaren Energien und der Breitband-Internetverbindungen.

Republikaner diskreditierten diese keynesianische Finanzspritze von Anfang an: »Typisch Demokraten, Probleme einfach mit Unsummen an öffentlichen Geldern zuzuschmeißen.« Der damalige Fraktionsvorsitzende der republikanischen Opposition, John Boehner, lästerte, das Paket sei ein klassischer Fall von großen Versprechungen mit großen Ausgaben, aber kleinen Resultaten. Als bestes Beispiel diente der Opposition die Pleite des Solarzellenherstellers Solyndra, bei der die Initiative über 500 Millionen Dollar Steuergelder versenkte. Das Programm blieb über Jahre umstritten. Vielleicht hätte es tatsächlich effizienter und effektiver sein können. Nicht alle Ziele wurden erreicht, nicht alle versprochenen Effekte traten ein. Aber 1930 wiederholte sich nicht: Eine zweite Depression ist ausgeblieben, und die heutigen Zahlen sprechen für Obama. Die Amerikaner genießen zum Ende seiner Amtszeit die geringste Arbeitslosenrate seit acht Jahren. Die US-Wirtschaft hat in den vergangenen sechs Jahren 14 Millionen neue Jobs geschaffen. Und dank der unter Obama ausgehandelten Rettung von General Motors und Chrysler vor der Pleite brummt die US-Autoindustrie wieder.

Natürlich bleibt das schwerwiegende Manko, dass die Löhne und Gehälter weiterhin stagnieren, die Kaufkraft schwächelt, und die Schere zwischen Arm und Reich in den USA auch unter Obama nicht kleiner geworden ist – im Gegenteil. Aber ohne all die erwähnten Anstrengungen sähe es noch düsterer aus. Hier zeigt sich ein fundamentaler Unterschied zwischen Obama und den Republikanern: Der Präsident agiert gerne nach dem Motto »Besser irgendetwas als gar nichts«, während Konservative eher absoluter im Anspruch sind: ganz oder gar nicht. Obama ist diesbezüglich weniger ideologisch, vielmehr pragmatisch.

Problematisch war jedoch, dass Obamas Administration nicht immer geschickt nach außen kommunizierte, was sie machte und tatsächlich erreicht hat. Bill Clinton konnte das hervorragend; er verkaufte auch noch so kleine Schritte als große Erfolge. Obama erwies sich mehr als der ehrgeizige Typ, der zumindest etwas erreichen will – Taten statt Worte –, dabei aber oft übersieht, dass Taten manchmal auch Worte brauchen, um (an)erkannt zu werden. Er dachte fälschlicherweise, gute Politik spräche für sich selbst, und vergaß dabei, die amerikanischen Bürger mitzunehmen, die so manches entweder nicht verstanden oder erst gar nicht richtig mitbekamen. Selbst wenn Obama kräftig ins eigene Horn stieß und für seine politischen Initiativen warb, kam die Botschaft oft nicht an – womit er gleichzeitig seinen Gegnern immer wieder Angriffsflächen bot. Die rhetorische Wucht, mit der er sich beim Nominierungsparteitag 2004 ins nationale Rampenlicht katapultierte und die ihn zu zwei Wahlsiegen führte, ließ er in der zweiten Hälfte seiner Amtszeit seltener aufblitzen.

Dabei kann er, wenn er will. Ich werde nie vergessen, wie Obama während der Trauerfeier nach dem Attentat von Charleston, bei dem ein weißer Schütze neun schwarze Amerikaner ermordet hatte, zum Ende seiner Rede plötzlich den alten Spiritual »Amazing Grace« anstimmte und damit buchstäblich den perfekten Ton für den traurigen Anlass traf. Ein absoluter Gänsehaut-Moment, den wohl kaum ein anderer Präsident so hinbekommen hätte. Nicht nur die mit ihm singende Gemeinde war überwältigt.

Der nächste große Punkt auf Obamas Agenda nach Amtsantritt war, zu verhindern, dass sich eine Finanzkrise wie 2008 wiederholt. Die kaputte Finanzaufsicht war einer der Hauptgründe, weshalb es zu dieser Krise hatte kommen können. Also drückte Obama gegen den massiven Widerstand der Finanzindustrie ein Gesetz durch den Kongress, das die Finanzpraktiken der Wall Street reformieren und den Verbraucherschutz stärken sollte. Der Dodd-Frank Act von 2010 sieht nicht nur mehr Transparenz und eine Minimierung riskanter Geschäftspraktiken vor, er regelt auch die Abwicklung von Finanzdienstleistern, so groß diese auch sein mögen. Das Gesetz ist eine Warnung an die Banken, kaufmännisch solider und weniger riskant zu agieren, etwa durch das Vorhalten von mehr Eigenkapital, und sich nicht darauf zu verlassen, dass die Steuerzahler sie im Notfall schon retten werden.[11] Die Losung »*too big to fail*« – »zu groß zum Scheitern« – gilt nicht mehr so uneingeschränkt, wie es zuvor den Anschein hatte. Zudem schuf der Dodd-Frank Act eine neue Behörde, das Consumer Financial Protection Bureau. Es hat die Aufgabe, undurchsichtigen Kreditpraktiken einen Riegel vorzuschieben und zu überwachen, dass Hypothekenkredite nicht mehr so leichtsinnig vergeben und Verbraucher bei Finanztransaktionen nicht über den Tisch gezogen werden. Bis 2016 hat die Behörde bereits Strafen in Milliardenhöhe gegen Geldinstitute verhängt.

Vielen Linksliberalen und Demokraten, die beispielsweise gerne die übermächtigen Großbanken zerschlagen hätten, ging all dies nicht weit genug. Ihre Enttäuschung mündete in der Gründung der Bewegung »Occupy Wall Street«. Den Republikanern dagegen waren diese Maßnahmen zu viel *big government,* zu viel starker Staat, zu viel Regulierung von oben. Aber auch hier galt für Obama: Besser als nichts. Politik war für ihn immer das Erreichen des Möglichen.

Mit dieser Haltung hat er vieles verändert. Doch nichts wird sein Vermächtnis so sehr prägen wie der Affordable Care Act – besser bekannt unter dem Spitznamen »Obamacare«. Woran Generationen demokratischer Präsidenten gescheitert sind, wurde am 23. März 2010 mit Obamas Unterschrift Wirklichkeit: eine Gesundheitsreform, die auf eine gesetzliche Krankenversicherung für alle Amerikaner abzielt. Kein Gesetz verkörpert Obamas Botschaft von Hoffnung und Wandel besser als dieses, denn es hat den Zugang zu einer Krankenversicherung vereinfacht. Es hat den Krankenkassen verboten, Patienten wegen Vorerkrankungen abzulehnen. Es hat Patienten Zuzahlungen für wichtige Vorsorgeuntersuchungen, etwa gegen Krebs, abgenommen. Es hat den Zugang zu einer Grundversorgung festgelegt und die steuerliche Absetzbarkeit von Versicherungskosten gestärkt. Es hat den Wechsel zu einer günstigeren Versicherung und die Vergleichbarkeit der Kosten erleichtert. Obamacare hat nicht nur fast 20 Millionen US-Bürger neu in Krankenversicherungsschutz gebracht,[12] es hat auch den bis dahin explosionsartigen Kostenanstieg im Gesundheitswesen gebremst. Republikaner argumentieren zwar, dieser Trend habe schon vor Obama eingesetzt, doch umfasste die Reform unleugbar eine Reihe unterschiedlichster Maßnahmen, etwa um Synergien zu nutzen oder »Überbehandlung« abzubauen – was sich in barer Münze messen lässt. Obamas ehemaliger Budgetdirektor Peter Orszag wunderte sich:»Es klingt verrückt, aber wenn die Ergebnisse weiter so positiv sind, wird es die finanzielle Flugbahn dieses Landes fundamental verändern.«[13] Obendrein tragen viele dieser Maßnahmen dazu bei, Stück für Stück die Qualität der Gesundheitsversorgung zu verbessern.

Dennoch bleibt die Gesundheitsreform ein Streitpunkt. Obamas Gegner werden nicht müde, aus allen Rohren dagegen zu schießen. Vor allem für den missglückten Start, als die Website für die Anmeldungen zusammenbrach, erntete die Regierung Hohn und Spott – dies sei ein Beispiel für die Unfähigkeit staatlicher Behörden im Vergleich zu privaten Gesundheitsanbietern. Amerikas Linke hatte sich eine rein staatliche Krankenkasse gewünscht (*single-payer healthcare*). Für die Republikaner dagegen ist die Reform ein weiterer Fall von zu viel staatlicher Regulierung und Bevormundung zu horrenden Kosten. Mein Schwiegervater beispielsweise war sauer, weil nicht alle Amerikaner, wie ursprünglich versprochen, ihre alte Versicherung behalten durften. Das betraf auch einige seiner Bekannten. Republikaner sind nicht grundsätzlich gegen eine Krankenversicherung für alle, sähen aber lieber den freien Wettbewerb privater Anbieter.

Unpopulär ist zudem die neue Versicherungs*pflicht*, weil sie denjenigen Strafzahlungen aufbrummt, die sich nicht versichern. Und für viele, die sich versichert haben, bleibt die Selbstbeteiligung zu hoch, so dass sie oft trotz Versicherung vor Arztbesuchen und notwendigen Untersuchungen zurückschrecken. Wie auch die Policen selbst für viele noch sehr teuer sind. Außerdem leben nach wie vor Millionen von Amerikanern unversichert; Obamacare hat es noch nicht geschafft, die Versicherungslücke komplett zu schließen. Und zuletzt hat sich gezeigt, dass Versicherer in Finanznöte geraten, weil der Zulauf zwar gut ist, aber nicht so hoch wie berechnet und es somit nicht genügend Beitragszahler gibt, um die Kosten zu decken – zumindest nicht genug junge und gesunde. Die Finanzierung gestaltet sich insgesamt schwierig. Obamacare ist also ein entscheidender erster Schritt. Die Probleme im Krankenversicherungswesen der USA sind längst nicht alle gelöst.

Die Gesundheitsreform war neben dem Investitionspaket und der Finanzreform einer der Gründe, warum die Tea-Party-Bewegung so viel Rückenwind bekam. Aber die Republikaner haben sich bisher die Zähne an Obamacare ausgebissen, sowohl auf dem juristischen als auch dem politischen Weg. Beim Showdown um den Haushalt 2013, der zur tagelangen Schließung von Behörden und Ämtern führte, versuchten die Republikaner mit aller Macht, das Gesetz abzuschaffen, und machten die Verabschiedung des Budgets davon abhängig. Die Taktik ging nicht auf und fiel stattdessen negativ auf die Republikaner zurück, weil sie für viele beispielhaft für das dysfunktionale »System Washington« war: eine politische Starrsinnigkeit ohne Rücksicht auf Kollateralschäden.

Doch trotz aller Feindseligkeit von Seiten der Republikaner bezweifle ich, dass selbst der neue republikanische Präsident Donald Trump mit eigener Mehrheit im Repräsentantenhaus und im Senat die Reform komplett rückgängig machen wird. Zu viele Amerikaner profitieren von ihr, denen müsste Trump erst einmal eine Alternative bieten. Und bislang entschied der Supreme Court bei Klagen der Gegner mehrfach im Sinne der Reform. Kurz nach seinem Wahlsieg erwog Trump sogar, einige Teile davon beizubehalten, etwa, dass niemand wegen einer Vorerkrankung von Versicherern abgelehnt werden kann oder dass Jugendliche unter der Police ihrer Eltern versichert sein können. Obamacare ist also nicht nur eine fundamentale Weichenstellung für das amerikanische Gesundheitswesen. Es ist zum Ärger seiner Gegner auch auf dem besten Weg, Obamas Namen noch lange nach seiner Präsidentschaft im täglichen Sprachgebrauch überdauern zu lassen.

Die innenpolitische Weichenstellung, die auch für den Rest der Welt die bedeutsamste darstellt, ist aber Obamas »grüne Revolution«, die amerikanische Variante der Energiewende.[14] Unaufhörlich hämmerte Obama es seinen Landsleuten ein: Der Klimawandel ist real, er ist wissenschaftlich nachgewiesen, er ist die größte Bedrohung für die Menschheit, und wenn wir nicht bald handeln, wird es zu spät sein. Er nahm das Thema in seine wöchentlichen Ansprachen genauso auf wie in seine Reden zur Lage der Nation. Als erster US-Präsident überhaupt war er nördlich des Polarkreises unterwegs, um Dörfer an Alaskas Küste zu besuchen, die schon länger mit verstärkter Küstenerosion (die der Rückgang des Meereises und die bei Sturm stärker aufgewühlte See verursachen) zu kämpfen haben. Kein amerikanischer Präsident vor ihm hat mehr Naturschutzgebiete eingerichtet beziehungsweise so große Flächen unter Schutz gestellt, nicht zuletzt durch die Ausdehnung eines Reservats im Pazifik auf die dreifache Fläche Kaliforniens. Gleichzeitig begrub er die umstrittene Keystone-XL-Pipeline, die eine Art Rohöl-Superhighway von Kanada in die USA werden sollte. Umweltbedenken waren dabei ausschlaggebend. Obama wollte seiner Abkehr von fossilen Brennstoffen

Glaubwürdigkeit verleihen. Warum schmutzig, wenn es mit Wind, Wasser und Solarenergie sauberer geht? Die Pipeline hätte das falsche Signal gesendet.

Bereits das wachstumsfördernde Investitionspaket enthielt milliardenschwere Investitionen in erneuerbare Energien, etwa in den Ausbau von texanischen Solaranlagen oder kalifornischen Windparks. Obamas Regierung verordnete der Autoindustrie neue Emissionsziele und strengere Obergrenzen für den Spritverbrauch. Und sein Climate Action Plan (CAP) setzte erstmals überhaupt eine Begrenzung von Treibhausgasen für US-Kohlekraftwerke fest, zudem eine Reduzierung des CO_2-Ausstoßes um 32 Prozent unter das Niveau von 2005 bis Ende des kommenden Jahrzehnts. Der Plan ist so umwälzend, dass einige Staaten gegen die Umsetzung klagten; eine Entscheidung in der Sache steht noch aus. Vor Obama spielten Solarstromversorger in den USA keine Rolle. Heute gibt es Hunderte und dazu bei Rosamond nahe Los Angeles das größte Photovoltaik-Kraftwerk der Welt (1,7 Millionen Solarpanele auf 13 Quadratkilometern!).[15] Das ist sicher nicht Obamas alleiniges Verdienst; die rasant sinkenden Kosten für immer effektivere Solarzellen haben ihren Teil dazu beigetragen. Aber Obama hat das politische Klima dafür geschaffen.

Viele umweltpolitische Maßnahmen bekam die Öffentlichkeit kaum mit. Der Plan sah nämlich auch eine Fülle weniger spektakulärer, aber weitreichender Regelungen vor, um den gewaltigen Stromverbrauch in den USA drastisch zu senken. So verpflichtete Obamas Klimaschutzplan die Hersteller von Haushaltsgeräten, ihre Trockner, Heizungen oder Kühlschränke endlich stromsparender zu bauen. Berechnungen zufolge soll allein der neue Effizienzstandard für Gebäudeklimaanlagen den kompletten US-Energieverbrauch um ein Prozent senken. Insgesamt sollen die neuen Obergrenzen bis 2030 den CO_2-Ausstoß um drei Milliarden Tonnen zurückgehen lassen.[16] Gleichzeitig arbeitet eine ganze Behörde, die neu geschaffene Advanced Research Projects Agency-Energy (ARPA-E), mit Hochdruck daran, umweltschonende Innovationen im Energiesektor auf den Markt zu bringen. Leise und unauffällig wie ein Elektromotor verläuft diese »grüne Revolution« in Amerika. Ihre Auswirkungen werden sich in den kommenden Jahren potenzieren – vor allem, wenn die Herstellungskosten für Solarpanele, stromsparende LED-Leuchten oder Windkraftanlagen weiter so rasant fallen.

Wir Deutschen spotten ja gerne über das Umweltbewusstsein der Amerikaner und glauben, wir hätten den Naturschutz erfunden. Und natürlich könnte man sagen, alles schön und gut, aber die Amerikaner produzieren so viel Treibhausgas, blasen mit ihren SUVs so viele Abgase in die Luft, verbrauchen dermaßen viel Strom, kurz: haben mehr zum Klimawandel beigetragen als sonst irgendjemand – da ist all dies noch viel zu wenig. Das darf man so sehen, denn die USA könnten tatsächlich noch mehr tun. Ihre auf das Auto ausgerichtete, energiehungrige Lebensweise etwa steht einem effektiven Klimaschutz deutlich im Weg. Aber die deutsche Überheblichkeit ist unangebracht. Der US-Energieverbrauch steigt nicht mehr jährlich an. Obama hat vieles in Bewegung gesetzt, was uns in Europa nicht weiter aufgefallen ist – nicht zuletzt, dass schlichtweg deutlich mehr Amerikaner den Klimaschutz ernster nehmen als früher. Nachhaltige Veränderung beginnt im Kopf.

Zudem holte Obama mit China den anderen der beiden weltweit größten Treibhausgas-Produzenten erstmals ins Boot, indem er gemeinsam mit Chinas Präsident Xi Jinping einen bilateralen Klimadeal abschloss. Dieser war zwar nicht sonderlich ehrgeizig, und obendrein gab China kurz nach dessen Abschluss zu, sehr viel mehr CO_2 zu produzieren, als bei dem Deal als Ausgangsbasis vorausgesetzt worden war. Aber diese Haltung dem Klimawandel gegenüber ist für beide Länder neu und geht immerhin in die richtige

Richtung. Vor allem hat dieses Umdenken dafür gesorgt, dass die Klimaschutzverhandlungen in Paris im Dezember 2015 zu einem Abkommen führten, statt erneut an den beiden größten Luftverpestern USA und China zu scheitern.

Was wird also bleiben von Amerikas erstem schwarzen Präsidenten? Werden die Republikaner mit ihrer Mehrheit in beiden Kongresskammern ihre Drohungen verwirklichen und Obamas Weichenstellung rückgängig machen? Allerdings ist vieles von dem Wandel, den Obama angeschoben hat, mittlerweile so gut etabliert, dass eine konservative Regierung es schwer haben dürfte, die Stellschrauben allzu weit zurückzudrehen. Zumindest ginge dies nicht ohne massiven öffentlichen Protest vonstatten, denn Bürger auf beiden Seiten des politischen Spektrums profitieren von diesem Wandel.

Obama ist in mancherlei Hinsicht hinter den Erwartungen zurückgeblieben. Guantánamo wird als ein Makel in seiner Bilanz erscheinen, genauso wie das Scheitern seiner Einwanderungsreform. Ebenso hat er es zu seinem eigenen großen Bedauern nicht geschafft, neue Waffengesetze durchzusetzen, obwohl sich in seiner Amtszeit viele opferreiche Schießereien und Amokläufe ereigneten. Obamacare hat den Krankenversicherungsschirm weiter aufgespannt, aber es passen immer noch Millionen von Amerikanern nicht darunter, und wegen der hohen Eigenbeteiligung fühlen sich ärmere Familien nach wie vor kaum vor finanzieller Not geschützt.

Nicht zuletzt seine auffällig lange Zurückhaltung beim Thema Rassismus hat viele schwarze US-Bürger enttäuscht. Auch unter einem schwarzen Präsidenten, so die bittere Erkenntnis, ist die Diskriminierung für viele von ihnen nicht weniger geworden. Das Thema ist mit diesem Meilenstein eben noch lange nicht abgehakt. Obama wollte offenbar nicht im Sinne seiner Hautfarbe voreingenommen wirken. Erst nach dem Tod des schwarzen Teenagers Trayvon Martin und nachdem die Krawalle in Ferguson die Nation wachgerüttelt hatten, ging er das Problem im letzten Drittel seiner Präsidentschaft offensiver an. Das Bild, wie er inmitten von schwarzen Bürgerrechtlern zum fünfzigsten Jahrestag des Protestmarsches von Selma über dieselbe Brücke schritt wie damals die Aktivisten, wird ein prägendes seiner Präsidentschaft bleiben.

Um mehr zu erreichen, fehlten Obama allerdings auch bald die parlamentarischen Mehrheiten, die er nur während seiner ersten beiden Amtsjahre auf seiner Seite hatte. Die Republikaner gaben ihm so wenig Spielraum, wie sie nur konnten. So gesehen ist es erstaunlich, wie viel er dann doch erreicht hat, wie sehr er sein Land gestaltet und verändert hat, wie weitreichend er seine einstige Wahlkampfankündigung, die »Flugbahn Amerikas« zu beeinflussen, umgesetzt hat. Und wenn ich mir die Parade derjenigen anschaue, die um seine Nachfolge gekämpft haben, kann ich nur feststellen, dass keiner auch nur annähernd ein solches Gesamtpaket anzubieten hatte wie der talentierte Mr Obama – mit seiner coolen Eleganz und dem gewinnenden Lächeln, mit seiner akademischen Akribie, seiner Besonnenheit und seinem politischen Gespür. Die Gnade des verklärenden Rückblicks ist bisher noch fast jedem Präsidenten zuteilgeworden, mal mehr und mal weniger. Ich habe das Gefühl, dass die Amerikaner diesen Präsidenten noch vermissen werden.

Die Geteilten Staaten von Amerika?

> »Alle glücklichen Familien gleichen einander,
> jede unglückliche Familie
> ist auf ihre eigene Weise unglücklich.«
> Leo Tolstoi

Wann immer ich an den typischen republikanischen Wähler denke – also weiß, männlich, älteren Semesters –, dann muss ich an Leo denken. Leo Zalaznik ist der Nachbar meiner Schwiegereltern und ein regelrechtes Bilderbuchexemplar dieser konservativen Spezies. Ende sechzig und geschieden, verlebt der ehemalige Klempner seinen Ruhestand in seinem Blockhaus direkt an einem der zahllosen Seen im hohen Norden des US-Bundesstaats Wisconsin, meilenweit von jeglicher Zivilisation. Leo ist ein herzensguter Mensch, stets hilfsbereit, stets mit einem leisen Lachen unter seinem buschigen weißen Schnauzbart, der meinen Kindern immer, wenn sie bei den Großeltern zu Besuch sind und bei ihm vorbeischauen, selbstgemachte Rice Crispy Treats zusteckt (eine dieser amerikanischen Süßigkeiten-Perversionen aus geschmolzenen Marshmallows, Puffreis und Vanillezucker, die eigentlich verboten gehören, aber schlicht unwiderstehlich sind). Und im Kühlschrank wartet immer genügend kaltes Bier, um Besucher auf einen kleinen Plausch einzuladen.

Es lässt sich mit Leo auch herrlich über Gott und die Welt, über Jagen und Angeln reden. Es ist nur ziemlich klar, dass eine Unterhaltung über Waffengesetze oder die Legalisierung der gleichgeschlechtlichen Ehe nicht lange dauern würde. An der Wand seiner Garage ist auf einem Poster zu lesen: »Liberalismus ist eine Krankheit – das Heilmittel lautet gesunder Menschenverstand!« Daneben hängt ein Bild von Ronald Reagan, den die Republikaner heute als heldenhaftes Idealbild eines erfolgreichen Staatsoberhaupts anhimmeln – weil er Führung durch Stärke symbolisiert, weil er in ihren Augen die Sowjetunion in die Knie zwang, weil er für ein vergangenes Zeitalter steht, in dem man (vermeintlich) klar zwischen Gut und Böse unterscheiden konnte. Und vor allem, weil Reagan sie an das alte Amerika erinnert, in dem die weiße, konservative Mehrheit die Werte bestimmte. Auf der Stoßstange von Leos Pick-up-Truck könnte gut einer dieser patzig-trotzigen Aufkleber prangen, die ich häufig gesehen habe: »*I´m conservative – get over it!*« Was so viel bedeutet wie: »Ich bin konservativ, und wenn du ein Problem damit hast, ist das dein Bier!«

Dort oben, im Norden Wisconsins, leben sie die konservativen Werte rund um das Ideal der Eigenständigkeit, wonach jeder selbst für sich und sein Glück verantwortlich ist und nicht irgendeine Regierung im fernen Washington. Man hilft sich selbst und den Nachbarn. Leo verbrennt seinen Müll (eine Müllabfuhr gibt es dort oben nicht). Er jagt und angelt lieber, als dass er einkaufen geht. Wisconsin ist der Bundesstaat, in welchem der republikanische Gouverneur Scott Walker sich zwei Jahre nach seiner Wahl einem Abwahlverfahren stellen musste, weil er die Tarifautonomie der öffentlichen Angestellten abgeschafft hatte. Doch dank Wählern wie Leo überstand Walker die Abstimmung. (Was den jungen Gouverneur zu der anmaßenden Überzeugung verleitete, er sei zu Höherem berufen, woraufhin er seinen Hut für die Präsidentschaftskandidatur in den Ring warf –

um dann einer der Ersten zu sein, die wieder aussteigen mussten.)

Wenn ich also jemanden wie Leo Zalaznik auf die Politik in Washington anspreche, dann winkt er nur ab, erst recht, wenn ich auf Präsident Obama komme. (Doch so typisch Leo in vieler Hinsicht erscheint, unterscheidet ihn offensichtlich doch etwas fundamental von der Mehrheit der republikanischen Wähler: Leo ist nicht so wütend wie sie. Vielleicht sollten Republikaner häufiger angeln gehen. Das scheint zu entspannen.)

Einer der größten Unterschiede zwischen dem Amerika, das ich Ende der Neunziger kennenlernte, und dem heutigen sind die Gräben zwischen den politischen Lagern. Sie scheinen mir unüberbrückbar geworden. Damals kritisierten die Konservativen des Landes die Clinton-Regierung zwar auch heftig. Aber es ging ihnen dabei auch um die Würde des Amtes, die dieser unverschämt grinsende Südstaatler mit seinen Eskapaden zu besudeln schien. In politischer Hinsicht war der Graben in Wirklichkeit gar nicht so tief. Clinton mag seinem Vorgänger das Weiße Haus mit seiner Betonung binnenwirtschaftlicher Fragen abgeluchst haben (*»It's the economy, stupid!«*). Aber er war schließlich derjenige, der das nordamerikanische Freihandelsabkommen NAFTA mit großem Tamtam verwirklichte und noch dazu die öffentlichen Ausgaben so stark zurückfuhr, dass er einen ausgeglichenen Haushalt präsentieren konnte. Clinton mag den Vietnamkrieg als Student in Oxford ausgesessen haben, aber als Ende der Neunziger im serbisch dominierten Rest-Jugoslawien einer ganzen Region mitten in Europa ethnische Säuberungen drohten, war er es, der den Falken markierte und amerikanische Jets voranschickte, um den Kosovo-Albanern beizustehen. Wir Europäer konnten nur beschämt der US-Intervention folgen und buchstäblich hinterherfliegen. Und ich bin mir nicht sicher, ob auch der strikteste Law-and-Order-Republikaner eine härtere Strafrechtsreform verabschiedet hätte als Clintons Demokraten, mit 100 000 neuen Polizisten und lebenslanger Haft für dreimalige Straftäter, was den in den achtziger Jahren einsetzenden massiven Anstieg von Amerikas Gefängnisbevölkerung noch beschleunigte.

Seit meiner Rückkehr in die USA frage ich mich, ob die aktuelle Polarisierung eine tatsächliche ist oder ob man sie nur in der Hauptstadt Washington so extrem spürt und in den Medien aufbauscht, während das Land insgesamt deutlich besser miteinander zurechtkommt. Je länger ich die Situation beobachte, desto mehr Anzeichen für ein echtes Auseinanderdriften finde ich, und das auf mehreren Ebenen. Kulturell stehen sich das ländliche, konservative *heartland* (Kernland) einerseits und die beiden Küsten mit ihren wohlhabenden, progressiven Metropolen andererseits gegenüber. Wirtschaftlich verläuft ein tiefer Graben der sozialen Ungleichheit quer durch die Gesellschaft. Aber nirgends ist die Spaltung wohl so offensichtlich wie in der Politik. Es beginnt schon mit der ideologischen Ausrichtung. Der konservative Kolumnist Charles Krauthammer erklärte einmal: »Um die amerikanische Politik zu verstehen, muss man ein fundamentales Gesetz kapieren: Konservative meinen, Liberale seien dumm. Liberale meinen, Konservative seien böse.«[17] Die einen werden also für naive Umverteiler gehalten, die nicht verstehen wollen, wie der Motor von Freiheit und Wohlstand – die freie Marktwirtschaft – funktioniert. Die anderen gelten als kaltherzige Fundamentalisten, denen die Armen und Schwachen egal sind. Zwischen solchen Gegensätzen fällt es schwer zu vermitteln. Natürlich ist das sehr zugespitzt, aber es gibt diese philosophischen Unterschiede, wie man sie nennen könnte, tatsächlich, und sie werden offenbar immer vehementer verteidigt. Auf die Frage »Würde Sie es stören, wenn Ihr Kind jemanden heiratet, der nicht dieselbe Partei unterstützt wie Sie?« antworteten 1960 nur fünf Prozent mit Ja. 2010 war dies bei einem Drittel der Demokraten und bei der Hälfte der Republikaner der Fall.[18]

Demokraten machen Politik eher mit dem Ziel, etwas Konkretes erreichen oder umsetzen zu wollen. Wie lässt sich etwas an diesem oder jenem Missstand ändern? Wie kann man ein gestecktes Ziel erreichen? Republikaner haben zwar auch konkrete Ziele, etwa ein Abtreibungsverbot, aber grundsätzlich sehen sie Politik eher abstrakter. Es geht ihnen um die prinzipielle Wahrung von Werten, von Moral, um Dinge wie den Schutz der Verfassung oder das allgemeine Recht auf Waffenbesitz. Dabei stehen mehr die Rahmenbedingungen im Fokus, entfalten muss der Mensch sich dann ganz alleine. Amerika ist nach dieser Sichtweise stark, wenn individuell von unten nach oben gelebt wird, nicht staatlich reguliert von oben nach unten. Michael Grunwald schreibt im Nachrichtenmagazin *Politico* über diese libertäre Haltung: »Amerikaner sind argwöhnisch, wenn die Regierung handelt, und befürchten, sie tut das nur, um jemand anderem zu helfen.« Was erklärt, warum *big government* zu einem Schimpfwort geworden ist.

Dabei ist zu erwähnen, dass auch viele Demokraten Sympathien für einen schlankeren Staat hegen. Sie sind eben nicht mit der Linken bei uns in Deutschland zu vergleichen und würden bei uns eher in der Mitte des Spektrums angesiedelt sein. Die *Liberals*, wie die Demokraten in den USA auch bezeichnet werden, sind aber auch nicht mit unseren Freien Demokraten gleichzusetzen, sondern der Begriff ist eben die Bezeichnung für die Gegenspieler der *Conservatives*, der Republikaner.

Die wenig konkrete Fixierung auf Prinzipien bei den Konservativen zeigte sich im Wahlkampf 2016 besonders deutlich. Während die demokratischen Kandidaten in Debatten und Reden versuchten, genauer darzulegen, was sie wie umsetzen wollen, begeisterten die republikanischen Kandidaten eher mit breitgefassten philosophischen Aussagen – und das speziell im Fall von Donald Trump mit einer beeindruckenden Inhaltsleere. Der Slogan »*Make America great again!*« (»Amerika wieder groß machen!«) elektrisierte Trumps Anhänger, auch wenn zunächst völlig egal zu sein schien, wie er das konkret erreichen wollte. Oder was genau er eigentlich damit meinte. Und wie realistisch seine Vorstellungen überhaupt waren. All das enthielt er seinen Fans im Wahlkampf meistens vor. Einer meiner »Favoriten« aus dem trumpschen Repertoire ist die Antwort, die er auf eine Frage aus dem Publikum gab: »Ach, das wollen Sie gar nicht so genau wissen, aber: Vertrauen Sie mir!« Offenbar wollten genügend Wähler es wirklich nicht so genau wissen.

Zu diesen Grundausrichtungen passt, dass Demokraten eher Kompromisse mögen, Republikaner eher nicht. Natürlich können auch *Liberals* militant und kompromisslos ihre Meinung vertreten, aber demokratische Wähler bevorzugen generell Politiker, die kompromissbereiter sind, Republikaner hingegen solche, die zu ihren Prinzipien stehen.[19] Diese Attitüde brachte ein berühmter Satz George W. Bushs gut zum Ausdruck: »Entweder stehst du zu uns oder zu den Terroristen!« Ich habe bei konservativen Amerikanern manchmal den Eindruck, dass alles gut und schön ist, solange man auf ihrer Seite steht, ihre Lebensauffassung teilt. Sobald man die Dinge anders sieht, machen sie die Schotten dicht. Bereits Mark Twain stellte ironisch fest: »Wir schätzen die Menschen, die frisch und offen ihre Meinung sagen – vorausgesetzt, sie meinen dasselbe wie wir.«

Wie kaum etwas sonst findet diese Haltung Ausdruck in der Tea-Party-Bewegung. Der Name bezieht sich auf die Boston Tea Party von 1773, als sich Bostoner Bürger gegen die englische Kolonialherrschaft auflehnten – die Revolte als patriotische Pflicht zur Rettung des Landes. Nicht umsonst lautet ein Slogan der heutigen Tea-Party-Bewegung »Ich will mein Land zurück!«. Quasi als Reaktion auf Obamas progressive Vorhaben schwemmte die Bewegung 2010 eine Reihe rechtspopulistischer Hardliner in den Kongress. Zwar ist es üblich, dass die Regierungspartei in den Zwischenwahlen Sitze im US-Abgeordnetenhaus verliert, gemäß der Logik von Aktion und Reaktion. Aber seit 1948 war das politische Pendel Amerikas nicht mehr dermaßen heftig in die entgegengesetzte Richtung ausgeschlagen. Barack Obama, gerade zwei Jahre im Amt, nannte es kleinlaut ein »shellacking« – eine gehörige Abstrafung seiner Politik. Bereits die ideologische Neuausrichtung der Republikanischen Partei unter Mehrheitsführer Newt Gingrich Mitte der neunziger Jahre hatte den Tea-Party-Aktivisten den Boden bereitet. Salonfähig wurde ein gewisser Typus Politiker dann mit schillernden Figuren wie der Vizepräsidentschaftskandidatin Sarah Palin. Dabei war diese Frontalopposition in ihrer Kompromisslosigkeit neu und wirkte sich auf die Partei insgesamt aus, weil die Tea Party auch Einfluss auf gemäßigtere Konservative nahm. Die Tea Party ist nicht die größte Fraktion innerhalb der Republikaner, aber bei weitem die lautstärkste.

Zum Höhepunkt der Konfrontation mit dem Präsidenten wurde der Haushaltsstreit 2013. Um Obamas Gesundheitsreform doch noch zu Fall zu bringen, weigerten sich die Republikaner, ein Budget zu verabschieden, wenn nicht wichtige Teile von Obamacare, dieser »sozialistischen Übernahme«, ausgesetzt würden. Die demokratische Mehrheit im Senat hielt aber daran fest. Und so gipfelte der Konflikt in einem mehr als zweiwöchigen *government shutdown,* einer unfreiwilligen Betriebspause für Regierung und Behörden. Ohne bewilligte Haushaltsmittel mussten Hunderttausende Beamte unbezahlten Urlaub nehmen, Museen und Nationalparks schließen, Behörden, Ministerien und die Post nach Notfallplänen arbeiten. Gleichzeitig standen die USA kurz vor dem Staatsbankrott, weil die Republikaner auch eine Erhöhung des Schuldenlimits verweigerten und die gesetzlich festgeschriebene Obergrenze von 16,7 Billionen Dollar fast erreicht war. Das Land steuerte mit offenen Augen auf die sogenannte »Fiskalklippe« zu. Ein Herunterstürzen hätte ungeahnte globale Auswirkungen mit sich gebracht. Schon so schadete der *shutdown* den USA gewaltig, sowohl ihrem Ansehen – weil sich die Politiker nicht einigen konnten und rücksichtslos »Wer kneift zuerst?« spielten – als auch ökonomisch: Schätzungen gehen davon aus, dass die Einschränkungen im öffentlichen Dienst die Wirtschaft zwischen 300 und 550 Millionen Dollar täglich kosteten.[20] Am Ende wendete der Kongress die totale Katastrophe ab, weil die Demokraten Zugeständnisse bezüglich einer späteren Haushaltssanierung machten, so dass die Republikaner noch gerade eben ihr Gesicht wahren konnten. Das Budget jedenfalls ging durch den Kongress, ohne dass die Obamacare-Elemente angerührt wurden.

Sicher, auch die demokratische Mehrheit im Senat war stur geblieben und zeigte wenig Kompromissbereitschaft. Aber sie kämpfte um ihre Gesundheitsreform. Die Republikaner gingen den Weg der Erpressung, ohne wirkliche Alternativen zu Obamacare vorzuweisen – ihre Verhinderungstaktik ging ihnen weit über konstruktives Verhandeln. Das Verblüffendste an diesen Hardlinern und ihrem Starrsinn ist, wie ich finde, dass sie ständig von Patriotismus und der Liebe zu ihrem Land reden, aber dieses so geliebte Land dann lieber an die Wand fahren lassen, als auch nur einen Millimeter von ihren Prinzipien abzuweichen. Dabei scheint es ihnen egal zu sein, ob ihre Prinzipientreue auf Kosten anderer geht.

Gefördert wird diese rigorose Einstellung natürlich auch vom parlamentarischen System der USA. Anders als ihre Kollegen im Senat stehen die Abgeordneten des Repräsentantenhauses alle zwei Jahre zur Wiederwahl. Das bedeutet, sie müssen sich viel stärker am Willen ihrer Wähler orientieren. Viele Republikaner haben bei Konflikten mit Obama offenbar die Befürchtung, als Umfaller zu gelten, wenn sie sich auf Kompromisse einlassen. Aus Angst, abgewählt zu werden, fühlen sie sich offenbar mehr ihrem Wahlkreis verpflichtet als dem Wohl des Landes.

Der Zuschnitt mancher Wahlbezirke verstärkt das Problem. Alle paar Jahre werden diese je nach US-Bundesstaat neu zugeschnitten, etwa nach Volkszählungen. Beim sogenannten *gerrymandering* kann die regierende Partei die Grenzen so manipulieren, dass mehrheitlich Einwohner der gleichen politischen Überzeugung in einem Wahlkreis wohnen. Das kann mitunter zu den absurdesten geographischen Konstrukten führen, ist aber durchaus legal. So kann es passieren, dass beispielsweise ein vornehmlich weißer, konservativer Wahlkreis entsteht, der einen Tea-Party-Sympathisanten wählt, während in unmittelbarer Nachbarschaft Latinos und schwarze Wähler in einem anderen Distrikt »zusammengepfercht« werden. Dieses Vorgehen wird dadurch erleichtert, dass viele Amerikaner gerne unter ihresgleichen leben, sowohl ethnisch als auch politisch gesehen. Wahlkreise werden weniger durchmischt. Die Auswirkungen auf das Wahlergebnis sind schwerwiegend. Wegen des amerikanischen Mehrheitswahlrechts *(Winner takes all)* ist so nämlich nur noch ein Bruchteil der Abgeordnetensitze wirklich umkämpft, die übrigen fallen so gut wie immer an das eine oder andere Lager. Auf diese Weise entstehen politische Erbhöfe, in denen der Amtsinhaber kaum noch ernsthafte Herausforderer von der anderen Partei befürchten muss und sich ganz auf eine bestimmte Wählerschaft ausrichten kann – mit dem Ergebnis, dass Politiker weniger moderat sein dürfen beziehungsweise sich weniger anderen Positionen öffnen müssen. Die Mitte schrumpft. Auch bei Präsidentschaftswahlen gehen manche Bundesstaaten stets an dieselbe Partei – Kalifornien etwa immer an die Demokraten, Texas immer an die Republikaner. Deshalb kämpfen Kandidaten meist nur um die *swing states* oder *swing districts*, Staaten und Wahlbezirke, wo der Wahlausgang traditionell wechselt. Wäre ich Republikaner in Kalifornien, würde es mich wohl ziemlich frustrieren, dass meine Stimme praktisch immer »verloren« ist.

Doch so gerne sich die Parteiführung der Republikaner im Erfolg der Kongresswahlen von 2010 bis 2014 sonnte, als sie zuletzt mit tatkräftiger Unterstützung des Tea-Party-Flügels die Mehrheit im Senat errangen, so sehr entpuppten sich die Siege als teuer erkauft. Denn die Geister, die die Republikaner riefen, werden sie nicht mehr los. Die Führung ließ den Radikalen um des kurzfristigen politischen Vorteils willen freien Lauf. Wenn auch der Wahlerfolg im November 2016 die Risse übertüncht – langfristig ist die Grand Old Party (GOP) eine gespaltene Partei geworden. Der Wirtschaftsflügel, dessen oberste Priorität das Wohl der Unternehmen ist, streitet sich mit dem evangelikal-religiösen Flügel, der auf konservative christliche Werte pocht und beispielsweise gegen mehr Rechte für Homosexuelle kämpft. Gemäßigtere Abgeordnete, die zwar konservative Politik machen, aber auch regieren und weniger ideologisch gehemmt handeln wollen, können sich nicht einigen mit den radikalen Eiferern der Tea Party, die vom Parteiestablishment nicht zu kontrollieren sind. Es scheint kaum ein Thema zu geben, das nicht für innerparteilichen Zwist und erbitterte Debatten zwischen den Flügeln sorgt, ob nun das Freihandelsabkommen mit Europa (TTIP), die Außen- oder die Sozialpolitik.

Die krachenden Niederlagen bei den Präsidentschaftswahlen gegen Obama haben gezeigt, welch bedenklichen Kurs die Partei steuert. Denn wenn es ums Weiße Haus geht, legen die Amerikaner ein anderes Wahlverhalten an den Tag, als wenn »nur« Abgeordnetensitze oder Gouverneursposten zu vergeben sind. Und das könnte künftig für die GOP ein großes Problem werden. Amerikas Bevölkerung wandelt sich. Die Zahl der Wahlberechtigten ist seit der Wahl 2012 um zehn Millionen auf 324 Millionen gestiegen. Eine grundsätzlich gute Nachricht für die Demokraten: Die Hälfte dieses Zuwachses stellt die Bevölkerung mit lateinamerikanischen Wurzeln,[21] die 2012 und auch 2016 mehrheitlich demokratisch wählte – 2012 holte Präsident Obama 71 Prozent der Latino-Stimmen, 2016 Hillary Clinton laut ersten Hochrechnungen 65 Prozent. Das war zwar zu wenig, um den großen Anstieg weißer Trump-Wähler in entscheidenden Bundesstaaten zu kontern, aber solange die Demokraten sich weiter für eine Einwanderungsreform starkmachen und nicht, wie plötzlich so mancher Republikaner, die Latinos unter Generalverdacht stellen oder davon reden, 11,5 Millionen illegale Einwanderer auszuweisen und eine riesige Mauer entlang der mexikanischen Grenze zu bauen, läuft die Entwicklung auf lange Sicht zugunsten der Demokraten. Auch bei anderen Minderheiten, etwa den asiatischen oder den schwarzen Amerikanern, stehen die Wähler eher im demokratischen Lager.

Zwar altert auch die US-Gesellschaft, was diesen Trend auffangen könnte, denn wie bei uns wählen amerikanische Senioren eher konservativ. (Der republikanische Präsidentschaftskandidat von 2012, Mitt Romney, holte 56 Prozent bei den über 65-Jährigen.) Aber die ältere Bevölkerung ist eher weiß. Und wenn der Trend anhält, dass die Wahlbeteiligung der Weißen konstant sinkt, verringert sich dadurch auch der Anteil der konservativen Wählerschaft. Es wird sich zeigen, ob der Anstieg weißer Wähler 2016 eine von Donald Trump erzielte Ausnahme war, die die Regel bestätigt.

Die Führung der Republikaner hat das demographische Problem erkannt und versucht, die Partei zu den Minderheiten hin zu öffnen. Doch der Wahlkampf 2016 hat auf spektakuläre Weise gezeigt, dass sie sich eher um die Basis kümmern muss, bevor sie neue Wählerschichten erschließt. Denn es war nicht das GOP-Establishment der weißen alten Männer, das die Wähler elektrisierte, sondern der Quereinsteiger Donald Trump (der eigentlich gar kein Republikaner ist, sondern eher ein *Third-Party-Candidate*, der die Partei quasi übernommen hat). Dabei hat die amerikanische Politik immer schon schillernde Kandidaten hervorgebracht – das Direktwahl-System macht es möglich. Jeder, der sich berufen fühlt und meint, das nötige Kleingeld dafür zusammenkratzen zu können, darf in die Arena treten, etwa exzentrische Millionäre wie Ross Perot oder Steve Forbes oder schräge Typen wie der Pizzaketten-Besitzer Herman Cain oder der Chirurg Ben Carson. Oft hatten diese Kandidaten etwas Erfrischendes. Zumindest machten sie neugierig und waren für kurze Zeit so etwas wie der aufregende neue »Geschmack des Monats«. Ihre Umfragewerte stiegen. Aber früher oder später besannen sich die Wähler und wählten in den Vorwahlen letztlich doch den sicheren, konventionellen Massengeschmack, sprich: Mitt Romney, John McCain. Der Nächste dieser Art Kandidat hätte Jeb Bush sein sollen. Ihm füllten die republikanischen Eliten die Wahlkampfkasse. Doch nie in der Geschichte der Nation ist so viel Geld in einem Wahlkampf für so wenig Resultat verpulvert worden. Bush schaffte es nicht einmal bis zur Vorwahl in Florida, dem Staat, den er einst als Gouverneur geleitet hatte.

Offenbar greifen die alten politischen Regeln nicht mehr. Das Partei-Establishment bekam die Quittung für ihre Abgehobenheit von den Sorgen und Ängsten der Basis, von der Realität vieler Bürger. Noch dazu trampelte die Trump-Kampagne in vielerlei Hinsicht über eine ganze Reihe von traditionellen republikanischen Standpunkten, und das mit großem Erfolg. Freihandelsabkommen? – Von wegen, stattdessen Schutzzölle gegen die trickreichen Chinesen und alle, die uns die Jobs wegnehmen! Eine Außenpolitik der Stärke und amerikanische Führung in internationalen Konflikten? – Das sollen die anderen machen! Steuererleichterungen, um die Wirtschaft anzukurbeln? – Ja, aber die Sozialversicherung Social Security soll bleiben, wie sie ist, und Reiche sollen mehr Steuern zahlen! Trump traf mit politischem Gespür die Stimmungen in der Wählerschaft. Er entfesselte den perfekten Populismussturm, der die amerikanische Politik durcheinanderwirbelte. Durch seine jahrzehntelange Boulevard- und TV-Präsenz genoss er bereits vor seiner Karriere als Politiker landesweite Bekanntheit, gab sich im Wahlkampf pragmatisch und wandelte seine Meinung und Position je nach Bedarf. Er wusste, was die Leute hören wollen und wie man dabei geschickt die Medien nutzt, vor allem die sozialen Netzwerke im Internet, über die er seine Wähler direkt und ungefiltert ansprechen konnte. Die Erfahrungen aus der Reality-TV-Show *The Apprentice* zahlen sich aus. Klappern gehört zum Geschäft – je ungeheuerlicher seine Äußerungen, desto klarer bestimmte Trump die Schlagzeilen, und sei es, weil der Egomane mit dem Waterboarding die Folter wiedereinführen wollte. *There´s no bad PR!* – Es gibt keine schlechte Aufmerksamkeit. Seine Anhänger lieben ihn dafür: Endlich einer, der in Zeiten der *political correctness* sagt, was er denkt; keiner dieser kompromissbereiten, abgehobenen Politiker. Wie Trump sind auch viele seiner Anhänger weniger ideologisch motiviert und weniger einer Parteilinie treu. Viele haben zum ersten Mal überhaupt bei den Vorwahlen und dann auch bei der Präsidentschaftswahl ihre Stimme abgegeben. Trump hat ganz neue Wählerschichten angezapft, weil diese sich von ihm endlich vertreten fühlen.

Dabei müssen sich die Republikaner ernsthaft fragen, wie viel sie selbst zur Entstehung dieses »Trumpensteins« (wie manche ihn nennen) beigetragen haben. Denn Trumps Kür zu ihrem Präsidentschaftskandidaten kam nicht von ungefähr. Die Tea Party hatte schon länger eine ausländerfeindliche, autoritäre, nationalistische Rhetorik salonfähig gemacht. Die Republikaner sind im Fahrwasser des Tea-Party-Erfolgs nur zu gerne mitgeschwommen und haben darüber – bewusst oder unbewusst – zahllose Möglichkeiten ausgelassen, auf die hasserfüllten und wütenden Strömungen in ihrer Basis einzugehen. Nicht zuletzt diese negative Energie spülte Trump ins Weiße Haus – wie gut dies der republikanischen Partei tut, wird sich zeigen.

Es sind vor allem Arbeiter der mittleren und unteren Mittelschicht, die auf Trump stehen, darunter viele Männer ohne höhere Bildung. Aber eben nicht nur. Trump-Wähler erfüllten in erster Linie ein Kriterium: Sie waren weiß. Keiner hat die Wut, Angst und Verunsicherung dieser Wähler so präzise anvisiert und kanalisiert wie Trump. Er ist ihr Sprachrohr geworden. Sie haben genug von Politikern, die viel versprechen und dann die Hoffnung, dass sie in Washington die Wählerinteressen vertreten, doch stets enttäuschen. Fast acht Jahre lang mussten sie mit ansehen, wie – trotz republikanischer Mehrheiten im Kongress – sich unter dem in ihren Augen radikalen Obama das Land veränderte. Dieses »Horrorszenario« hat ihnen die eigene Partei auch ständig an die Wand gemalt. Der Journalist und Trump-Biograph Michael D´Antonio sagt, die Partei habe Wind gesät und ernte nun den Sturm: »Die Republikaner haben gerade vor Wahlen die Flammen des Hasses angeheizt, die Bigotterie und Ängste der Wähler geschürt, um sie zu nutzen.« Und das zunächst durchaus mit Erfolg, wie die Wahlsiege bei den Kongress-Zwischenwahlen zeigten. »Doch dann haben sie nicht liefern können. Als es darum ging, Obamas Gesundheitsreform oder andere Dinge zu verhindern, haben sie es nicht geschafft. Die Partei hat Wut und Sorgen befeuert und dann versagt. An wen wenden sich diese wütenden, aufgestachelten Wähler dann? Kein Wunder: an einen mit Sieger-Nimbus, einen Anti-Establishment-Kandidaten.«[22]

Jetzt hat es also die Brechstange Trump geschafft, egal wie dünn, widersprüchlich oder nicht existent sein Programm sein mag. Denn um irgendein Programm geht es seinen Anhängern gar nicht. Es geht um eine Haltung. Sie bejubeln Trump für seine rücksichtslose Attitüde, seine Demonstration von (vermeintlicher) Stärke. Je mehr Trump für seine polemischen Pöbeleien und unrealistischen Forderungen von Journalisten oder etablierten Politikern angegriffen und hinterfragt wird, ohne zurückzuweichen, desto mehr sehen seine Anhänger dies als Beweis dafür, dass er sich nicht von Lobbyisten oder der Opposition einlullen lässt und demnach auch als Präsident nicht einknicken wird.

Denn ganz im Sinne des Tea-Party-Mottos »Ich will mein Land zurück!« fühlen sich diese weißen Wutbürger nicht nur von den politischen Eliten der Republikanischen Partei im Stich gelassen, sondern auch in ihrer Lebensweise und -sicht vom gesellschaftlichen Wandel bedroht: vom (angeblich) wachsenden Einfluss von Minderheiten auf die Politik, von Schwarzen, Latinos und Homosexuellen. Sie finden es ungerecht, dass illegale Einwanderer ungestraft davonkommen. Sie ärgern sich, wenn sie am Telefon gebeten werden, die 1 für Ansagen auf Englisch und die 2 für Spanisch zu wählen. Sie verstehen nicht, warum die heilige Institution der Ehe nicht mehr nur zwischen Mann und Frau gilt. Die christliche Rechte fühlt sich in ihrer religiösen Freiheit eingeschränkt. Arbeiter und Angestellte sehen sich als Verlierer, als abgehängt, weil gutbezahlte Jobs nur noch in der IT-Branche und im Dienstleistungsbereich zu finden sind, viel Industrieproduktion aber ins Ausland verlagert wurde und die Löhne stagnieren. Die Börse stieg nach dem Crash wieder auf Rekordhöhen, aber profitiert haben davon nur Banker, Firmenbosse und Großanleger. Das Bild der Geteilten Staaten von Amerika lässt sich eben nicht nur entlang politischer Trennlinien zeichnen. Es trifft immer mehr auch in wirtschaftlicher, geographischer und kultureller Hinsicht zu.

Der Journalist George Packer sieht darin sogar die Gefahr eines amerikanischen Klassenkampfs, der die amerikanische Demokratie bedroht: »Die Amerikaner driften immer mehr auseinander, sind in allen Bereichen des Lebens nach Klasse getrennt: wo sie geboren werden und aufwachsen, wo sie zur Schule gehen, was sie essen, wie sie reisen, wen sie heiraten, was ihre Kinder machen, wie lange sie leben, wie sie sterben. Wir sind nicht mehr das Land, in dem jeder alles werden kann.«[23]

Mitten hinein in diese angsterfüllte Atmosphäre platzte Trump mit seinem Slogan »*Make America great again!*« – eine einfache Botschaft, die das Gefühl eines steten Macht- und Ansehensverlustes Amerikas bediente und unausgesprochen die Schuld an der Misere bequem auf äußere Einflüsse schob, so dass in ihr auch Fremdenfeindlichkeit und Rassismus mitschwang. Ständig prangerte Trump im Wahlkampf an, wie etwa die Chinesen oder die Mexikaner den USA in allen möglichen Belangen die Butter vom Brot nähmen. Die Politikwissenschaftlerin Marcia Chatelain von der Georgetown University in Washington meint, man könne den Slogan auch gut als »*Make America white again!*« verstehen. Vielleicht handelt es sich ja wirklich um ein letztes Aufbäumen dieses weißen Amerikas, das nostalgisch auf ein mehr oder weniger eingebildetes »gutes altes Amerika« zurückblickt. Auf ein Land, das eine unangefochtene Vormachtstellung hatte, in dem es keine Homo-Ehe gab, knallhart gegen Gesetzesbrüche vorgegangen wurde und man von der eigenen Arbeit gut leben konnte. Und wo nicht zuletzt Minderheiten das blieben, was sie in den Augen der weißen Mehrheit sein sollten: Minderheiten. Wo klar war, welche Ethnie den Ton angibt. Bei einer Trump-Veranstaltung brachte es eine ältere Dame mit größter Selbstverständlichkeit so auf den Punkt: »Amerika sollte wieder so sein, wie es in den fünfziger und sechziger Jahren war – ein Land, das sich sicher anfühlt.« Ja, sicher für ihresgleichen. Es ist diese grundsätzliche Verunsicherung, die Angst vor Veränderung, die in dieser rückwärtsgewandten Haltung zum Ausdruck kommt.

Aber die Wahlrevolte der weißen Mittelschicht, ihre Realitätsverweigerung ist ein Kampf gegen Windmühlen. Amerika ändert sich, wird noch bunter, gesellschaftliche Konzepte werden fließender. So bitter das für manche klingen mag: Es gibt kein Anrecht einer bestimmten Gruppe auf dieses Land. Abgrenzung und »Zugbrückenhochziehen« helfen nichts (das gilt übrigens auch für Europa). Und die

Arbeitswelt hat sich nun einmal gewandelt, wenn auch nicht immer zum Guten.

Das Kuriose dabei ist: Dieselben wirtschaftlichen Entwicklungen und dieselben Existenzängste nährten auf der entgegengesetzten Seite des politischen Spektrums den Erfolg von Bernie Sanders. Das Erstarken unkonventioneller Kandidaten ist also kein Phänomen nur der einen oder der anderen politischen Ideologie. Allerdings sind es bei den Demokraten in erster Linie die Jüngeren, die sich vom *mainstream* abwenden. Und es sind nicht allein weiße Wähler. Auch ist ihre Botschaft alles andere als ausgrenzend und intolerant. Ich saß nach den Vorwahlen in Iowa am Flughafen von DesMoines und wartete auf meinen Rückflug nach Washington. Neben mir unterhielten sich drei College-Studenten, die geradezu glühten vor Begeisterung für Bernie, wie sie ihn liebevoll alle nennen. *Feeling the Bern!* Alle drei waren eigens aus unterschiedlichen Regionen des Landes angereist, hatten tagelang auf den Sofas gleichgesinnter Fremder geschlafen und waren von Tür zu Tür gezogen, um Wahlkampf für den knorrigen Senator aus Vermont zu machen. Noch ganz beseelt von der Gemeinschaftserfahrung, überlegten sie auch schon, in welchen Staat sie als Nächstes aufbrechen könnten, um weiter für Sanders zu trommeln.

Warum löste ausgerechnet ein 74-Jähriger bei Amerikas *Millennials*, also der Gruppe junger Erwachsener zwischen 18 und 35, eine solche Begeisterung aus? Es gibt mehrere Gründe. Weil er für sie nicht alt, sondern mit seinem kauzigen Auftreten, seinen wirren weißen Haaren und zu großen Anzügen *retro chic* ist. Weil er nicht von elitären Großspendern und einflussreichen Interessengruppen abhängig war, sondern eine Graswurzel-Kampagne inspirierte und Millionen Amerikaner dazu bewegte, mit Kleinstbeträgen (im Schnitt nur 27 Dollar, wie er stets betonte) eine Wahlkampfkasse zu füllen, die es locker mit der von Hillary Clinton aufnehmen konnte. Weil er damals einer der wenigen war, die – anders als Clinton – gegen den Irakkrieg stimmten. Weil er als Anti-Establishment-Rebell glaubwürdig wirkt, authentisch rüberkommt und seine Fans deshalb glauben, er meine, was er sage. All dies sind gute und wichtige Gründe. Der wichtigste Grund für Sanders' Erfolg bei Amerikas Jugend ist jedoch, dass er den Finger in genau die Wunde legt, die sie am meisten schmerzt. Und diese ist im Wesentlichen dieselbe wie bei den frustrierten älteren Weißen. Die Bloggerin Christine Emba schreibt: »Das vergangene Jahrzehnt – für viele heranwachsende Millennials eine prägende Phase ihres Erwachsenwerdens – hat die Glaubwürdigkeit der freien Marktwirtschaft untergraben. Die Finanzkrise und die Rezession haben das Vertrauen der Jugend in die Kräfte des Kapitalismus aufgeweicht, eine tiefe soziale Ungleichheit offenbart und vielen jungen Amerikanern bewusst gemacht, dass ihre Zukunftsaussichten deutlich schlechter sind als die, welche ihre Eltern in ihrem Alter hatten. Und dennoch wurde ihnen gesagt, die Lösung für diese Probleme liege in noch ungezügelterem Kapitalismus.«[24] Aber der ist nach wie vor eine Lösung schuldig geblieben. Perspektivlosigkeit, zu wenig gutbezahlte Jobs, eine enorme Schuldenlast durch Studiengebühren, ein Krankenversicherungssystem, das sich noch immer viele nicht leisten können, und viele weitere in diese Richtung gehende Gründe führen dazu, dass Jugendliche sich ausgebremst fühlen, weil sie ihre Lebensziele und -träume aufschieben oder ganz abschreiben müssen. Das Heilsversprechen, dass weniger staatliche Regulierung und freie Märkte es schon richten würden, klingt wie Hohn in den Ohren der Millennials.

Auch wenn er ihr am Ende unterlag: Fast wäre ein Mann zum Stolperstein für Hillary Clinton auf dem vermeintlich leichten Weg zur Nominierung der Demokraten geworden, der von sich behauptet, ein *socialist* zu sein. Wer hätte das gedacht? Ein Sozialist! In den Vereinigten Staaten von Amerika! Aber Sozialismus ist in den USA in Mitte-Links-Krei-

79

sen längst kein Schimpfwort mehr. Da die Millennials, anders als ihre Eltern und Großeltern, kaum Erinnerungen an den Kalten Krieg haben, hat für sie das Wort »Sozialismus« auch nicht die negativen Konnotationen von unterdrückter Gesellschaft, gleichgeschalteter Planwirtschaft und Versorgungsengpässen. Im Gegenteil. Sozialismus *American style* hat so gut wie nichts mit totalitären Regimen zu tun und ist, wenn überhaupt, eher mit unseren Vorstellungen europäischer Sozialdemokraten vergleichbar. Sanders zeigt oft auf die skandinavischen Länder als Beispiel, wo Menschen hohe Steuern zahlen und dennoch relativ glücklich leben. Wenn er also über die Befreiung von Studiengebühren an öffentlichen Universitäten redet, über ein steuerfinanziertes Krankenversicherungssystem, über Zuschüsse für die Kinderbetreuung und davon, dass er die Macht der Wall Street bändigen wolle, dann trifft er den Nerv einer ganzen Generation. Einer Generation, die dabei ist, die Baby-Boomer an Zahl und Bedeutung zu übertreffen.

Diese Generation hatte mit großer Begeisterung bereits Barack Obama ins Amt geholfen. Die Energie, die Obama gerade mit seinem Internet-Wahlkampf unter Jugendlichen freigesetzt hatte, war Ausdruck großer Hoffnungen. Doch obwohl der Präsident in den Augen von Amerikas Konservativen ein »radikaler Linker« ist und eine Reihe von Programmen aufgelegt hat, welche die negativen Seiten der freien Marktwirtschaft abfedern sollten – in den Augen dieser Generation ist er weit hinter den Erwartungen zurückgeblieben. Vor allem die Zügel für die Wall Street waren den Jüngeren nicht straff genug. Die wirtschaftlichen Eliten bestimmen weiterhin den Takt des Landes, während die breite Masse vor sich hin dümpelt und immer noch an den Folgen der Krise leidet. Also ergriffen einige, enttäuscht von Obamas Reformen, die Initiative und gründeten Occupy Wall Street, eine Bewegung, die globalen Widerhall fand und mit Massenkundgebungen und einem Protest-Camp mitten in Manhattan gegen soziale Ungleichheiten demonstrierte sowie gegen die Spekulationsgeschäfte von Banken (denn diese hatten die Krise ja ausgelöst) und vor allem gegen den Einfluss der Wirtschaft, der Interessenverbände, der Finanzlobbyisten auf die Politik.

Doch trotz weltweiter Aufmerksamkeit verpuffte die Occupy-Wall-Street-Bewegung. Die Proteste verschwanden so plötzlich, wie sie an Fahrt gewonnen hatten. Nicht aber ihre Ursachen. Und so brauchte es nur den Funken von Bernie Sanders' Leidenschaft, um das Feuer dieser Bewegung wieder voll zu entfachen. Occupy Wall Street ist sozusagen in *Bernie for President* aufgegangen. Denn fast alle Programmpunkte der Bewegung fanden sich wörtlich bei Sanders wieder. Sogar den Occupy-Slogan »Wir sind die 99 Prozent!« griff Sanders immer wieder auf, wenn er die ungerechte Verteilung von Vermögen anprangerte – dass also ein Prozent der reichsten Amerikaner nicht nur einen Großteil des Vermögens im Lande besitzt, sondern auch einen unverhältnismäßig hohen Einfluss auf Politik und Gesellschaft. Gepaart mit unanfechtbarer Authentizität und dem Nimbus der Unbestechlichkeit (auch hier wieder eine Parallele zu Trump), bot Sanders eine mehr als schlagkräftige Alternative an, die auch Hillary Clinton dazu zwang, wesentlich liberalere und linkere Positionen zu vertreten, als sie es vermutlich geplant hatte. Den Begriff »*socialist*« hätte das demokratische Establishment früher nie akzeptiert. Doch mittlerweile hat ihn der gestärkte linke Parteiflügel mehr als hoffähig gemacht. Und das dürfte sich auf künftige Wahlen noch mehr auswirken.

Die Hauptursachen für den Erfolg der Außenseiterkandidaten mögen also nahe beieinanderliegen. Die wirtschaftliche Entwicklung hat auf beiden Seiten oberste Priorität. Trotzdem könnten die Lager entgegengesetzter kaum sein. Auf der einen Seite der populistische Brandstifter, der das Land abschotten will, Folter propagiert und keine Muslime mehr ins Land lassen möchte. Auf der anderen Seite der »sozialistische« Anführer einer Regenbogen-Koalition, der das größte Umverteilungsprogramm in der Geschichte der Vereinigten Staaten anpeilt. Beide sind weit jenseits der Mitte ihrer jeweiligen Lager erfolgreich. Wie soll dieser Gegensatz überbrückt werden?

Ein blutiger Bürgerkrieg wie einst zwischen Nord- und Südstaaten dürfte in naher Zukunft zwar nicht drohen. Aber davon einmal abgesehen, habe ich schon den Eindruck, dass das Land so polarisiert ist wie lange nicht mehr. Es gibt Meinungsumfragen, die das feststellbar machen. Das Magazin *The Atlantic* zitiert eine Studie, nach der stillschweigend unterstellte oder unbewusste Vorurteile zwischen den Parteien mindestens genauso verbreitet sind wie zwischen den Ethnien – ein ernsthaftes Problem für eine Demokratie.[25] Denn Kompromisse, eigentlich Voraussetzung und Grundwesenszug jeder demokratischen Ordnung, werden zunehmend schwieriger, je mehr sich die Lager gegenseitig verteufeln.

Amerikas Demokraten hatten immer auch einen starken Flügel, der sehr zur Mitte tendierte und beispielsweise Ronald Reagans Wettrüsten mit den Sowjets genauso unterstützte wie dessen Steuererleichterungen. Bei den Republikanern fand sich das umgekehrt ebenso. So pendelte das Land zwischen mäßigen Differenzen hin und her. Doch während der beiden letzten Präsidentschaften hat sich etwas Grundlegendes verändert. George W. Bush, so der Journalist Peter Beinart, hat es den *Liberals* quasi unmöglich gemacht, sich der Rechten anzunähern. Auf seine Steuererleichterungen für die Reichen folgte kein ökonomischer Aufschwung, sondern der folgenschwere Crash 2007/08. Auf seinen katastrophalen Einmarsch im Irak folgte nicht die Befriedung der Region, sondern ein außenpolitisches Desaster, an deren Folgen die Welt heute noch leidet. »Die Bush-Regierung«, so Beinart, »hat die Demokraten kompromisslos liberaler gemacht; das greifbarste Resultat davon war die Präsidentschaft von Barack Obama.«[26]

Doch einerseits hat diese Präsidentschaft, wie gesagt, besonders in den Augen vieler junger Amerikaner das Ruder nicht wirklich herumgerissen, so dass sie sich noch entschlossener nach links wandten. Andererseits hat Obama auf konservativer Seite eine ähnlich unerbittliche Standhaftigkeit ausgelöst. Für den Politikwissenschaftler Alan Abramowitz spielte es daher fast schon keine Rolle mehr, wer Kandidat der jeweiligen Partei war: »Die Mehrheit der republikanischen Wähler würde für den republikanischen Kandidaten stimmen, selbst wenn er Donald Trump heißt. Die Ablehnung Obamas, der Clintons und der Demokraten ist so gewaltig, dass es kaum Abweichler geben dürfte.«[27] Er behielt recht, und umgekehrt gilt das sicherlich auch für die Demokraten.

Es gibt einen Faktor, der diese Polarisierung immens verstärkt hat, einen Brandbeschleuniger der Spaltung sozusagen: das Aufkommen der sozialen Medien und Netzwerke. Erst erweiterten nach der Jahrtausendwende Angebote wie Facebook, Twitter oder LinkedIn die Möglichkeiten der Internetnutzer. Dann machten Smartphones das Internet mobil. Das war der *game changer*. Der Zugriff auf Daten, der Austausch von Informationen und Meinungen war plötzlich nicht mehr auf den Büroschreibtisch oder den Computer zu Hause begrenzt, sondern in der U-Bahn genauso leicht möglich wie im Wartezimmer eines Zahnarztes. Nun könnte man meinen, dieser allgegenwärtige Internetzugang sorge für mehr Offenheit, für mehr Austausch, für mehr Transparenz und Wissen. Denn theoretisch hat nun jeder per Fingerwisch Zugang zu allen Meinungen und Informationen und könnte sich noch einfacher ein Bild durch die Vielfalt der Angebote machen. Das ist aber nur begrenzt der Fall. Tatsächlich sorgt die Technologie dafür, dass jeglicher Meinungsaustausch kurzatmiger geworden ist – 140 Zeichen wie bei Twitter bieten nicht viel Raum, um Standpunkte zu erörtern. Überschriften, Artikel und Bilder lassen sich blitzschnell wegklicken. Auf der Informationswelle wird buchstäblich nur noch auf der Oberfläche gesurft. Für Fakten, Hintergründe und tiefergehende Analyse bleibt wenig Zeit.

Noch dazu ermöglichen Online-Netzwerke den Menschen auch, engstirniger zu werden. Facebook-Gründer Mark Zuckerberg zufolge sei niemand besser geeignet, Nutzer auf etwas für sie Interessantes hinzuweisen als diejenigen, die sie und ihre Interessen am besten kennen: Freunde und Verwandte. Mit unschuldigem Lächeln erklärte er damit in einem Interview seinen Eifer, die ganze Welt zu vernetzen, nach dem Motto: Wenn etwas wichtig und interessant für mich ist, wird es mich schon erreichen. Das mag sein, führt aber zu einem gigantischen Fegefeuer der Selbstbezogenheit. Wer nur noch sieht und hört, was er oder sie will oder was einem von Algorithmen immer wieder vogelegt wird, gerät in einen Strudel, der Neues und Alternatives nicht zulässt und der gleichzeitig ständige Bestätigung bietet: Sieh mal, bin ich doch nicht allein mit meiner Meinung! *Spiegel*-Kolumnist Georg Diez beschreibt es sehr präzise: »Die Zersplitterung jedenfalls, die so entsteht, die Abschottung, die Selbstbestätigung, die Selbstspiegelung, die Echoräume, die Blasen der Zustimmung und der Ablehnung, in denen Menschen sich bewegen, führen dazu, dass sie ihre Ansichten mehr und mehr absolut setzen, dass sie Zweifel ausblenden, dass sie oft nach den einfachen Wahrheiten suchen, die wahlweise vom Algorithmus oder von ihren Freunden geliefert werden, die wiederum vom Algorithmus motiviert sind.«[28] Der soziale Konsens fehle. Einerseits demokratisiert das Internet, weil jeder sein eigener Programmdirektor werden kann. Andererseits untergräbt es den Meinungsaustausch, wenn Nutzer sich nicht mehr anderen Aspekten aussetzen müssen.

Präsident Obama hat das einmal als die »Balkanisierung der Medien« bedauert. Denn so großartig soziale Medien dazu geeignet sind, Menschen zu vernetzen, zu organisieren, zu motivieren, so sehr befeuern sie auch Zersplitterung und Auseinanderdriften, weil jede Diskussion in Chats entweder nur unter Leuten stattfindet, die sowieso der gleichen Meinung sind, oder gekapert wird von sogenannten Trollen oder einem wütenden Mob, der keine echte Diskussion zulässt. Wer sich davon ein Bild machen will, sollte sich einmal die Kommentarseiten von Nachrichtenportalen anschauen.

In den USA kommt noch hinzu, dass die herkömmlichen Medien diese Entwicklung verstärken. Natürlich hat jeder Mensch Präferenzen. Auch bei uns kann sich ein Zeitungsleser zwischen der *Frankfurter Allgemeinen Zeitung* und der *tageszeitung* entscheiden. Aber gerade was Rundfunknachrichten betrifft, hat in den USA die gezielte Orientierung der Nachrichtensender an einer bestimmten politischen Neigung die Kluft zwischen den Lagern vertieft. Bei Konservativen stehen der FoxNews Channel und einschlägige Radio-Talkshows hoch im Kurs, während Liberale sich ihre Informationen gerne bei Sendern wie MSNBC besorgen. Von diesen werden Meinungen ganz unverhohlen einseitig für die jeweilige Zielgruppe bestätigt – was eigentlich der Tradition im angelsächsischen Journalismus, Meinung und Fakten zu trennen, widerspricht. (Positiv überrascht war ich im Wahlkampf übrigens ausgerechnet von FoxNews, dessen Moderatoren in den TV-Debatten gegenüber Donald Trump am kritischsten nachfragten – vermutlich, weil Trump dem klassischen konservativen Kanon von Fox widerspricht.)

Es ist nachvollziehbar: Da diese Sender privaten Unternehmen gehören, müssen sie Geld verdienen und ihr Programm nach dem ausrichten, was Quote, sprich Werbeeinnahmen bringt. Dies aber führt regelmäßig zu journalistischen Bankrotterklärungen. Donald Trump beispielsweise konnte sich im Wahlkampf immer wieder ungekürzt, ungefiltert, manchmal stundenlang und ohne Werbepausen verbreiten, weil die Programmmacher offenbar erkannt haben, dass er die Zuschauerzahlen erhöht. Also bekam Trump auf seinem Weg ins Präsidentenamt kostenfreie Medienpräsenz im Gegenwert von Millionen Dollar. Dem Chef des Senders

CBS, Les Moonves, war es nicht einmal peinlich zuzugeben: »Trump mag nicht gut für Amerika sein, aber er ist verdammt gut für CBS.«[29]

Jedenfalls bin ich nach meinen Erfahrungen in den USA mehr denn je überzeugt davon, dass der Beitrag, mit dem wir in Deutschland unser öffentlich-rechtliches Rundfunksystem finanzieren, im Grunde eine Demokratieabgabe ist. Denn was es bedeuten kann, wenn Rundfunknachrichten finanziell von der Einschaltquote abhängig sind, erlebe ich in den USA jeden Tag. Zwar gibt es auch dort hervorragenden TV- und Radiojournalismus. Aber selbst die exzellenten öffentlichen Sender PBS und NPR werden mittlerweile zwar hauptsächlich von Zuhörerspenden und Werbung getragen, sind aber auch von Steuergeldern mitfinanziert und zu diesem Teil von Politikern und ihren Haushaltsentscheidungen abhängig. Es ist ein wichtiger Garant für unabhängigen Journalismus, dass der öffentlich-rechtliche Rundfunk in Deutschland nicht einem solchen Einfluss durch die Politik ausgesetzt ist. Und das sage ich nicht, weil dieser mein Arbeitgeber ist, sondern weil ich froh bin, dass ich in meinem Leben noch kein einziges Mal von Politikern oder Unternehmern auch nur angesprochen wurde, die es gewagt hätten, auf meine Berichterstattung Einfluss nehmen zu wollen.

Die Personalisierung der Wahrnehmung durch das Internet ist eine der vielen Entwicklungen, die aus den USA über den Atlantik zu uns schwappen. Die dadurch geförderte Entfesselung der Emotionen im Internet ist eine weitere. Die Wut in Chats und Online-Foren, die jede Gegenmeinung ablehnt, polarisiert auch die deutsche Gesellschaft immer mehr und führt zu einem Umgangston, der, wenn er sich einmal Bahn gebrochen hat, nur noch schwer zu bändigen scheint. Ich verstehe durchaus, dass Menschen sich mit ihren berechtigten Sorgen, Enttäuschungen und Ängsten alleingelassen fühlen. Aber der Hass auf die Flüchtlingspolitik, auf Fremde, auf das demokratische System insgesamt macht sich auf eine

Weise Luft, die ich beklemmend finde. Die Parallelen zur Radikalisierung der Gesellschaften in den USA und Deutschland sind nicht zu übersehen. Wandel macht den Menschen Angst. So wie der Erfolg der AfD in Deutschland ist jedenfalls auch der Erfolg der Anti-Establishment-Kandidaten in den USA nur dann zu verstehen, wenn man die Wirkung des Internets berücksichtigt. Es verändert die Demokratie rascher und grundlegender, als die meisten erwartet hatten.

Auch die Präsidentschaftswahl 2016 und der Wahlkampf ums Weiße Haus haben Amerika tiefgreifend verändert. Immerhin gibt es dabei zwei Entwicklungen, die mich optimistisch stimmen, dass das Land künftig doch wieder zusammenrücken wird. Zum einen ist die von Obama eingeleitete Richtung nicht nur von oben herab verordnet, sondern entspricht dem Zeitgeist. Ich habe den Eindruck, dass Amerika in vielen Fragen eher nach links rückt, progressiver wird, trotz aller Rückzugsgefechte der Konservativen. Die Tatsache, dass ein selbsternannter Sozialist als demokratischer Präsidentschaftskandidat nicht als wirrer Spinner fallengelassen wird, sondern vielmehr dem Wahlkampf seiner Partei seinen Stempel aufdrückt und auch sonst keine allzu großen Schockwellen im Land auslöst, ist eines der sichtbarsten Zeichen. Nach Colorado legalisieren immer mehr Staaten Marihuana. Dass mehr Härte im Strafrecht mehr Probleme erzeugt als löst, haben auch viele Hardliner inzwischen begriffen. Die Debatte um homosexuelle Gleichberechtigung ist mit der landesweiten Legalisierung der Homo-Ehe zumindest juristisch abgehakt. Inzwischen können sogar Transgender-Amerikaner ganz offen im Militär ihren Dienst leisten. Und im Pentagon sitzt der erste offen schwule Army-Stabschef. Wichtige Staaten wie New York und Kalifornien haben beschlossen, einen Mindestlohn von 15 Dollar einzuführen, was noch vor wenigen Jahren als utopische Arbeiterfantasie belächelt wurde. Dem Impuls könnten weitere Staaten folgen. Und der ethnische Wandel wird das Land noch vielfältiger machen. Der weiße Bevölkerungsanteil schrumpft. Noch 1980 betrug er um die 80 Prozent, heute liegt er bei 62 Prozent (non-hispanic-white) – Tendenz fallend. Mittlerweile ist auch eine weiße Mehrheit davon überzeugt, dass beim Umgang mit Minoritäten und bei der Gleichberechtigung noch einiges an Arbeit geleistet werden muss.

Vieles von alldem wäre noch zu Beginn des Jahrhunderts undenkbar gewesen. Mittlerweile gehört es zum alltäglichen Gedankengut. Selbst ein erzkonservativer Purist wie Ted Cruz hätte es als Präsident schwer gehabt, die bereits eingeschlagenen Pfade wieder zu verlassen; jedenfalls nicht, ohne damit großen öffentlichen Widerstand hervorzurufen. Nachdem die Republikaner nun beide Kongresskammern und das Präsidentenamt gewonnen haben, werden vermutlich einige symbolträchtige Entscheidungen der Obama-Administration rückgängig gemacht werden. Doch eine komplette 180-Grad-Wende kann ich mir nicht vorstellen.

Die zweite mich für eine Annäherung optimistisch stimmende Entwicklung betrifft die Republikaner selbst. Denn junge Republikaner vertreten immer seltener dieselben Ansichten wie ihre älteren Parteigenossen. Eine deutliche Mehrheit von ihnen ist für die gleichgeschlechtliche Ehe oder die Legalisierung von Marihuana.[30] Republikanische Millennials nehmen die Gefahren des Klimawandels genauso ernst wie ihre demokratischen Altersgenossen und sehen die gesellschaftliche Schieflage, die durch hohe Unternehmensprofite einerseits und frustrierte Arbeiter andererseits entsteht. Sie brechen also eindeutig mit klassisch republikanischem Gedankengut. Umfragen des PEW-Instituts zufolge sind sie ideologisch nicht so festgefahren wie ältere GOP-Anhänger und wechseln pragmatischer zwischen den Ansichten der Lager. Es ist nicht zwangsläufig zu erwarten, dass sie mit voranschreitendem Alter konservativer werden. Gut möglich also, dass sich beide Seiten automatisch annähern, dass die Polarisierung einfach mit dem Aufstieg der jüngeren

Generation zu einem gewissen Grad aus der Gesellschaft herauswächst.

Den liberalen Kräften des Landes dürfte der gesellschaftliche und demographische Wandel bis auf weiteres in die Karten spielen. Peter Beinart meint dazu: »Millennials sind in erster Linie nicht deswegen liberal, weil sie jung sind. Sie sind liberal, weil ihre prägenden politischen Erfahrungen der Irakkrieg und die Große Rezession sind. Und weil sie die säkularste, ethnisch vielfältigste und am wenigsten nationalistische Generation in der Geschichte Amerikas sind. Und das wird sich so schnell nicht ändern.«[31] Schließlich sind Millennials auf dem besten Weg, die alternden Baby-Boomer als bevölkerungsreichste Generation des Landes zu überholen. Das Land wird insgesamt jünger. Und die ethnische Diversifizierung verschiebt das Kräfteverhältnis zusätzlich zugunsten der Demokraten – erst recht, wenn die Republikaner sich weiterhin selbst zerlegen und es weiterhin versäumen, sich gegenüber den ethnischen Minderheiten (mittlerweile ein Drittel der Wahlbevölkerung) zu öffnen, und keine Antworten auf die gesellschaftlichen Veränderungen finden, die das Land erschüttern.

Ausruhen dürfen sich die Liberalen auf diesem Vorteil nicht. Die katholisch geprägten Latinos etwa sind generell wertkonservativ; ein geeigneter republikanischer Kandidat könnte dieses Wählerpotential möglicherweise besser abschöpfen als ein demokratischer. Dass Hillary Clinton nicht so viele Latino-Stimmen holte wie Barack Obama bei seiner Wiederwahl, hat das verdeutlicht (auch wenn eine gewisse Portion Sexismus oder Machismo dabei eine Rolle gespielt haben dürfte). Wie die vielen weniger ideologischen Wähler in der jungen Generation zeigen, dürfte es künftig aber nicht mehr so sehr um Parteizugehörigkeit gehen, sondern wieder stärker um die simple Frage: Wer macht die beste Politik? Oder anders ausgedrückt: It's the *policy*, stupid!

Rassismus – eine alte Wunde
reißt wieder auf

»*Ungerechtigkeit an irgendeinem Ort*
bedroht die Gerechtigkeit an jedem anderen.«
Martin Luther King, Jr.

Kaum ein Gegenstand signalisiert *Weltuntergang* klarer als eine Gasmaske. Der Anblick beschwört bei mir sogleich verschwommene Schwarz-Weiß-Bilder von abgekämpften Soldaten auf den Schlachtfeldern des Ersten Weltkriegs herauf, die, gegen alle menschlichen Instinkte, in die nächste Senfgaswolke stürmen. Die beiden großen Bullaugen mit der grotesken Kartuschenschnauze vorne sind die Fratze des Armageddon, ein Gegenstand aus furchtbaren Zeiten, die ich zum Glück nie erleben musste. Und doch hielt ich genau eine solche Gasmaske in meinen Händen und zerrte an den Gummizügen, um sie mir anzupassen. Was die Situation noch surrealer erscheinen ließ, war die Tatsache, dass dieses Modell aus Beständen der israelischen Armee stammte. Ein anderes gab es im Army-Store nicht, und sowieso sei dies eins der tauglichsten Modelle auf dem Markt, betonte der Verkäufer. Die Ironie war beißend: Ein deutscher Reporter trägt eine Gasmaske aus jüdischer Produktion.

Andererseits hatten wir keine große Wahl. In der Nacht

zuvor waren wir auf den Straßen von Ferguson, Missouri, mehrfach in eine ätzende Wolke aus Tränengas geraten, Pfefferspray brannte in unseren Kehlen, Augen und Nase liefen unaufhörlich. Das Zeug heißt nicht umsonst so. Ich habe keine Ahnung, wie mein Kameramann Tom es dennoch fertigbrachte, einige brauchbare Bilder zu drehen. Aber noch so eine Nacht wollten wir auf keinen Fall ohne entsprechende Schutzausrüstung erleben. Deshalb die Gasmasken.

Es war bereits die dritte Nacht in Folge gewesen, in der dieses Viertel von Ferguson, einem Vorort von St. Louis, von Krawallen erschüttert wurde. Der Protest war ausgebrochen, nachdem am 9. August 2014 der weiße Polizist Darren Wilson den unbewaffneten schwarzen Teenager Michael Brown erschossen hatte. Bis heute ist nicht endgültig geklärt, was damals am helllichten Tag auf offener Straße passierte. Wilson wurde nicht angeklagt – was später erneute Krawalle auslösen sollte –, und eine Untersuchung ergab kein eindeutiges Bild. Fest steht, dass es zu einer Auseinandersetzung zwischen den beiden kam, weil Brown auf die Beschreibung eines flüchtigen Ladendiebs passte, der kurz zuvor einen Kiosk beklaut hatte. Darren Wilson war gerade auf Streife, erblickte zufällig den 18-Jährigen und dessen Kumpel und versuchte, die beiden zu stellen. Es kam offenbar zu einem Gerangel, anschließend soll Michael Brown versucht haben abzuhauen. Dann fielen fast ein Dutzend Schüsse, mehrere davon trafen Brown in den Oberkörper. Augenzeugen berichteten, der Teenager sei nach ein paar Schritten wieder umgekehrt und mit erhobenen Armen auf Polizist Wilson zugegangen, als wollte er sich ergeben. Weshalb bei den anschließenden Protesten, in Ferguson und überall im Land, immer wieder der Ruf »Hände hoch – schießt nicht!« erschallte und zum Slogan der Demonstrationen wurde. Wie sich später herausstellte, waren diese Zeugenaussagen nicht wirklich belastbar. Möglicherweise hatte Brown die Arme auch nicht gehoben.

Für Wut und Empörung sorgte auch, dass Michael Browns Körper fast vier Stunden am Tatort auf der Straße liegen blieb, während die Polizei alles absicherte, den Vorfall zu Protokoll nahm und Zeugen befragte. Tagelang demonstrierten die vornehmlich schwarzen Bewohner von Ferguson lautstark, leidenschaftlich und weitgehend friedlich. Doch dann entlud sich der jahrelang aufgestaute Frust über Polizeiwillkür und -gewalt – ob nun gefühlte oder tatsächliche – in den heftigsten nächtlichen Krawallen, die Amerika seit Jahren erlebt hatte. Tankstellen brannten, ganze Gebäude gingen in Flammen auf, Dutzende Geschäfte wurden geplündert. Es herrschte Ausnahmezustand. Die Polizei verhängte eine Ausgangssperre und ging mit brachialer Härte gegen die Demonstranten vor. Darunter befanden sich sicherlich auch viele Chaoten, die nur auf Randale aus waren. Aber nicht nur.

Ich habe in meiner Zeit als Reporter in Hamburg so manche Bambule-Demo erlebt und über 1.-Mai-Krawalle im Schanzenviertel oder Anti-Castor-Proteste im Wendland berichtet. Und auch die deutsche Polizei geht in solchen Fällen nicht gerade zimperlich zur Sache; Wasserwerfer sind eindeutig kein Mittel zur Deeskalation. Dass es auch bei uns in Deutschland immer wieder zu brutalen Aufeinandertreffen von Polizei und Demonstranten kommt, haben die Stuttgart-21-Proteste gezeigt oder die Einweihung der EZB-Zentrale in Frankfurt. Aber eine Konfrontation wie in Ferguson hatte ich noch nie erlebt: Rauchgranaten, Polizisten im Flecktarnanzug und mit Gewehr im Anschlag auf Demonstranten zielend, und nicht immer war erkennbar, ob sie nur Gummigeschosse geladen hatten. Schwere gepanzerte Militärfahrzeuge, die eher in die Straßenschluchten von Aleppo gepasst hätten als in dieses Kaff im Mittleren Westen. Es grenzt an ein Wunder, dass es »nur« Verletzte und keine Toten gab.

Das martialische Auftreten der Staatsgewalt heizte die

Stimmung fraglos weiter auf. »Wir wollen hier doch nur friedlich demonstrieren. Und die Polizei rückt jedes Mal in voller Kampfmontur an«, sagten mir Demonstranten. Und: »Das ist doch lächerlich, dass wir hier mit Plakaten stehen, und die zielen mit Sturmgewehren auf uns!« Wenig überraschend, dass oft ein Funke genügte, um die Lage explodieren zu lassen.

Dass die Bilder von Ferguson an einen Kriegsschauplatz erinnerten, war kein Zufall. Denn jahrelang erlaubte ein Gesetz dem US-Militär, ausgedientes Material kostenlos oder zumindest sehr günstig an Amerikas kommunale Polizeibehörden abzugeben. Ursprünglich war dies mal als clevere Wiederverwertung gedacht und für Ausnahmesituationen wie den Kampf gegen hochgerüstete Drogenkartelle. Tatsächlich aber führte es zu einer unverhältnismäßigen Militarisierung des Polizeialltags. »Wenn du in den Krieg ziehst, dann kämpfst du gegen Feinde, die du mit aller Macht zerstören willst. Aber unsere Polizei sollte Gewalt doch möglichst vermeiden«, beschreibt Tim Lynch vom CATO Institute das Problem. »Mit all dem Militärgerät kann sich auch eine Militär-Haltung in unsere zivile Polizei einschleichen. Und die Befürchtung besteht, dass die Polizei dann anfängt, die Bürger als Gegner zu sehen.«

Eine der Lehren von Ferguson war, dass Präsident Obama jenes Gesetz überarbeiten ließ. Seitdem müssen lokale Polizeibehörden genauer begründen, warum und wofür sie welche Ausrüstung brauchen. Aber grundsätzlich argumentiert die Polizei unverändert, sie müsse sich schützen können. Und das ist meiner Meinung nach ein zentraler Punkt im gespaltenen Verhältnis zwischen Amerikas Polizei und seinen Bürgern. Michael Brown war unbewaffnet, aber jeden Tag müssen Beamte davon ausgehen, dass jeder, den sie verhaften wollen, eine Schusswaffe trägt. Im Februar 2016 machte ein besonders tragischer Fall landesweit Schlagzeilen: Polizisten waren von Nachbarn wegen häuslicher Gewalt in einen Washingtoner Vorort gerufen worden. Als die Beamten bei der Wohnung eintrafen, eröffnete der Ehemann das Feuer. Dabei wurde die 28-jährige Polizistin Ashley Guindon tödlich getroffen. Es war ihr erster Arbeitstag, sie war erst am Vortag vereidigt worden.

Polizisten haben einen riskanten Job, bei dem Entscheidungen in Sekundenbruchteilen fallen müssen und die Konsequenzen fatal sein können. Die Angst, selbst erschossen zu werden, ist ein ständiger Begleiter, solange Waffen wie Schnellfeuergewehre in den USA so leicht verfügbar sind. Entsprechend locker sitzt die eigene Pistole. Es gibt einen makabren Spruch unter amerikanischen Polizisten: »*It is better to be judged by twelve, than carried by six!*« (»Es ist besser, von zwölf [Geschworenen] verurteilt als von sechs [Sargträgern zu Grabe] getragen zu werden.«) Das sagt viel aus über Ängste und Einstellungen auf Seiten der Polizei, die sich entsprechend auf die Bürger auswirken.

Ich merke das selbst in meinem Alltag. Wenn ich in den USA im Rückspiegel hinter mir einen Streifenwagen erblicke, bin ich – so irrational das sein mag – viel angespannter, als ich es in Deutschland je war. Dabei bin ich weiß. Schwarze haben dieses Gefühl noch viel häufiger und heftiger, berichteten mir Afroamerikaner, die ich in Ferguson traf. In einer Stadt, in der zwei Drittel der Bevölkerung schwarz sind, aber 90 Prozent der Polizisten weiß, könnte das Vertrauen in die Behörden geringer kaum sein. Immerhin hat Ferguson mittlerweile einen schwarzen Polizeipräsidenten. Aber die meisten, die ich ansprach, erzählten mir von Zwischenfällen, von offener oder verdeckter Alltagsdiskriminierung. Michael Brown hätte jeder hier sein können, so das Gefühl auf der Straße.

Auch Elliot Wilson hatte dieses Gefühl. Der 28-Jährige mit den kurzen Rastalocken ging nicht nur mit seiner Freundin zu den friedlichen Demonstrationen tagsüber, sondern nahm auch ihre beiden Kinder mit. Sie sollten miterleben, was in Ferguson passierte: »Denn wir demonstrieren auch für sie, damit es ihnen mal anders geht, wenn sie dann 18 oder 17 sind.« Elliot wuchs in einem einfachen, aber sehr gepflegten Viertel nicht weit von der Stelle auf, an der Michael Brown erschossen wurde. Fast nur Schwarze leben dort. Er zeigte mir sein Elternhaus: »Ich habe da oft auf der Veranda mit Freunden einfach abgehangen, und ein Polizist fährt vorbei und fragt, was wir denn so aushecken würden.«

Es ist diese Art von Generalverdacht – ob tatsächlicher oder nur empfundener –, welcher der amerikanischen Gesellschaft so schadet. Und diese Spaltungen sind ausgerechnet unter dem ersten schwarzen Präsidenten der USA so deutlich hervorgetreten wie lange nicht. Natürlich wäre es naiv gewesen zu glauben, die Wahl Obamas allein habe den Rassismus in den USA über Nacht aus der Welt geschafft. Aber es war schon erstaunlich zu beobachten, wie lange Barack Obama sich hütete, seine Hautfarbe zu politisieren. Er wollte so offensichtlich der Präsident aller Amerikaner sein, dass er gar nicht erst den Eindruck zu erwecken wagte, sich bevorzugt einer, also »seiner« Minderheit zu widmen. Seine Taten, nicht seine Hautfarbe, sollten im Vordergrund stehen. Erst in seiner zweiten Amtszeit, vor allem wegen der vermehrten Vorfälle von Polizeigewalt gegen Schwarze und auch rund um den Jahrestag des Bürgerrechtsmarsches auf Selma, wurde Obama in dieser Sache deutlicher und persönlicher. Zum Tod von Trayvon Martin, dem unbewaffneten schwarzen Teenager, der 2012 von einem selbsternannten »Nachbarschaftssheriff« erschossen worden war, sagte er: »Das hätte ich vor 35 Jahren sein können.«

Ferguson hat dem Land den Spiegel vorgehalten. Die Wut auf den Straßen schockierte die weiße Mehrheit, weil sie sich in dem Glauben wiegte, es seien doch so viele Fortschritte gemacht worden seit der Bürgerrechtsbewegung in den sechziger Jahren. In der Tat hatten die damals erlassenen Gesetze alle Menschen offiziell gleichgestellt. Aber Amerikas Weiße mussten plötzlich erkennen, dass die alte Wunde Rassismus vielleicht nicht mehr so offen klafft, jedoch längst nicht verheilt ist. Und weiter schmerzt.

Diskriminiert zu werden im Alltag – darauf bereiten schwarze Eltern ihre Kinder schon früh vor. Es gibt in schwarzen Familien sogar eine Art Initiationsritus, besonders für heranwachsende Söhne, der umgangssprachlich *The Talk* genannt wird. Damit ist nicht das traditionelle Aufklärungsgespräch für geschlechtsreife Teenager gemeint. Vielmehr weisen Eltern ihre Kinder hierbei an, wie sie am besten Ärger mit der Polizei vermeiden. Ich traf in Ferguson eine Mutter, die mir das Prinzip erklärte: »Ich sage meinem 14-jährigen Sohn immer: Wenn du auf einen Polizisten triffst, halte den Kopf gerade, schau ihm offen in die Augen, Hände nicht verstecken. Bloß keinen Ärger. Immer höflich und gehorsam antworten. Tu, was er sagt. Und wenn er nichts weiter will, dann geh bloß rasch weiter.« All das, nur um keine Angriffsfläche zu bieten. Ich konnte es kaum fassen. Aber diese Art Aufklärung ist unter den schwarzen Amerikanern wohl üblich.

Wir reden hier nicht über den Umgang mit Kriminellen, sondern jenen mit der Polizei! Wenn ich eines Tages das Gefühl hätte, ich müsste mit meinen Kindern auch so einen *Talk* zum möglichst risikolosen Verhalten gegenüber Polizisten führen, dann wüsste ich, dass in dem Land, in dem ich lebe, etwas gewaltig schiefläuft.

Das Problem ist, dass dieses Misstrauen zu einer sich selbst erfüllenden Prophezeiung führt. Je mehr Schwarze das Vertrauen in die Behörden, Kommunen und Institutionen verlieren, desto mehr wenden sie sich von ihnen ab. Je mehr sie sich abwenden, desto schwieriger wird es, dem institutionalisierten Rassismus zu begegnen. Und desto mehr leidet das Verhältnis zu den Behörden. Elliot Wilson weiß, dass die schwarze Bevölkerung auch ihren Teil dazu beitragen muss, damit sich etwas ändert. Es sei zu einfach, sich als vermeintlich hilfloses Opfer der Umstände zu sehen und aufzugeben: »Wir müssen wählen gehen. Nur so halten wir Rassisten aus wichtigen Ämtern.« In einer dermaßen von Schwarzen geprägten Stadt wie Ferguson müssten Schwarze politisch deutlich mehr Gewicht haben. »Es reicht eben nicht, einen Schwarzen ins Weiße Haus zu wählen. Wir müssen auch auf kommunaler Ebene für den Wechsel stimmen, bei den Wahlen zum Bürgermeister wie auch zum Sheriff.«

Als Journalist lernt man, immer beide Seiten einer Geschichte zu betrachten. Ich habe mich gefragt, ob die Fälle von Rassismus und Polizeigewalt gegen Minderheiten nur dem Gefühl nach mehr geworden sind und medial aufgebauscht wurden oder ob tatsächlich ein Anstieg stattgefunden hat. Jedenfalls kann ich mich nicht erinnern, dass das Thema während meines USA-Aufenthalts Ende der Neunziger so präsent war wie in letzter Zeit. Und zugleich rätsele ich, wie sehr die allgemeine Diskriminierung von Minderheiten eher eine empfundene oder eine reale ist. Zu letzterer Frage sprechen die Zahlen eine ziemlich eindeutige Sprache. Ferguson ist überall.

Das beginnt schon mit den ungleichen Startchancen. Auch in Deutschland ist es ja leider nach wie vor so, dass die soziale Herkunft oft ausschlaggebend für den späteren Erfolg ist; Kinder aus ärmeren Elternhäusern haben höhere Hürden vor sich. Dabei werden Schulen in Deutschland zumindest bei Ausstattung und Grundbudget gleichbehandelt, müssten also theoretisch überall gleiche Möglichkeiten bieten. In den USA dagegen hängt das Budget öffentlicher Schulen vom Steueraufkommen ihres Einzugsgebiets ab. Wenn eine Schule also in einem wohlhabenden Stadtteil liegt, wird sie entsprechend besser finanziert. Dies wiederum bedeutet bessere Lehrangebote und bessere Lehrer, die vom besseren Gehalt angelockt werden. Hier greifen ganz einfach die Gesetze des freien Marktes. In einem ärmeren Bezirk dagegen sind die Mittel logischerweise begrenzt. Es gibt zwar einen gewissen Finanzausgleich sowie Bundes-fördermittel für benachteiligte Schulbezirke, aber das reicht hinten und vorne nicht. So entsteht ein Teufelskreis, der vor allem Minderheiten benachteiligt, denn diese sind häufiger in ärmeren Stadtvierteln konzentriert.

In Washington, D.C., beispielsweise sieht man diesen eklatanten Unterschied zwischen den öffentlichen Schulen besonders gut. Man würde beim Anblick von Schulen im weißeren, wohlhabenderen Bezirk Northwest und dem schwärzeren, ärmeren Bezirk Southeast nicht auf die Idee kommen, dass sie alle demselben städtischem Schulamt unterstehen. Wenigstens gibt es in den USA nicht die Einteilung in Hauptschule, Realschule und Gymnasium, denn das würde diese Chancensackgasse noch vertiefen – wie meine Frau gerne anmerkt, die es bis heute nicht fassen kann, dass es bei uns in Deutschland schon im Alter von zehn Jahren ein solches »Aussieben« gibt.

Stadtbezirke mit einem hohen Anteil von Minderheiten bringen deshalb weniger Steuergelder auf, weil sie insgesamt weniger wohlhabend sind. Das durchschnittliche Vermögen beispielsweise eines weißen Haushalts liegt 13-mal höher als das Haushaltsvermögen einer schwarzen Familie.[32] Eine Ursache für diese Einkommensunterschiede zwischen Weißen und Minderheiten in den USA ist die perfide Diskriminierung im Berufsleben. In einem Feldversuch verschickten zwei Testpersonen Dutzende vollkommen identischer Bewerbungen. Anders als bei uns in Deutschland werden in den USA dem Lebenslauf keine Fotos beigefügt, damit eine mögliche Diskriminierung nicht schon buchstäblich auf den ersten Blick beginnt. So waren einzig und allein die Vornamen der Jobsuchenden unterschiedlich. Wenig überraschend erhielt »John« deutlich mehr Einladungen zu einem Vorstellungsgespräch als »Jamal«. Allein der »schwarz« klingende Vorname – bei gleichem Nachnamen – hatte den Ausschlag gegeben.

Es gibt kaum einen Ort, an dem die Auswirkungen eines solchen Gefälles so sichtbar sind wie in Flint, Michigan. Der Anteil der schwarzen Bevölkerung liegt hier ungefähr bei überdurchschnittlichen 60 Prozent; die Menschen wurden einst durch die boomenden Autofabriken von Firmen wie Buick oder Chevrolet angelockt. Die Stadt ist seit dem Wegzug der Autoindustrie wirtschaftlich schwer gebeutelt und von einer Viertelmillion auf 100 000 Einwohner geschrumpft. Mit dem Ergebnis, dass man kilometerweit durch weitgehend verlassene Stadtviertel fahren kann, in denen Haus an Haus verrottet, überwuchert wird, zerfällt. Zerbrochene Fenster, eingestürzte Dächer, verwahrloste Straßen. Die nahegelegene Pleitestadt Detroit mag das bekannteste Beispiel für Niedergang in Amerika sein, doch Flint ist das krasseste. Selten habe ich einen beklemmenderen Ort erlebt.

Zu allem Überfluss leiden die Menschen dort an den Folgen eines äußerst heftigen Versagens der Behörden. Um den Stadthaushalt endlich in den Griff zu kriegen, entschieden sie 2014 unter anderem, das Trinkwasser der Stadt nicht mehr via Detroit aus einem der Großen Seen, dem Lake Huron, zu beziehen, sondern billiger aus dem örtlichen Fluss. Aus noch immer nicht ganz geklärten Gründen wurde dabei darauf verzichtet, einen Korrosionsschutz beizumischen, was nicht nur unüblich, sondern auch gefährlich war. Viele veraltete Wasserrohre aus Blei fingen an, sich zu zersetzen. Hohe Mengen Blei lösten sich ins Trinkwasser – monatelang. Blei ist ein schleichendes Gift, es greift das Immunsystem und das Nervensystem an, es kann bei Kindern zu Entwicklungsstörungen führen. Als Anwohner bald nach dem Wechsel der Wasserversorgung anfingen, über Beschwerden zu klagen, wiegelten die Behörden rigoros ab oder mauerten einfach. Erst nachdem Kinderärzte Alarm schlugen, weil sie plötzlich hohe Bleiwerte bei Bluttests feststellten, wechselte die Stadt zurück zum Wasser aus Detroit – nach mehr als einem Jahr. Beigemischte Phosphate sollen in den Leitungen nun einen Schutzfilm bilden. Doch aus den zerstörten Rohren kann sich weiterhin Blei lösen. Kochen, duschen, Zähne putzen – alles unter Vorbehalt. Das Leitungswasser zu trinken trauen sich bis heute die wenigsten. Erst im Januar 2016 rief der Gouverneur den Notstand aus; die Nationalgarde begann, Wasserflaschen und Filter an die Bevölkerung zu verteilen. Es laufen verschiedene Sammelklagen.

Wöchentlich treffen sich beunruhigte Bürger, um sich auszutauschen und den neuesten Stand des Krisenmanagements zu erfahren. Ich besuchte ein solches Gemeindetreffen in einem besonders heruntergekommenen Viertel. Der Saal war voll, darin fast ausschließlich schwarze Bürger. »Unsere Regierung hat uns im Stich gelassen, angefangen bei Gouverneur Rick Snyder. Wir bekommen jetzt zwar Unterstützung, aber da muss viel mehr passieren. Wir sind doch die Vereinigten Staaten«, sagte mir einer der Anwohner verbittert. Eine andere fragte, warum man das Geld nicht längst bewilligt habe, um all die alten Bleirohre auszutauschen. Das ist kompliziert und aufwendig. Aber in einer weißeren, (einfluss)reicheren Gemeinde, so die wütende Meinung vieler an diesem Abend, hätten die Behörden rascher reagiert, hätten sich die Politiker intensiver gekümmert. Dieses Eindrucks konnte auch ich mich nicht erwehren. Zu dem Schluss, dass Rassismus und Armut eine Rolle gespielt haben beim schleppenden Umgang mit dieser Umweltkatastrophe, kam schließlich auch eine unabhängige, vom Gouverneur eingesetzte Untersuchungskommission. Sie prangerte es als klares Unrecht an: »Die Bürger von Flint, die mehrheitlich schwarz sind und zu den ärmsten Stadtbewohnern des Landes gehören, wurden nicht im gleichen Maße vor Umwelt- und Gesundheitsrisiken geschützt wie in anderen Gemeinden sonst üblich.«[33]

Verstärkt wird die finanzielle Schieflage zwischen schwarzen und weißen Haushalten sicherlich auch dadurch, dass es überproportional viele alleinerziehende schwarze

Frauen gibt. Die *New York Times* rechnete vor, dass in der Altersgruppe von 25 bis 54 Jahren etwa eineinhalb Millionen schwarze Männer fehlen.[34] Weil sie tot sind oder hinter Gittern. Die USA haben schließlich den weltweit höchsten Anteil von Gefängnisinsassen an der Bevölkerung, und von den etwa 2,3 Millionen Häftlingen sind fast eine Million Schwarze. Anders ausgedrückt: Etwa 40 Prozent der Gefängnisbevölkerung sind Schwarze, obwohl sie von der Gesamtbevölkerung nur etwa 13 Prozent ausmachen. Die Benachteiligung von Schwarzen durch die Justiz steckt tief im System und beginnt schon vor dem eigentlichen Prozess. Studien belegen immer wieder, wie bei der Geschworenen-auswahl vor Gerichtsverfahren die Staatsanwälte weiße Juroren bevorzugen, teils mit hanebüchenen Argumenten. Die Equal Justice Initiative etwa fand heraus, dass in einem County des Bundesstaats Alabama 80 Prozent der schwarzen Kandidaten abgelehnt wurden. Mit dem Ergebnis, dass in einem Bezirk, dessen Einwohnerschaft zu einem Viertel aus Schwarzen besteht, die Hälfte der Jurys in Todesstrafen-prozessen komplett weiß ist.[35] Die Konsequenzen kann man sich leicht vorstellen.

Noch wesentlich schwerer wiegt, dass schwarze Amerikaner so unverhältnismäßig oft Opfer von Schießereien werden, und das nicht nur untereinander, etwa in Bandenkriegen. Eine Datenbank der *Washington Post* rechnet vor, unbewaffnete schwarze Männer seien einem siebenmal höheren Risiko ausgesetzt, von der Polizei erschossen zu werden, als unbewaffnete weiße Männer.[36] Speziell bei schwarzen Jugendlichen liegt das Risiko dramatisch höher – es geschieht nämlich 21-mal häufiger als bei gleichaltrigen Weißen.[37]

Diese Zahlen lassen sich mit »ungünstigen Umständen«, schlechteren Startchancen oder Ähnlichem allein nicht erklären. Zu offensichtlich sind die Anzeichen eines alle Bereiche des öffentlichen Lebens durchziehenden Rassismus.

Im Fall von Ferguson etwa kann es keinen Zweifel darüber geben. Der damalige Justizminister Eric Holder, der erste Schwarze in diesem Amt, hatte eine Untersuchung der Unruhen angeordnet. Er war selbst dorthin gereist, um sich ein Bild der Lage zu verschaffen. Auf einer Pressekonferenz wurde er sehr persönlich. Auch er, der Jurist mit Ivy-League-Ausbildung, habe Alltagsrassismus erlebt. Noch als erwachsener Mann habe er sich etwa in Läden stärker vom Personal beobachtet gefühlt als weiße Einkäufer. Rassismus kann ein subtiles Gift sein.

Als das Justizministerium im März 2015 seinen Bericht veröffentlichte, gab es nichts schönzureden. Tatsächlich war die örtliche Polizei in ein »Muster von unrechtmäßigem Verhalten« verfallen, bei dem speziell Schwarze aufgrund rassistischer Vorurteile ins Visier der Polizei gerieten. Dies konnte perfide Formen annehmen, etwa, wenn ein Autofahrer angehalten wurde, weil ein Rücklicht defekt war. Statt den Fahrer einfach darauf hinzuweisen und einen Termin bei der Werkstatt zu empfehlen (wie oft üblich, wenn sonst kein bisheriges Fehlverhalten vorliegt), bekam der (meist schwarze) Fahrer sofort einen Strafzettel. Bezahlte er diesen nicht umgehend, konnten sich hohe Gebühren anhäufen, was bei Nichtzahlung schnell einen Haftbefehl und Gefängnisstrafen nach sich zog – und schon war die schiefe Bahn eingeschlagen. Wenig hilfreich war, dass die Kommune zu weiten Teilen auf diese »Knöllchen« angewiesen war, um sich zu finanzieren, und Polizisten entsprechend animiert wurden, Jagd auf »leichte« Opfer zu machen. So kann sich latenter Rassismus schnell institutionalisieren.

Offenbar sind diese Probleme nicht auf Ferguson beschränkt. Mitte März 2016 unternahm das Justizministerium einen ungewöhnlichen Schritt und schrieb einen offenen Brief an die kommunalen Gerichte aller fünfzig Bundesstaaten. Darin warnte das Ministerium die Richter vor übertriebener Härte und hielt sie an, beim Festlegen von Strafen

Augenmaß zu bewahren: »Verurteilte sitzen sonst unnötige Zeit im Gefängnis, obwohl sie keine Gefahr für die Allgemeinheit darstellen, verlieren dadurch ihre Jobs, geraten in einen Teufelskreis der Armut, aus dem es kaum ein Entrinnen gibt.« Vor allem, wenn es in diesen Fällen weniger um die öffentliche Sicherheit gehe, sondern darum, lokale Haushaltskassen aufzufüllen. Das widerspreche den Bürgerrechten und zerstöre das Vertrauen in die Rechtsstaatlichkeit. Die oft zu hohen Geldbußen träfen die arme Bevölkerung unverhältnismäßig schwer, und das gerade dann, wenn diese nicht beglichen werden könnten und sich deshalb eine Haftstrafe daraus entwickle. Das Problem sei von Bundesstaat zu Bundesstaat unterschiedlich gravierend, heißt es in dem Brief, aber vorhanden sei es überall.[38]

Wie Hohn muss es in den Ohren von Amerikas Minoritäten daher geklungen haben, als der Oberste Gerichtshof im Sommer 2013 einen Kernpunkt der Bürgerrechtsgesetze aufhob. Das Wahlrechtsgesetz von 1965 hatte eine Reihe von Südstaaten und bestimmte multikulturelle Bezirke im Rest des Landes dazu verpflichtet, jegliche Änderungen in den örtlichen Wahlbestimmungen immer erst von der Bundesregierung prüfen und billigen zu lassen – um zu verhindern, dass Regelungen zum Nachteil der Minderheiten eingeführt werden. Der Oberste Gerichtshof entschied in einer sehr kontroversen und knappen Entscheidung, diese Schutzmaßnahme zu kippen, mit der Begründung, sie sei nicht mehr zeitgemäß beziehungsweise nicht weiter notwendig. Es habe sich mittlerweile ja viel verändert in der Gesellschaft, der lebende Beweis dafür sitze im Oval Office.

Doch kaum war das Gesetz gefallen, fingen manche Staaten, Bezirke und Gemeinden an, neue Regelungen einzuführen – natürlich in bester Absicht. Um Wahlbetrug zu verhindern, verlangen manche Bezirke oder Staaten plötzlich einen Lichtbildausweis. Dies klingt für uns Deutsche selbstverständlich, und man kann fragen, ob das nicht grundsätzlich eine gute Idee ist. Doch es bedeutet einen zusätzlichen Aufwand, der bis dato nicht notwendig war. In den USA gibt es keine allgemeine Ausweispflicht; Hunderttausende Amerikaner leben problemlos ohne entsprechende Papiere. Manche Staaten verlangen nur das Vorlegen der Sozialversicherungsnummer im Wahllokal. Wen betrifft die neue Regelung also am häufigsten? Eher ärmere Menschen, die meist keinen Reisepass haben, vielleicht nicht einmal einen Führerschein. Und damit vermehrt Minderheiten, da diese im Verhältnis häufiger zu den Ärmeren gehören. Bürgerrechtler befürchten, dass unter dem Deckmantel der Wahlsicherheit subtile Hürden entstehen, die einem bestimmten Teil der Bevölkerung die Stimmabgabe um ein vielleicht entscheidendes Quäntchen erschweren. Und das, obwohl Wahlbetrug bislang wirklich kein grassierendes Problem in den USA war.

In Arizona hat der Bezirk rund um Phoenix beschlossen, Kosten zu sparen und deshalb die Zahl der Wahllokale drastisch zu reduzieren. Mit dem Ergebnis, dass sich in der größten Stadt des Staates bei den Vorwahlen 2016 endlose Warteschlangen bildeten. Wähler mussten stundenlang anstehen, um ihre Stimme abzugeben. Aber ärmere Wähler können es sich oft nicht leisten, so lange von ihrem Job fernzubleiben, zumal in den USA nicht sonntags, sondern meist unter der Woche gewählt wird. Eine alleinerziehende Mutter zwischen Kindern und Jobs dürfte eine solche Schlange wohl eher verlassen müssen und kann dann eben nicht wählen. Laut Lokalzeitungsberichten kommt hinzu, dass in Stadtteilen mit hohem Minderheitenanteil die Wahllokale noch spärlicher waren als in den weißen *anglo-saxon communities*.[39] Ich kann jedenfalls verstehen, wenn Schwarzen und Latinos der Verdacht kommt, das System benachteilige sie. Und tatsächlich haben im Sommer 2016 gleich mehrere Bundesgerichte neue Gesetze zur Ausweispflicht in North Carolina und North Dakota sowie ein äußerst strenges Gesetz in Texas abgeschmettert, weil dieses insbesondere Minoritäten betroffen hätte.[40]

Nochmals zurück zu der Frage, ob es in letzter Zeit mehr Fälle von Rassismus und Gewalt gegen Minderheiten gegeben hat als früher oder ob es sich »nur« um eine gefühlte öffentliche Wahrnehmung handelt und Schwarze sich zu schnell in der Opferrolle sehen, selbst in Fällen, in denen die Polizei absolut legal und legitim vorgeht. Dies lässt sich nur schwer endgültig beantworten, denn die Dunkelziffer bei Diskriminierung ist sehr hoch. Allerdings erlaubt eine erhellende technische Neuerung, etwas klarer zu sehen: die Allgegenwart von Smartphones. Oder genauer: der Video-Funktion dieser Mobiltelefone. Sie verbreiten das, was man früher nicht so einfach festhalten konnte: Der Erstickungs-tod eines schwarzen Amerikaners in New York, der bei seiner Festnahme keine Luft mehr bekam. Der flüchtende Schwarze, dem in Charleston, South Carolina, ein weißer Polizist aus nächster Nähe mehrfach in den Rücken schoss. Eine schwarze Schülerin, die von einem Beamten brutal zu Boden gerissen und am Pullover aus dem Klassenzimmer gezerrt wurde. All diese abstoßenden Beispiele wären, wie so viele andere, wohl kaum wahrgenommen worden, wenn sie nicht zufällig jemand auf seinem Handy festgehalten hätte. Das Sterben des 32-jährigen Philando Castile in St. Paul, Minnesota, den ein Polizist bei einer Verkehrskontrolle in seinem Auto erschoss, streamte die Freundin des Opfers, die auf dem Beifahrersitz saß, sogar live per Handy via Facebook. Im heutigen Zeitalter sozialer Medien verbreiten sich solche Videos in Windeseile. Rassismus in den USA ist sichtbarer geworden – was hoffentlich das Bewusstsein für dieses verbreitete Problem stärkt.

Als ich über die Ausschreitungen in Baltimore nach dem mysteriösen Tod des schwarzen Amerikaners Freddie Gray in Polizeigewahrsam berichtete, ist mir die Bedeutung dieser »Beweissicherungswaffe« besonders deutlich geworden. Ich stand mit meinem Team auf einer Straße genau zwischen aufgebrachten Anwohnern auf der einen und Polizisten in Schutzmontur auf der anderen Seite. Plötzlich nahmen die Beamten ihre Schlagstöcke und Schilde hoch und begannen, auf die Menge zuzugehen. Sofort schrien einige der Demonstranten: »Holt eure Handys heraus, fangt an zu filmen. Haltet fest, was da passiert.« Und tatsächlich sahen sich die etwas verdutzten Polizisten auf einmal einer Phalanx gezückter Smartphones gegenüber, die jede Bewegung ihres Vormarsches festhielt. Die Verunsicherung war nicht zu übersehen. Dank neuer Dienste wie Periscope sendeten manche die Szene sogar per Livestream direkt in die Welt hinaus. Ich will damit keineswegs eine Lanze für eine omnipräsente Videoüberwachung brechen, aber die ständige Verfügbarkeit eines Mittels zur filmischen Dokumentation dürfte zu einem verantwortungsvolleren Handeln anhalten.

Das gilt natürlich für beide Seiten. Denn auch Polizisten haben dank des Einsatzes von Kameras mehr Möglichkeiten, den Ablauf eines Vorfalls aufzuklären. Nach dem Tod von Michael Brown wurden landesweit die Forderungen laut, dass Polizisten im Einsatz permanent Körperkameras tragen sollten. Im Falle von Ferguson wäre manches vielleicht klarer gewesen, hätte Officer Wilson eine solche Kamera getragen. Und tatsächlich haben viele Polizeibehörden solche Kameras mittlerweile zur Standardausrüstung erklärt. Onboard-Kameras in Streifenwagen sind ebenfalls alltäglich geworden. Sicherlich hängen hieran auch wichtige rechtliche Fragen. Was wird aus der Privatsphäre oder dem Recht am eigenen Bild, wenn Beamte etwa Wohnungen durchsuchen oder jemand nur zufällig in eine Kontrolle gerät? Doch welche Seite auch immer filmt, die Entwicklung führt sicherlich dazu, dass Übergriffe von Polizisten – und auch Gewalt gegen Polizisten – häufiger den Weg in die Öffentlichkeit finden. FBI-Direktor James Comey nennt es den »*viral video effect*«.

Bei der Polizei wächst die Einsicht, dass es so wie bisher nicht weitergehen kann. Das wiederum hat Einfluss auf die

Ausbildung künftiger Sicherheitskräfte. In Milwaukee beispielsweise üben Rekruten nicht nur schießen und verhaften, sondern lernen auch in Rollenspielen, wie sie deeskalierend eingreifen können. Schauspieler simulieren zum Beispiel eine Situation häuslicher Gewalt, welche die angehenden Beamten mit möglichst viel Fingerspitzengefühl entschärfen sollen.[41] Im Bundesstaat Washington erleben Polizisten in ihrer Ausbildung schon seit einigen Jahren etwas ganz anderes als ihre Vorgänger: kein militärartiges Boot-Camp mehr, bei dem die absolute Unterwerfung von Verdächtigen im Vordergrund steht, sondern ein neuer, entgegenkommender Stil. »Wenn du dich als Kämpfer in einem Krieg verstehst, dann gehst du eine Situation an, als müsstest du erobern und siegen«, erklärt die Leiterin der Ausbildungskommission Sue Rahr. »Das mag manchmal auch nötig sein. Viel öfter aber ist es besser, wenn die Polizisten wissen, wie sie eine Situation deeskalieren können, behutsam Druck abbauen, entschleunigen.«[42] Dass sich Amerikas Polizei im Krieg sah und oft mit unverhältnismäßiger Härte durchgriff, ist kein Wunder – immerhin hatte die US-Regierung offiziell den Krieg gegen die Drogen ausgerufen. Nun aber lautet die Maxime: Beschützen und der Öffentlichkeit respektvoll dienen, statt mit ihr auf Kriegsfuß stehen. Ein Vorsatz, an den sich amerikanische Gesetzeshüter übrigens schon einmal stärker halten wollten, nämlich nach den Krawallen 1992 in Los Angeles. Damals hatten Polizisten minutenlang auf den am Boden liegenden Schwarzen Rodney King eingeprügelt und damit Unruhen und landesweite Empörung ausgelöst. Aber dann kam der 11. September 2001, und die rigide Einstellung des knallharten Heimatschutzes schlich sich wieder in die Polizeiausbildung ein. Welche Haltung sich nun durchsetzen wird, ist noch offen. Nach wie vor gibt es unter Amerikas Polizeichefs genügend Vertreter einer härteren Linie. Selbstverteidigung und Schusstraining stellen immer noch den Löwenanteil der Grundausbildung von US-Polizisten dar. Aber immerhin gibt es die Schritte in eine andere Richtung, auch wenn es wohl eine Generation dauern wird, bis diese überall auf Amerikas Straßen ankommt, bis Deeskalationsmaßnahmen und Konfliktmanagement effektiver greifen.

Ferguson hat nicht nur die Sicht der weißen Bevölkerung auf das Verhalten der Polizei beeinflusst, sondern war eine landesweite Initialzündung. *#BlackLivesMatter* – »Das Leben von Schwarzen zählt!« Unter diesem Hashtag hatte sich 2013 in sozialen Medien der Protest gegen den Freispruch von George Zimmerman formiert, der den schwarzen Teenager Trayvon Martin erschossen hatte. Durch Ferguson wurde *Black Lives Matter* eine landesweite Bewegung, die über den Tod von Michael Brown hinausgeht. Der Slogan prangt an den unterschiedlichsten Stellen im Land, an Kirchen, als Graffitis, im Internet. Er erscheint jedes Mal, wenn wieder ein Schwarzer durch weiße Polizisten ums Leben kommt – ob auf Demonstrationen in Madison, Chicago oder Baltimore. Er ist Ausdruck eines Genug-ist-genug-Gefühls, das die Empörung zahlreicher US-Bürger ausdrückt, auch vieler weißer. Aber möglicherweise steht er auch für ein neues Selbstbewusstsein vieler junger Schwarzer, die nicht nur in der passiven Opferrolle verharren wollen. Als zum Beispiel 2016 kein einziger schwarzer Schauspieler für einen Oscar in den Hauptkategorien nominiert war, obwohl es durchaus Optionen gegeben hätte, folgte ein Aufschrei der Empörung *(#OscarsSoWhite)*. Vor einigen Jahren hätte es diesen vielleicht so laut noch nicht gegeben.

An vielen Universitäten haben sich Studentengruppen unter dem Motto »Black Lives Matter« versammelt. An der University of Missouri etwa war es im Wintersemester 2015 zu einigen rassistisch motivierten Vorfällen gekommen, beispielsweise in Form von Hakenkreuz-Schmierereien oder rassistischen Beschimpfungen. Es wurde daraufhin der Vorwurf gegen die Universitätsleitung laut, nicht entschieden genug gegen Rassismus auf dem Campus vorzugehen. Die Situation eskalierte so weit, dass ein Student in Hungerstreik trat und die schwarzen Spieler der populären Uni-Football-Mannschaft mit einem Spielboykott drohten, sollte sich nichts ändern. Mit dem Ergebnis, dass am Ende der Präsident der Universität zurücktrat.

Man sollte aus solchen Entwicklungen nicht allzu viele Schlüsse über die Zukunft ziehen. Jede Gesellschaft trägt einen gewissen Bodensatz an Rassismus in sich, und die amerikanische mag aufgrund ihrer Geschichte und der tiefen Spuren der Sklaverei ein besonderes Problem damit haben, das in irgendeiner Form vielleicht immer bestehen bleiben wird. Aber die *Black Lives Matter*-Haltung könnte dafür sorgen, dass schwarze Amerikaner sich mehr engagieren, vielleicht auch politisch aktiver werden, mehr wählen gehen – so wie es sich Elliot Wilson für sich und seine Kinder wünscht. Die Gefahr ist sonst, dass sich Menschen in ihrem Frust abwenden und militant werden. So wie in Dallas im Juli 2016: Nachdem zwei weitere Fälle landesweit für Schlagzeilen gesorgt hatten, bei denen weiße Polizisten schwarze Mitbürger erschossen, tötete der 25-jährige Micah Johnson fünf weiße Polizisten mit Schüssen aus dem Hinterhalt – Polizisten, die ausgerechnet eine Demo gegen Polizeigewalt absicherten. Bevor die Sicherheitskräfte den Schützen töteten, hatte der Afghanistan-Veteran angegeben, wegen der vorhergegangenen Vorfälle gezielt weiße Beamte ins Visier genommen zu haben. Diese Selbstjustiz ist auch eine Form von Rassismus, nur andersherum. Jene Woche, kurz nach dem Nationalfeiertag, war eine besonders düstere für das verunsicherte Land. Die einzige Hoffnung, die aus diesen schrecklichen Vorfällen entspringen kann, ist, dass noch mehr schockierte Menschen das Gefühl bekommen, dass es so nicht weitergehen kann; dass eine kritische Masse aktiv wird, damit sich so etwas nicht wiederholt.

Die Gasmaske habe ich auf Fergusons Straßen im August 2014 übrigens doch nicht gebraucht; die Polizei hatte die Lage dann besser im Griff. Es zogen deutlich weniger Menschen durch die Straßen, es kam nur noch zu vereinzelten Festnahmen. Vor allem waberten keine Tränengaswolken mehr durch das Viertel. Doch drei Monate später stand ich wieder an gleicher Stelle, erneut zwischen Demonstranten einerseits und schwergerüsteten Polizisten andererseits. Ein Schöffengericht hatte entschieden, dass der Polizist Darren Wilson sich für den Tod von Michael Brown nicht vor Gericht verantworten musste. Das aber war die Hauptforderung der Demonstranten gewesen: *No justice, no peace!* – Keine Gerechtigkeit, kein Frieden! Entsprechend aufgebracht reagierten die Menschen und zogen wieder protestierend durch Fergusons Straßen. Gegenstände flogen, Autos brannten. Aber die Polizei hatte offensichtlich ihre Lektion gelernt und trat etwas weniger konfrontativ auf. Dafür lauerten überall auf den Dächern Scharfschützen. Und als einige Gruppen sich nicht auflösen und einen Straßenzug partout nicht räumen wollten, kam ich doch noch zu meinem Otto-Dix-Moment: Die Tränengas-Kartuschen rollten zuckend und rauchend über den Asphalt, und ich war heilfroh, die Gasmaske diesmal parat zu haben. Auch wenn sie mir ein im Wortsinne beklemmendes Gefühl gab, als ich sie überstreifte. Immerhin, der Händler hatte recht gehabt – das Ding war tatsächlich sehr wirkungsvoll.

Amerikanische Ungereimtheiten –
ein Land voller Gegensätze

»Demokratie ist die Kunst,
den Zirkus vom Affenkäfig aus zu leiten.«
H. L. Mencken

Die Dielen knarrten. Ich war mit meiner Familie im nahegelegenen Weiherpark im Hamburger Stadtteil Eimsbüttel unterwegs gewesen, und wir wollten das schöne Sommerwetter für ein Picknick nutzen, weshalb ich rasch zurück nach Hause gerannt war, um noch ein paar Sachen zu holen. Während ich in der Küche unserer Erdgeschosswohnung hantierte, hörte ich zaghafte Schritte im Flur. Zunächst dachte ich mir nicht viel dabei. Vielleicht war es eines meiner Kinder, das mir hinterhergelaufen war. Oder ein Nachbar, der über den Vorgarten durch die von mir offen gelassene Terassentür hereingekommen war. Als ich dann aber kein »Hallo« oder Ähnliches hörte, wurde ich stutzig. Und warf einen Blick um die Ecke. Da stand doch tatsächlich ein fremder Typ, der krampfhaft versuchte, mein Handy vom Stromkabel zu reißen. Wir starrten uns verblüfft eine gefühlte Ewigkeit lang an – in Wahrheit war es wohl eher der Bruchteil einer Sekunde –, bis ich ihm endlich ein wütendes »Hey, stopp!« entgegenbrullen konnte.

Gelegenheit macht tatsächlich Diebe; er hatte wohl die offene Vorgartentür gesehen und gedacht, mal sehen, was man auf die Schnelle mitgehen lassen kann. In seiner Nervosität hatte er aber das Handy nicht schnell genug vom Kabel bekommen. Als er mich sah, brach er den Stecker im Handy ab und rannte davon. Ohne groß darüber nachzudenken, stürmte ich hinterher. Es war wohl eher die Empörung über diese Dreistigkeit als die Sorge um den Verlust meines veralteten Smartphones. Dass ich dabei barfuß war, fiel mir erst schmerzhaft auf, als ich dem Einbrecher über den Bürgersteig nacheilte. Während mir die Frage durch den Kopf schoss, wie lange ich das wohl durchhalten würde, merkte ich, dass der Dieb keine gute Ausdauer hatte und langsamer wurde. Vielleicht war er ein Junkie, der schnell Kohle brauchte.

Als ich ihn endlich packen konnte, mussten wir beide erst mal verschnaufen. »Gib mir sofort mein Handy zurück!«, fuhr ich ihn an. »Aber nur, wenn du nicht die Polizei rufst!«, keuchte er zurück. Klar, was sonst, ich hätte ihn ja wohl kaum am Kragen festhalten, gleichzeitig 110 wählen und dann wer weiß wie lange auf die Streife warten können. Ich ließ ihn laufen und inspizierte mein Telefon. Der abgebrochene Stecker befand sich noch in der Ladebuchse. Zum Glück, denn ohne »Beweisstück« hätte mir niemand die Geschichte geglaubt.

Ich erwähne diesen Vorfall nicht, um Ratschläge für den Umgang mit Einbrechern zu erteilen. Als ich feststellte, wie leicht sich die Eingangstür zu unserem amerikanischen Zuhause aufknacken ließ, fragte ich mich jedoch, ob ich in den USA auch so reagiert hätte wie in Deutschland. Die Antwort ist ein glasklares Nein. Denn das Risiko, dass der Einbrecher eine geladene Knarre dabeigehabt und im Zweifel auch nicht gezögert hätte, sie bei einer »Verfolgungsjagd« zu benutzen, wäre mir in Amerika einfach zu hoch. Vermutlich wäre es erst gar nicht dazu gekommen, weil ein Einbrecher seine Pistole gleich schon in der Diele gezückt hätte.

Womit wir bei dem Thema sind, an dem ich in diesem Land der Gegensätze und Extreme am meisten verzweifle: der Gewalt durch Schusswaffen.

Ich habe oft versucht zu verstehen, warum die Amerikaner so an ihrem Waffenkult hängen – trotz all seiner furchtbaren Folgen. Vergebens. Kein Massaker, kein Amoklauf, keine Schießerei mit zufälligen Opfern scheint tragisch genug, um etwas zu bewegen. Nicht einmal ein so furchtbarer Vorfall wie in Newtown, Connecticut, hat auf Bundesebene zu irgendwelchen Verschärfungen des Waffenrechts geführt. Am 14. Dezember 2012 erschoss ein ehemaliger Schüler in der Sandy-Hook-Grundschule 26 Menschen, darunter zwanzig Kinder – das schlimmste Massaker an einer Schule in der Geschichte der USA. Noch in der Woche nach dem Anschlag von Orlando, bei dem ein Attentäter am 12. Juni 2016 im Pulse-Nachtclub mit einem Sturmgewehr, das er kurz zuvor legal gekauft hatte, 49 Menschen niedermetzelte, lehnte die republikanische Mehrheit im Kongress vier Reformvorschläge für das Waffenrecht ab. Was, kann man sich nur kopfschüttelnd fragen, muss noch passieren, damit sich etwas ändert? Nicht einmal Forschungsgelder für die wissenschaftliche Untersuchung von Waffengewalt gibt der Kongress frei. Selbst wer in den USA auf einer No-fly-List steht – also nicht an Bord eines Flugzeuges gelassen wird, etwa, weil er mit einem terroristischen Umfeld in Verbindung gebracht wird –, kann sich unbekümmert mit Schusswaffen eindecken.

Absurderweise ist die einzig greifbare Reaktion auf Massaker wie in Newtown der rapide Anstieg von Waffenverkäufen – kein Witz! Dies geschieht einerseits, weil viele in solchen Momenten ein Gefühl der Angst ergreift und das Bedürfnis, nicht schutzlos sein zu wollen, falls sie in eine ähnliche Situation geraten – was auf eine Art »Wettrüsten« hinausläuft. Andererseits befürchten Waffenenthusiasten oder Anhänger von Milizen, dass die jüngste Katastrophe der Tropfen gewesen sein könnte, der das Fass zum Überlaufen bringt, und nun der Zugang zu bestimmten Waffen wie Sturmgewehren doch eingeschränkt werden könnte. Dann doch lieber schnell den Vorrat aufstocken, bevor es zu spät ist!

Die Verkaufszahlen nach dem Sandy-Hook-Massaker, nach dem Präsident Obama so eindringlich wie nie den Kongress um eine Reform der Waffengesetze geradezu anbettelte, brachen alle Rekorde. Und auch im tödlichen Jahr 2015 mit seinen zahlreichen Schusswaffenopfern war diese Reaktion zu beobachten. Den Freitag nach dem Familienfest Thanksgiving nennen die Amerikaner »*Black Friday*«, weil dieser der Auftakt für die Weihnachtseinkäufe ist und die Geschäfte dann den höchsten Tagesumsatz des Jahres machen, sprich: schwarze Zahlen schreiben (deshalb die Bezeichnung »schwarzer Freitag«). Am Black Friday 2015 gingen aber nicht nur Fernseher, Kochtöpfe und Klamotten über die Ladentheke, sondern beim FBI so viele Background-check-Anfragen ein wie noch nie zuvor an einem einzigen Tag: 185 345.[43] Diese für den Waffenkauf erforderlichen Überprüfungen potentieller Kunden, die immerhin eine gewisse Einschränkung darstellen, dienen als Gradmesser für das Volumen legaler Waffenkäufe in den USA. Es ist eine der bitteren Ironien seiner Präsidentschaft, dass Barack Obama ungewollt zum obersten Verkaufsförderer für die Waffenindustrie geworden ist. Denn in entsprechenden Kreisen hält sich hartnäckig das Gerücht, Obama wolle den Amerikanern ihre Waffen wegnehmen.

Dabei neigt die allgemeine Stimmung im Land durchaus zu strengeren Waffengesetzen. Auch viele Waffenbesitzer finden, die amerikanische Rechtslage könnte diesbezüglich eine Überarbeitung vertragen. Und es gibt ja schon bestimmte Checks und Voraussetzungen, die für den Kauf einer Waffe erfüllt sein müssen. Die Vorschriften weisen aber auch genügend Hintertürchen und Lücken auf. Die mächtigen Waffenlobbyisten, allen voran jene der National Rifle Association (NRA), schaffen es seit Jahrzehnten, dass im entscheidenden Moment der Kongress einknickt und die Finger von neuen, weniger löchrigen Gesetzen lässt. Vor allem konservative Abgeordnete fürchten um ihre Wiederwahl in ländlichen Wahlkreisen, wenn sie es sich mit der NRA verscherzen.

Meine »Lieblingsargumente« der Waffenlobby sind dabei, dass ja nicht Waffen töteten, sondern diejenigen, die den Abzug betätigten. (Wer erklärt das wohl später einmal dem Dreijährigen, der beim Spielen im Schrank eine Pistole entdeckt und aus Versehen seine Schwester erschossen hat?) Und dass Waffengesetze nur die braven, gesetzestreuen Bürger in ihrem Verfassungsrecht auf Waffenbesitz einschränkten, während Verbrecher sich ihr Schießgerät ohnehin auf illegale Weise besorgten. Man solle doch lieber zur Abschreckung die Strafverfolgung ausweiten und verbessern. Damit endet meist die Diskussion.

Die Fundamentalopposition der NRA selbst gegen rudimentäre Einschränkungen beruht auf der (irrationalen) Befürchtung, dass es dabei nicht wirklich um weniger Schusswaffenopfer gehe, sondern um einen ersten Schritt zum totalen Verbot jeglichen privaten Waffenbesitzes in den USA. Und ehe man hier einen ersten Dammbruch zuließe, der Schule machen könnte, mobilisiert die NRA lieber ihre Anhänger. Sosehr Obama auch beteuern mag, dass er den Amerikanern nicht ihre Knarren wegnehmen will, die NRA läuft grundsätzlich gegen alles Sturm.

Hier zeigt sich ein Zug, der mir in den USA auch an anderer Stelle immer wieder begegnet: eine gewisse Prinzipientreue um jeden Preis. Um nicht in einem bestimmten Punkt nachzugeben, wird die moglicherweise schwerwiegendere Kehrseite der Medaille willentlich in Kauf genommen. Besonders in konservativen Kreisen habe ich eine solche Grundsätzlichkeit öfter vorgefunden. Damit ja kein Verbrecher versehentlich mit einer zu leichten Strafe davonkommt, sollen lieber *alle* härter bestraft werden. Damit kein Arbeitsloser es sich zu bequem machen kann im sozialen Netz, soll das Netz besser für *alle* schwach sein. Damit kein gesetzestreuer Amerikaner je am Zugang zu Waffen gehindert werden kann, soll es lieber *gar keine* Einschränkungen geben. Manche Amerikaner schütten gerne mal das Kind mit dem Bade aus. Und nehmen so jedes Jahr billigend Tausende von Schusswaffentoten in Kauf.

Diese Prinzipientreue als Selbstzweck finde ich auch in politischen Einstellungen wieder. Ich nenne es das Phänomen der *one-issue voters*. Wählerinnen und Wähler haben ein Thema im Auge, das ihnen so fundamental wichtig ist, dass sie paradoxerweise Politiker wählen, die ansonsten gar nicht in ihrem Sinne oder zu ihrem Vorteil sind. Jemand aus ärmeren Schichten beispielsweise ist absolut *pro-life* und wählt daher einen Politiker, der gegen Abtreibung kämpft, obwohl er gleichzeitig Krankenversicherungszuschüsse kürzen will oder gegen einen höheren Mindestlohn ist. Abtreibung oder gleichgeschlechtliche Ehe sind solche *issues*, an denen sich Land und Geister scheiden. Und *gun control*, also Schusswaffenkontrolle, gehört sicherlich auch dazu.

Vielleicht muss man sich dem Waffenproblem, das es unter den Industriestaaten so nur in den USA gibt, historisch nähern, um dessen Wurzeln zumindest zu erkennen – wenn man sie schon nicht nachvollziehen kann. Die amerikanische Verfassung ist immerhin eine der ältesten noch gültigen Verfassungen einer Republik auf der Welt. Und die Tatsache, dass die US-Demokratie auch fast zweieinhalb Jahrhunderte nach ihrer Entstehung nicht untergegangen ist, spricht zunächst einmal für sie. Die Verfassung ist umfassend genug, um Stabilität zu geben. Und flexibel genug, um mit der Zeit zu gehen. Dabei hatten die Gründungsväter unter Federführung von James Madison im ersten Anlauf noch nicht alles untergebracht und erweiterten die Konstitution um einen verbindlichen Katalog von unveräußerlichen Grundrechten, die *Bill of Rights*. Basierend auf den Werten der Aufklärung, untermauerten diese zehn Zusatzartikel das Kernanliegen der amerikanischen Revolution: die Unabhängigkeit von einer als Tyrannei empfundenen Fremdbestimmung, in diesem Fall in Gestalt der englischen Krone. (Mit einem gewissen daran angelehnten Stolz fahre ich übrigens mein Auto mit Washington-D.C.-Nummernschild durch die Gegend. Die Einwohner des District of Columbia müssen nämlich Bundessteuern zahlen, ohne dass sie im Kongress durch vollwertige Abgeordnete vertreten wären. Entsprechend prangt auf allen D.C.-Nummernschildern die trotzige Revolutionsforderung: *No taxation without representation!*)

Dieser Geist wider eine zentrale Steuerung findet sich im Staatsgefüge insofern wieder, als die einzelnen Bundesstaaten im föderalen System deutlich breitere Befugnisse und Freiheiten haben als beispielsweise unsere Bundesländer. Und es ist dieser Geist, der hinter dem berühmten 2. Zusatzartikel steckt: »Da eine wohlgeordnete Miliz für die Sicherheit eines freien Staates notwendig ist, darf das Recht des Volkes, Waffen zu besitzen und zu tragen, nicht beeinträchtigt werden.« Eine Miliz soll sich zum Schutz der Freiheit der einzelnen Bundesstaaten gegen eine Diktatur auflehnen können, notfalls auch gegen eine aus Washington, der ja immerhin das US-Militär zur Verfügung stünde. Und dafür muss die breite Masse der Bürger bewaffnet sein dürfen. Aus diesem Gedanken speist sich wohl auch das irrsinnige Argument, das ich in den USA immer wieder höre: Wären die Juden oder auch die gesamte Bevölkerung in Deutschland damals besser bewaffnet gewesen, hätte es keine Hitler-Diktatur und keinen Holocaust gegeben. Wo soll man da mit einer Erwiderung anfangen?

Gut, dieses Waffenrecht ist also historisch begründet. Es hat die Gesellschaft seit der Gründungszeit begleitet, sich in das amerikanische Selbstverständnis eingewebt. Und bei allem Fortschrittsdenken, das die Amerikaner auszeichnet, unterstreichen sie gerne ihre Vergangenheit. Vielleicht gerade weil das Land eine so relativ junge Geschichte hat, wird Tradition hier besonders gepflegt. Dies geht so weit, dass bestimmte Symbole unantastbar sind. Der meistverwendete Geldschein etwa, die Ein-Dollar-Note, ist in seiner heutigen Form seit 1923 im Umlauf.

Aber mir scheint es im heutigen Rechtsstaat USA wenig realistisch, dass Bundesstaaten ihre Interessen mit Waffengewalt gegen die Regierung in Washington durchsetzen, selbst wenn dies ein paar sture Milizionäre im Westen des Landes immer wieder versuchen. Außerdem entstand der 2. Zusatzartikel in einer Zeit, als Waffen in den entlegenen Winkeln der amerikanischen Wildnis zur Selbstverteidigung notwendig gewesen sein mögen. Diese Notwendigkeit scheint mir heute mehr als fraglich. Außerdem waren Schusswaffen Ende des 18. Jahrhunderts meist träge Vorderlader, keine halbautomatischen Sturmgewehre, mit denen man ganze Schulklassen niedermähen kann. An dieser Stelle zeigt sich der begrenzte Wert eines Textes aus den Anfängen des industriellen Zeitalters für die Gegenwart.

Deshalb ist die genaue Auslegung des recht vage gehaltenen 2. Zusatzartikels bis heute eine der umstrittensten Fragen im juristischen und politischen Diskurs der USA. Es gibt zahlreiche Urteile des Obersten Gerichtshofes dazu. Vor allem die Frage, ob nur einer Miliz oder auch jedem Einzelnen dauerhaft ein Recht auf Waffenbesitz zusteht, beschäftigte immer wieder die Richter. In den dreißiger Jahren etwa schränkte der Supreme Court das individuelle Recht ein, 2008 hingegen urteilte er umgekehrt.[44] Offenbar ist das Recht auf Waffenbesitz juristische Auslegungssache; man kann den Artikel durchaus auch so verstehen, dass Einschränkungen möglich sind. Und überhaupt: Artikel 5 der Verfassung regelt und erlaubt ausdrücklich Verfassungsänderungen. Diese ist nämlich nicht wie die Zehn Gebote in Stein gemeißelt und ließe sich ändern, wenn man wollte – sosehr Waffenfetischisten auch die Unantastbarkeit dieses Verfassungsrechts wie eine Monstranz vor sich hertragen.

Aber da wird es wieder grundsätzlich. Und deshalb spreche ich das Thema in meiner amerikanischen Familie auch kaum mehr an. Mein Schwiegervater ist leidenschaftlicher Jäger, er hat einen ganzen Schrank voller Büchsen, Flinten und Gewehre. Das Waffenrecht ist ihm heilig, ein Ausdruck von Freiheit. Daran lässt er grundsätzlich nicht rütteln. Immerhin konnten wir uns einigen, dass man zur Jagd keine vollautomatischen Maschinengewehre braucht und deren Verbot sinnvoll ist. Denn diese dienen nur einem Zweck: möglichst viele Menschen in möglichst kurzer Zeit zu töten.

Den Aspekt der Jagd halte ich übrigens für mitverantwortlich für die Selbstverständlichkeit von Schusswaffen im amerikanischen Alltag. Anders als in Deutschland ist Jagen in den Vereinigten Staaten kein postfeudales Privileg von Eliten, sondern seit jeher ein nationales Hobby für Jedermann. Viele Familien in ländlichen, ärmeren Gebieten ergänzen so ihre Speisekammer. Es gibt kein »grünes Abitur«, keine aufwendigen Prüfungen für Jagd- und Waffenscheine als Hürde. Jagdwaffen kann man einfach im Sportgeschäft kaufen. Und ich muss gestehen, würde ich wie meine Schwiegereltern in den tiefen Wäldern von Nord-Wisconsin leben, ich hätte wohl auch ein Gewehr im Haus, um zu jagen. Auch kann ich einsehen, dass für Rancher in Amerikas Westen das Gewehr eine Art Arbeitsgerät ist, etwa um schwerverletzten Rindern oder Pferden den Gnadenschuss zu geben. Oder um sich gegen Klapperschlangen und andere wilde Tiere zu wehren.

Aber in den Städten ist die massive Häufung von Schusswaffen einfach nur absurd. Vor allem, wenn sie mit dem Argument der Selbstverteidigung angeschafft werden. Denn das ist meiner Ansicht nach die hanebüchenste Begründung für Waffenbesitz. Welcher Einbrecher wartet schließlich geduldig darauf, dass man die persönliche Knarre erst aus dem Safe holt, dann die getrennt gelagerte Munition lädt, um schließlich mit zitternder Hand dem Verbrecher Einhalt zu gebieten? Was indes Tragisches passieren kann, wenn man die Waffe nicht sicher und verantwortungsvoll weggeschlossen im Waffenschrank und die Munition getrennt davon aufbewahrt, sondern eine geladene Pistole auf dem Kühlschrank oder im Nachtschränkchen liegen lässt, kann man regelmäßig aus den Nachrichten erfahren. Fast jede Woche macht ein tragischer Fall Schlagzeilen, in dem ein Kind aus Versehen seinen Vater oder seine kleine Schwester erschießt, weil die Waffe greifbar herumlag und zum Spielen geradezu einlud. Noch dazu ist es im Stressfall alles andere als leicht, ein bewegliches Ziel zu treffen. Polizisten feuern bei Schießereien einfach deshalb so häufig das ganze Magazin leer – mit entsprechend tödlichen Resultaten –, weil es auch für Profis schwer und unrealistisch ist, einen Angreifer mit einem einzelnen, gezielten Schuss, etwa in die Kniescheibe, unschädlich zu machen. Dann lieber alles auf Angriff – das gilt bekanntlich als die beste Verteidigung. Bei Amateur-Waffenbesitzern stehen die Chancen umso höher, dass sie eher sich selbst und andere verletzen als irgendeinen Einbrecher.

Attacken wie in San Bernardino oder Newtown spülen auch regelmäßig das Argument hoch, dass ein *bad guy* mit einer Waffe nur von einem *good guy* mit einer Waffe gestoppt werden könne. Das mag ja rein theoretisch sogar zutreffen. Aber abgesehen von den eben erwähnten Einschränkungen in der Praxis, führt das zu der fatalen Haltung, dass sich Waffenträger plötzlich als verlängerter Arm des Gesetzes sehen. Es ist tatsächlich schon passiert, dass jemand »Haltet den Dieb!« über den Parkplatz eines Einkaufszentrums gerufen hat und eine Frau daraufhin versuchte, den Flüchtenden mit ihrer Pistole aufzuhalten, was darauf hinauslief, dass sie wild um sich schoss. Wilder Westen im 21. Jahrhundert. Zum Glück traf sie niemanden, und sie bekam auch jede Menge Ärger mit der Justiz. Aber dass der Flüchtende – oder irgendein Passant – wegen eines einfachen Ladendiebstahls hätte erschossen werden können, wurde von ihr billigend in Kauf genommen. Hauptsache, ein Übeltäter kommt nicht ungestraft davon. Das Kind mit dem Bade ausschütten! Da ist es wieder, das Problem mit der Verhältnismäßigkeit, welche mir in den USA oft zu kurz zu kommen scheint.

Das erste Mal, dass ich diese eklatante Schieflage hautnah erlebte, war im März 1999. Ich war als junger Producer mit dem damaligen ARD-Korrespondenten Uli Adrian in Arizona, um über die Hinrichtung der LaGrand-Brüder zu berichten. 1982 hatten Karlheinz und Walter LaGrand eine Bank überfallen und dabei den Bankdirektor erstochen, woraufhin sie zum Tode verurteilt wurden. Die in Augsburg geborenen Söhne einer deutschen Mutter und eines amerikanischen Soldaten hatten seit ihrer frühen Kindheit in den USA gelebt, besaßen aber nur die deutsche Staatsangehörigkeit. Deswegen hätten sie vor Gericht das Recht auf konsularischen Beistand gehabt, doch war ihnen dieser vorenthalten worden. Das allein sorgte schon für diplomatische Verwicklungen zwischen den USA und Deutschland. Doch einmal abgesehen davon, dass die Todesstrafe grundsätzlich nicht mit meinem (deutschen) Rechtsempfinden vereinbar ist und ich sie für einen der größten Schandflecke dieses Landes halte: Welchen Sinn, bitte schön, hat es, den Tod *eines* Menschen mit dem Tod von *zwei* anderen »ausgleichen« zu wollen? Wenn schon alttestamentarisch Auge um Auge und Zahn um Zahn eingefordert wird, warum dann gleich doppelt Rache üben? Das engagierte, aber viel zu späte Eingreifen der deutschen Botschaft und von Menschenrechtsorganisationen half nichts. Karlheinz LaGrand wurde mit der Giftspritze hingerichtet, Walter LaGrand starb nach

18-minütigem Todeskampf in der Zyanid-Wolke einer Gaskammer.[45] Dieses bittere Erlebnis in der Wüste von Arizona schockiert mich noch heute.

Aber zurück zur Waffenproblematik. Nicht nur würde ich in den USA keinem Einbrecher hinterherlaufen. Ich fahre auch im Straßenverkehr deutlich defensiver. Denn auch solche Fälle sorgen immer wieder für Schlagzeilen: Ein Verkehrsrowdy schießt auf eine Fahrerin, weil diese ihn angehupt hat. Ein Fahrer ballert auf ein Auto, das ihm die Vorfahrt genommen hat, und tötet dabei eine Vierjährige, die auf der Rückbank sitzt. Klingt wie in einem Film à la *Falling Down*. Ist aber tragischerweise genau so passiert.

Zu dieser traurigen Realität des bewaffneten Alltags in Amerika gehört auch, dass die allgegenwärtige Verfügbarkeit von Waffen zu mehr Selbstmorden führt. Jedes Jahr sterben 30 000 Menschen durch Waffengewalt in den USA, rechnet das Weiße Haus vor.[46] Zwei Drittel davon finden als Suizide ihren Weg in die Statistik! Es fällt offenbar deutlich leichter, einen Abzug zu betätigen, als sich mit Schlaftabletten vollzustopfen oder vor einen Zug zu werfen. Weshalb zunehmend die Bekämpfung psychischer Probleme wie Depressionen oder Schizophrenie in den Vordergrund rückt, wenn es darum geht, wie sich die Zahl der Schusswaffenopfer senken ließe. Durch Amerikas Kriege gibt es zudem zahlreiche traumatisierte Veteranen, die nach ihrer Rückkehr nicht ausreichend psychologisch betreut werden – tickende Zeitbomben, die zudem noch im Umgang mit Schusswaffen geschult sind.

Es wurde im Laufe von Obamas Amtszeit fast schon zur Farce, so oft trat er nach jeder größeren Schießerei vor die amerikanische Öffentlichkeit, mit versteinerter Miene und mit immer derselben Botschaft: »Wir sind nicht das einzige Land der Welt mit gestörten Menschen, die anderen Schaden zufügen wollen. Aber wir sind das einzige entwickelte Land der Welt, das diese Massenschießereien alle paar Monate erlebt. Irgendwie ist das zur Routine geworden.

Erst die Schlagzeilen, dann meine ständig gleiche Reaktion darauf. Wir sind schon ganz abgestumpft.«[47] Man könnte es auch so ausdrücken: Die Amerikaner brauchen keine Terroristen zu fürchten – sie bringen sich ohne weiteres gegenseitig um. Zwischen 2001 und 2013 sind mehr Amerikaner durch Waffengewalt ums Leben gekommen als durch Aids, Drogenmissbrauch, Kriegseinsätze und Terrorismus zusammen.[48] Die US-Gesundheitsbehörde Center for Disease Control and Prevention rechnet vor, dass 2014 Schusswaffen zum ersten Mal seit sechzig Jahren genauso tödlich waren wie der Straßenverkehr. Dies hängt allerdings nicht zuletzt damit zusammen, dass Autos sicherer geworden sind. Und auch die Mordrate in den USA ist gesunken. Dafür ist die Zahl der Selbstmorde durch Schusswaffen deutlich gestiegen und gleicht den positiven Trend bei Mord mehr als aus. »Wir geben Milliarden von Dollar aus, verabschieden unzählige Gesetze und setzen ganze Behörden darauf an, unser Land vor Terrorattacken zu schützen. Und auch zu Recht«, erläutert Obama bitter. »Aber wir haben einen Kongress, der es ausdrücklich blockiert, dass wir auch nur Daten darüber erheben, wie wir die Zahl der durch Schusswaffen Getöteten reduzieren können. Wie kann das sein?«[49]

Es wird einer der großen Fehlschläge seiner Präsidentschaft bleiben, dass Obama kein einziges Antiwaffengesetz durch den Kongress bekommen hat, obwohl er es mehrfach versuchte. Wie nah ihm dieses Scheitern geht, zeigte Obama auf einer ungewöhnlich emotionalen Pressekonferenz Anfang 2016. Als er über die erschossenen Kinder der Sandy-Hook-Grundschule sprach, hielt er inne und wischte sich die Tränen weg: »Jedes Mal, wenn ich an diese Kinder denke, macht es mich wütend.«

Weil er stets am Widerstand im Kongress scheiterte, erließ Obama wenigstens einige Präsidialverfügungen, die er im Alleingang formulieren konnte. Diese beinhalten allerdings nur sehr bescheidene Schritte wie etwa die Pflicht zum

Background-check bei allen Waffenverkäufen, also auch die via Internet und auf Waffenmessen. Offenbar schien er sich nicht vorwerfen lassen zu wollen, nicht wenigstens alles in seiner Macht Stehende versucht zu haben: »Es wird immer Verbrechen geben. Aber die Tatsache, dass wir nicht jedes Verbrechen verhindern können, sollte nicht dazu führen, dass wir überhaupt keine Verbrechen zu verhindern versuchen.«[50] Wieder nach dem Motto: Besser so als gar nicht.

Hierin spiegelt sich das frustrierende Dilemma besonders seiner zweiten Amtszeit. Die republikanische Opposition hat ihn oft blockiert mit dem Argument »besser nichts als etwas Halbgares, schon gar nicht von diesem Präsidenten«, ohne konstruktive Gegenvorschläge zu liefern. Dabei wurde Obama nicht müde zu wiederholen, dass er Waffen nicht grundsätzlich verbieten, sondern nur den zu leichten Zugang zu ihnen beschränken wollte – was jedoch meist im sofort ausbrechenden Proteststurm unterging. Es bleibt eben eine Frage des Prinzips.

Dabei wäre es keine so schlechte Idee, die Zahl der Waffen in Amerika zu reduzieren. Denn diese ist absurd hoch. Amerikaner machen etwa 4,5 Prozent der Weltbevölkerung aus, besitzen aber mit etwa 300 Millionen Exemplaren fast die Hälfte aller weltweit in Privatbesitz befindlichen Schusswaffen.[51] Das ergibt, statistisch gesehen, eine Waffe pro US-Bürger. Wozu das führt, erklärt der Leiter des Harvard Injury Control Research Center, David Hemenway, ganz einfach: »Eine ganze Reihe von empirischen Studien belegt, dass mehr Waffen in einer Gesellschaft zu mehr Todesopfern führen. Und eine Schusswaffe im Haus erhöht das Selbstmordrisiko. Wo es mehr Schusswaffen gibt, gibt es auch mehr Selbstmorde.«[52] Der Slogan »Mehr Waffen machen das Land sicherer« – eine Illusion.

Was dagegen passieren kann, wenn die Zahl der Schusswaffen reduziert wird, hat Australien gezeigt. Nach dem Massaker in Port Arthur 1996, mit 35 Toten und 23 Verletzten die schlimmste Massenschießerei in der Geschichte des Landes, beschloss die australische Regierung unter anderem ein Verbot von vollautomatischen Waffen sowie ein gesetzlich verpflichtendes Rückkaufprogramm für bestimmte Schusswaffen. Anschließende Studien legen nahe, dass die Maßnahmen zwar nur moderate Auswirkungen auf die – ohnehin nicht sonderlich hohe – Mordrate hatten, jedoch einen gewaltigen Einfluss auf die Selbstmordstatistik. Diese sank im Jahrzehnt nach dem Massaker um 65 Prozent.[53] Die Entwicklung *down under* spricht für sich. Es war denn auch ein australischer Komiker, Jim Jefferies, der mir bisher als Einziger eine einleuchtende Erklärung liefern konnte, warum Amerikaner so aufrüsten: weil sie Waffen lieben.[54] Es klingt schließlich logisch: Wenn ich etwas liebe, dann will ich mehr davon. Alle anderen Argumente sind doch arg dünn.

Der Waffenkult gehört nun einmal in diesem Land der Widersprüche zu den vielen Ungereimtheiten, die sich aus deutscher Sicht nur schwer erklären lassen. Aber die Amerikaner verstehen diese ja oft selbst nicht und sind auch in dieser Sache tief gespalten. Einerseits hat Kalifornien jüngst ein Gesetz verabschiedet, das es verbietet, auf einem Schulgelände oder Campus eine Waffe bei sich zu haben. Andererseits erlaubt Texas nun, Schusswaffen überall offen sichtbar zu tragen (*open carry*), etwa in einem Holster – wie einst im Wilden Westen. Kein Wunder, dass sich die Amerikaner bei diesem Thema auf keine gemeinsame Linie einigen können. Daran wird sich so schnell auch nichts ändern, weil die ganze Angelegenheit mittlerweile ideologisch hochgradig belastet ist. Der Vergleich hinkt zwar, aber ein bisschen ist es so wie bei uns Deutschen und dem Tempolimit. Wir schaffen es ja auch nicht, uns auf eine allgemeine Geschwindigkeitsbegrenzung auf Autobahnen zu einigen, wie sie in anderen westlichen Ländern längst üblich ist. Allein aus Umweltschutzgründen spräche vieles dafür. Aber emotional ist es offensichtlich unzumutbar.

Eigentlich müsste es möglich sein, in den USA einen Mittelweg zu finden, auf dem weder alle Waffen im Land verboten würden, noch es einem Kind leichter fällt, an eine Pistole zu kommen als an ein Schulbuch. Es sind diese Extreme, die es uns Deutschen so schwermachen, dieses Land und seine Leute wirklich zu begreifen. Dabei gibt es solche Unterschiede in vielen Bereichen.

Zum Beispiel beim Thema Drogen. Einerseits haben Bundesstaaten wie Washington, Oregon oder Colorado Marihuana auf eine Stufe mit Alkohol gestellt und vollständig entkriminalisiert und sind damit progressiver als wir in Deutschland. Offenbar haben diese Staaten die Lehren aus der Prohibition gezogen und, statt Marihuana aufwendig zu bekämpfen, pragmatisch beschlossen, über die Mehrwertsteuer auf nun legal vertriebenes Hasch und Gras sogar ein ordentliches Stück vom Kuchen abzukriegen. Gleichzeitig sind andernorts amerikanische Gefängnisse zum Bersten überfüllt mit Verurteilten, die schon für geringste Drogendelikte wie den wiederholten Besitz überschaubarer Mengen von Marihuana drakonische Strafen absitzen müssen – Langzeitfolgen des *War on Drugs* und Bill Clintons strenger Justizreform. In Deutschland kommen verurteilte Mörder früher auf freien Fuß als so mancher Dealer in den USA.

Die Unterschiede zeigen sich auch beim Umgang mit der LGBT-Community – also Schwulen, Lesben, Bi- und Transsexuellen – im täglichen Leben. Während wir in Deutschland noch darüber streiten, ob und wie wir die gleichgeschlechtliche Ehe endlich umfassend normalisieren, hat der Oberste Gerichtshof der USA im Sommer 2015 sie in allen Belangen der heterosexuellen Ehe gleichgestellt. Der Supreme Court hat dabei keinen ideologisch motivierten Sonderweg beschritten, sondern ist lediglich dem Grundsatz gefolgt, dass wirklich alle Menschen vor dem Gesetz gleich sind und entsprechend von selbigem auch gleich behandelt werden müssen. Freilich gibt es noch viele Gegenden in den

USA, die konservativ und streng christlich geprägt sind und wo die Homo-Ehe alles andere als akzeptiert ist. Kurz nach dem Supreme-Court-Urteil weigerte sich die Standesbeamtin Kim Davis in Kentucky, Heiratsurkunden an gleichgeschlechtliche Paare auszustellen, und nahm dafür ein paar Tage Gefängnis in Kauf, womit sie zur reaktionären Heldin all derjenigen wurde, die unter Ehe hartnäckig nur eine zwischen Mann und Frau verstehen. Manche Bundesstaaten versuchen im Rahmen ihrer begrenzten Möglichkeiten, die LGBT-Community einzuschränken, so North Carolina mit einem neuen Gesetz, wonach in öffentlichen Gebäuden Menschen nur noch die Toilette benutzen dürfen, die dem Geschlecht entspricht, mit dem sie geboren wurden, statt jenem, mit dem sie sich als Transsexuelle aktuell identifizieren. Das US-Justizministerium verklagte den Bundesstaat daraufhin; Justizministerin Loretta Lynch nannte das Gesetz »staatlich geförderte Diskriminierung«.[55]

Das Supreme-Court-Urteil passt dennoch zu dem erstaunlich schnellen Wandel in der Haltung zu sexuellen Minderheiten. Noch bis 2010 war die Mehrheit der Amerikaner gegen die Gleichstellung der Homo-Ehe. Doch seitdem liegt der Zuspruch bei landesweiten Umfragen weit über 50 Prozent, vor allem unter jüngeren und gebildeteren US-Bürgern, Tendenz steigend. Auch der Umgang mit Geschlechtsumwandlungen und Transsexualität scheint mir in den USA selbstverständlicher zu sein. Oder zumindest in der Öffentlichkeit präsenter als bei uns, natürlich gefördert durch so prominente Persönlichkeiten wie den ehemaligen Zehnkämpfer und Reality-TV-Star Bruce Jenner, der, sehr medienwirksam begleitet, zu Caitlyn Jenner wurde. Oder den Wikileaks-Whistleblower Bradley Manning, der gerichtlich durchboxte, in Haft zu Chelsea Manning werden zu können.

Und doch: Bei aller progressiven Normalität in dieser Hinsicht lässt sich das prüde Erbe der Puritaner nach wie vor nicht leugnen. In keinem westlichen Land hätte die entblößte Brust von Janet Jackson in der Halbzeit-Show des Super Bowl 2004 für einen solchen Eklat gesorgt wie in den Vereinigten Staaten. Seitdem werden manche Live-Shows mit einer leichten Verzögerung gesendet, damit die Regie notfalls noch unterbrechend in die Fernsehübertragung eingreifen kann. In der Öffentlichkeit stillende Mütter können in den USA nach wie vor für Empörung sorgen, wenn sie nicht ein Zelt über sich und ihren Säugling spannen. Trotz aller Sexualisierung von Werbung und Popkultur hat eine weibliche Brustwarze in der Öffentlichkeit mehr als nur Aufsehen zur Folge, denn Frauen riskieren in den meisten Bundesstaaten eine Anzeige wegen Erregung öffentlichen Ärgernisses und Unzucht. Dagegen ist mittlerweile eine Art feministische Gegenbewegung entstanden. Ihre Forderung: *»Free the nipple!«* Sie fordert Gleichberechtigung und beklagt, dass männliche Brustwarzen schließlich kein Tabu darstellten, weshalb ein exponiertes weibliches Pendant ebenso wenig zu strafrechtlicher Verfolgung führen dürfe.

Auch hier zeigen sich wieder die Kontraste: Es kommt eben darauf an, in welchem Teil dieses riesigen Landes man sich befindet. Ich konnte kaum glauben, dass ich eines lauen Sommerabends im Zentrum einer amerikanischen (!) Großstadt stand, als etwa zehntausend weitgehend nackte Radfahrer an mir vorbeirollten – die große Mehrheit war sogar splitterfasernackt. Die Initiative *World Naked Bike Ride* (Weltweite nackte Fahrradausfahrt) ruft jeden Juni zu einer offiziell angemeldeten, rollenden Demonstration durch Portland, Oregon, auf. Nun war ich zwar dort, um einen Film über genau diese vielfältig gelebte Andersartigkeit in dieser progressiven Uni- und Kulturstadt zu drehen. Aber das war dann doch ein überraschender Anblick. Diese Prozession der Freizügigkeit richtete sich vordergründig gegen die Abhängigkeit von fossilen Brennstoffen und sollte auf die Rechte von Radfahrern aufmerksam machen, und nackt erhält so ein Protest schlicht mehr Beachtung. Aber natürlich war es auch eine Riesengaudi. Vom angeblich so prüden Amerika war dort nichts zu sehen. Wer einmal ein vollkommen anderes Amerika jenseits aller Klischees erleben will, dem kann ich nur einen Ausflug nach Portland empfehlen.

Das Schöne an jeglicher Form von Austausch ist ja genau das: Er zeigt einerseits, was woanders besser, durchdachter oder reibungsloser läuft, und öffnet gleichzeitig die Augen für das, was einem zu Hause besser gefällt. Oder was zu Hause doch nicht so schlecht läuft, wenn man es einmal im Vergleich betrachtet. Ich habe vieles an uns Deutschen und an Deutschland erst schätzen und wahrnehmen gelernt, als ich im Ausland unterwegs war. Der Blick auf die Besonderheiten anderer schärft die Sicht auf die eigenen Gewohnheiten. Es bleibt zwar immer manches, was sich trotz differenzierter Betrachtung nur schwer nachvollziehen und deshalb allenfalls feststellen lässt, wie zum Beispiel das Problem mit den Schusswaffen. Doch wichtig ist, dass man sich gegen Verallgemeinerungen wappnet und offen für Überraschungen bleibt. Wie sagte schon der Schriftsteller und Philosoph Henry David Thoreau: »Es ist nie zu spät, Vorurteile abzulegen.«

Land of the Free? Ja, aber ...

»Die Nachwelt wird nie wirklich wissen, was es meine Generation gekostet hat, die Freiheit zu erhalten. Ich hoffe, sie macht das Beste daraus.«
John Quincy Adams

Im Vordergrund rollten in sanften Wellen grasbewachsene Rocky-Mountain-Ausläufer auf mich zu. Dahinter ragten zackige Felszüge in den grenzenlosen Himmel, einige rot-weiß marmoriert, andere grau-blau schimmernd, die Luft schneidend klar. Bauschige Kumuluswolken zogen träge dahin und rahmten das Panorama ein. Es sind atemberaubende Anblicke wie diese, die mich nachvollziehen lassen, warum die Amerikaner ihr Land gerne als *God´s own country* – Gottes eigenes Land – bezeichnen. Wenn es eines gibt, das ohne jeden Zweifel großartig ist an den USA, dann ist es die unfassbar grandiose Natur. Vielleicht ist die Landschaft nicht allerorts eindrucksvoll, aber auf jeden Fall im Nordwesten des Bundesstaates Wyoming unweit des Yellowstone-Nationalparks, wo einst die letzten freilebenden Indianer durch die Prärie zogen. Mein Gastgeber Bayard Fox und ich standen auf einer Anhöhe oberhalb seiner Ranch, und ich konnte mich nicht sattsehen an dieser demütig machenden Kulisse.

Bayard selbst war ein interessanter Charakter. Der

85-Jährige war nach dem Krieg in Deutschland stationiert gewesen und sprach noch erstaunlich gut Deutsch. Seit vierzig Jahren war die Bitterroot Ranch mit ihren Pferden und Rindern sein Lebensmittelpunkt. Ein echter Cowboy, den mein Team und ich bei seiner Arbeit filmen wollten. Als ich ihm sagte, dass mich sein Land unweigerlich an die Werbespots einer einschlägigen Zigarettenmarke erinnere, schmunzelte er mich durch seinen buschigen grauen Schnauzer amüsiert an: »Das ist tatsächlich kein Zufall. Die haben hier in den siebziger und achtziger Jahren unter anderem dieses Tal als Kulisse für ihre Werbefotos und -filme benutzt.« *Come to where the flavor is«* – und ich stand tatsächlich mittendrin! Einen besseren Ort, um den Werbemythos von Freiheit und Unabhängigkeit zu kreieren, kann man sich kaum vorstellen. Bayards Frau sei diese Verbindung zur Tabakindustrie heute noch unangenehm, erzählte er mir, und es sei tatsächlich eine Schande, dass diese reine Natur mit Zigarettenqualm in Verbindung stehe. Aber dass er auch ein bisschen stolz darauf war, konnte Bayard dann doch nicht verbergen. Eine Werbeagentur war einst in der Gegend erschienen und hatte für ihre Spots keine Schauspieler gesucht, sondern echte Cowboys, die auch wirklich reiten konnten. Ein guter Kumpel von Bayard, ein Kerl mit kantigem Kinn namens Darrell Winfield, der auf einer Ranch arbeitete, war ihnen besonders aufgefallen. Und der Rest sei Geschichte. »Das ist übrigens ein Mythos, dass er an Lungenkrebs gestorben ist. Er hat mich neulich erst besucht.« Es gab im Laufe der Jahre natürlich auch andere Poster-Cowboys für die Kampagnen, und manche sind wirklich an Lungenkrebs erkrankt. Aber Bayards Kumpel, der Cowboy der ersten Stunde, den Philip Morris einst als den originalen Marlboro-Man bezeichnete, starb tatsächlich erst im Januar 2015 im Alter von 85 Jahren.

Nirgendwo sonst habe ich in den USA diesen Mythos vom Land der Freiheit so gespürt wie dort im *Big Sky Country*, dem Grenzland zwischen den Bundesstaaten Montana,

Wyoming und Idaho. Und sicher gibt es noch viele andere Bausteine, die diesen Mythos untermauern. Doch was immer ihn auch stützen mag – für *the land of the free*, wie es in der Nationalhymne so schön heißt, halte ich die Vereinigten Staaten nur bedingt. Damit meine ich nicht die Freiheit, tun und lassen zu können, was man will, sich frei bewegen oder welcher Überzeugung auch immer anhängen zu können. Natürlich sind die USA so gesehen ein freies Land. Ich meine vielmehr die vielen kulturellen und gesellschaftlichen Zwänge und Verhältnisse, die ich im Alltag erlebe und als einengend empfinde. Die Tatsache, dass erwachsene Menschen in den USA erst mit 21 Jahren ein Bier kaufen können, ist dabei noch die harmloseste Einschränkung.

In seiner berühmten Rede zur Lage der Nation im Januar 1941, der *Four Freedoms Speech*, zählte Präsident Franklin D. Roosevelt dem Land auf, welche Freiheiten er für universelle Menschenrechte hielt, Freiheiten, die er sich nicht nur für sein Land wünschte, sondern für die die USA stets kämpfen sollten: die Freiheit der Rede und der Meinungsäußerung, die Freiheit der Religion, die Freiheit von Not und die Freiheit von Furcht. Diese vier Freiheiten wurden später zu Pfeilern der Allgemeinen Erklärung der Menschenrechte der Vereinten Nationen. Um die vierte Freiheit zu garantieren, verlangte Roosevelt damals eine globale Abrüstung, damit Menschen frei von Angst vor Krieg und Schrecken leben könnten. Wenn man diese Freiheit aber nicht gleich so hochtrabend global betrachtet, sondern schlicht auf den Alltag des Landes bezieht, so habe ich den Eindruck, dass Angst noch in vielen Bereichen mitschwingt und dass die USA keineswegs ein Land der Freiheit von Furcht geworden sind, wie sich Roosevelt das gewünscht hatte.

Natürlich hat jedes Land gewisse Urängste. Man wächst mit ihnen auf, sie werden quasi vererbt. In Italien etwa herrscht eine hysterische Angst vorm Schwimmengehen direkt nach dem Mittagessen. *»Prima digerire!«* – *»*Erst verdauen!« – war einer der ersten Sätze, an die ich mich aus dem Mund meiner italienischen Großmutter beim Sommerurlaub an der Adria erinnern kann. Ich dachte als Kind lange Zeit, ich würde sofort explodieren, wenn ich auch nur einen Zeh direkt nach dem Essen ins Wasser stecken würde. In Deutschland dagegen gibt es die historisch entstandene Angst vor Bespitzelung und dem Verlust der Privatsphäre. In kaum einem Land musste Google Street View so viele Häuser verpixeln wie bei uns. In den USA dagegen scheint es zum Beispiel das Meldewesen und die Ausweispflicht zu sein. Wir Deutschen zucken nicht einmal, wenn wir uns nach einem Wohnortswechsel ummelden müssen oder ständig einen Personalausweis bei uns tragen. Es ist nun einmal so. Genauso wie in Deutschland jeder anstandslos seine Kontonummer herausgibt, wenn die Handwerkerrechnung bezahlt werden soll oder ein Bekannter uns Schulden per Überweisung zurückzahlen will. In den USA wäre das der absolute Horror. Sozialversicherungsnummer und Kontonummer sind heilig. Deshalb wird Geld kaum überwiesen, es läuft vieles immer noch umständlich über Schecks. Vielleicht, weil Betrug mit falschen oder geraubten Identitäten ein verbreitetes Problem ist. Dagegen fühlen Deutsche sich unwohl, wenn sie ihre Kreditkartennummer einem Verkäufer übers Telefon angeben müssen – in Amerika eine absolut selbstverständliche und alltägliche Angelegenheit.

Das alles sind aber Kleinigkeiten, verglichen mit den tiefgreifenderen Auswirkungen der amerikanischen Angstkultur. Wenn etwa die Angst vor Schadensersatzklagen zu übertriebenen Sicherheitsvorkehrungen führt; jeder kennt die Geschichte von der Frau, die sich an einer Tasse heißen Kaffees verbrühte und dann erfolgreich gegen den Laden prozessierte, der ihr die Tasse ohne Warnung serviert hatte. Oder wenn die Angst vor Schmerz dazu führt, dass ein Land mit 4,5 Prozent der Weltbevölkerung für 80 Prozent des weltweiten Konsums von rezeptpflichtigen Schmerzmitteln verantwortlich ist[56] (die damit zusammenhängende landesweite Opiat-Abhängigkeit ist für mich persönlich eine der traurigsten Geschichten, über die ich aus den USA berichtet habe). Oder wenn die Angst vor negativen Konsequenzen am Arbeitsplatz selbständige Entscheidungen verhindert und zum Verlust der Eigenständigkeit führt – oft genug bin ich in Läden oder Unternehmen selbst bei Kleinigkeiten vertröstet worden mit dem Hinweis, man müsse erst den Vorgesetzten fragen. Oder wenn die Angst vor Terrorismus dazu führt, dass mit dem Islam eine ganze Religionsgemeinschaft unter Generalverdacht gestellt wird, und das ausgerechnet in dem Land, das einst religiös Verfolgte zuerst besiedelten. Wie hältst Du´s mit (der Freiheit) der Religion, Amerika? Und nicht zuletzt, wenn die Angst vor gesellschaftlichen Veränderungen und sozialem Abstieg die amerikanische Mittelschicht so erschüttert, dass viele sich Donald Trump im Oval Office vorstellen konnten und ihn schließlich auch dorthin wählten.

Eine weitere, offenbar immer stärker aufkommende Ängstlichkeit betrifft den persönlichen Aktionsradius von Kindern. Die Gattung der sogenannten *helicopter parents*, also der Eltern, die wie Aufklärungsdrohnen über ihren Kleinen schweben und sie überwachen und behüten, ist ein typisches Phänomen in den USA, besonders in gehobeneren Schichten. Ob Satelliten-Tracker im Schulranzen oder von zu Hause einsehbarem Video-Live-Stream aus den Kita-Räumen – wenn etwas technisch möglich ist, um sich des Wohlergehens des Nachwuchses zu vergewissern, wird es auch genutzt. Dabei bin ich mir sicher, dass viele dieser Trends sich früher oder später auch unter deutschen Eltern durchsetzen werden. Und in gewisser Weise ist es ja nur konsequent. In einer Gesellschaft, in der freiwillig mit Fitness-Trackern jeder Schritt registriert, in sozialen Netzwerken jedes Erlebnis gepostet und mit intelligenten, internetverbundenen Rauchmeldern sogar die eigenen vier Wände transparent gemacht werden, reibt man sich auch nicht an der totalen Überwachung der nächsten Generation. Es kann eben nur problematisch für diejenigen werden, die sich die Freiheit nehmen, diesen Trend zu ignorieren.

Wie im Falle der Familie Meitiv. Die Eltern Danielle und Alexander Meitiv leben mit ihrem Sohn und ihrer Tochter in einem wohlhabenden Vorort von Washington, D.C., den man uneingeschränkt als »gute Gegend« bezeichnen würde. An einem Winternachmittag im Dezember 2014 ließen sie die damals zehn und sechs Jahre alten Kinder alleine von einem Spielplatz nach Hause laufen, eine Strecke von etwa eineinhalb Kilometern, die zwar auch an einer befahrenen Hauptstraße entlangführt, aber den Kindern durchaus bekannt war. Was dann passierte, katapultierte die Familie in die nationalen Schlagzeilen. Jemand alarmierte die Polizei, als er die Kinder alleine laufen sah. Eine Streife sammelte sie auf und brachte sie nach Hause. Kurz darauf hatten die Eltern ein Ermittlungsverfahren am Hals. Der Vorwurf des Jugendamts: Vernachlässigung der elterlichen Aufsichtspflicht.

Kein halbes Jahr später ließen die Meitivs ihre Kinder wieder alleine in einem Park spielen mit der Aufforderung, nach zwei Stunden nach Hause zu laufen. »Die Welt ist viel sicherer als in meiner Kindheit. Und ich will meinen Kindern die gleiche Freiheit und Unabhängigkeit geben, die ich hatte«, begründete Danielle Meitiv ihre Erziehungsphilosophie. »Ich halte es für unabdingbar für ihre Entwicklung, dass sie lernen, verantwortungsbewusst zu sein, die Welt selbst zu erkunden, um selbstbewusst und kompetenter zu werden.«[57] Doch die beiden kamen nach zwei Stunden nicht nach Hause. Erst ein Notruf der mittlerweile äußerst besorgten Eltern klärte den Verbleib der Kinder auf. Die Polizei hatte sie erneut aufgegabelt, diesmal aber nicht nach Hause, sondern gleich auf die Wache gebracht. Statt die Meitivs zu kontaktieren, brachten die Beamten die Kinder noch am selben Abend zu einer Filiale des Jugendamts. Vielleicht wollte man den Eltern eine Lektion erteilen. Oder es war schlicht krasse Inkompetenz. Wie auch immer – das Erlebnis dürfte die Kinder mehr traumatisiert haben, als von einem Fremden angesprochen zu werden.

Das Verfahren gegen die Meitivs wurde eingestellt, aber der Fall zeigt, wie Angst viele Bereiche des amerikanischen Alltags beeinflusst, und das, obwohl die Verbrechensrate in den letzten Jahren tatsächlich deutlich gesunken ist. Vielleicht kommen bei manchen Eltern Erinnerungen an gefährlichere Zeiten hoch. Ich habe jedenfalls oft das Gefühl, dass dies zu einer Einschränkung der Kinder durch die Eltern führt, die oft gut gemeint ist, jedoch übers Ziel hinausschießt. Das Problem mit der Verhältnismäßigkeit habe ich ja bereits erwähnt.

Vielleicht ist es ein Zeichen der Zeit. Je umfassender der Zugang zu Informationen aller Art, je mehr man wissen und kontrollieren kann, desto nervöser macht es viele Menschen, wenn sie eine Information nicht haben. Das Grundgefühl von Vertrauen bröckelt. Meine amerikanische Frau kann es bis heute nicht fassen, dass meine Eltern meinen Bruder als Zwölfjährigen mit seiner Pfadfindertruppe auf dreiwöchige Touren nach Irland oder Portugal ziehen ließen, nur angeführt von einer 16-Jährigen. Das bedeutete auch drei Wochen lang so gut wie kein Lebenszeichen, denn Handys gab es damals noch nicht, und Telefonzellen hat die Gruppe auch nicht täglich angesteuert. Andererseits – würde ich das meinen Kindern heute auch ermöglichen? Ich möchte meinen ja, aber sicher bin ich mir nicht.

Es kann schnell zum Teufelskreis werden: Je mehr man Kinder bevormundet, sie aus Sicherheitsbedenken nicht selbständig etwas machen lässt (wie etwa alleine zur Grundschule zu gehen), desto weniger entwickeln sie eine notwendige Selbständigkeit. Gut möglich, dass das ein Großstadtphänomen ist und ländliche Gemeinden weniger betroffen sind. Aber in Washington, D.C., erlebe ich, wie diese Kultur der Bevormundung sich ausbreitet und mir in den kuriosesten Formen begegnet, die auch Erwachsene betreffen. So bekamen wir eines Tages von der Fußball-Liga, in der meine Kinder kicken, eine E-Mail mit Verhaltensregeln. Darin wurde quasi ein Kodex für die anfeuernden Eltern am Spielfeldrand aufgestellt: Bitte keine vulgären Ausdrücke dem Schiedsrichter oder der gegnerischen Mannschaft gegenüber. Bitte für die ganze Mannschaft jubeln, nicht nur die eigenen Kinder. Bitte keine demotivierenden Sprüche – und so weiter. Sicher war das alles gut gemeint, und ich kann dem oftmals anzutreffenden amerikanischen Hang, lieber zu motivieren und anzufeuern, anstatt zu kritisieren, viel abgewinnen. Aber wenn selbst der Freizeitbereich offenbar nur noch offiziell geregelt funktioniert, dann fange ich an, mir Sorgen zu machen. Die meisten anderen Eltern fanden das zum Glück auch übertrieben. Doch die Tatsache, dass die Liga sich offenbar genötigt sah, diese E-Mail zu verschicken, sagt einiges aus.

Dazu passt auch der Einzug der »Jeder-gewinnt-Kultur« in diesen Bereich. Natürlich sollen für Kinder der Spaß am Spiel im Vordergrund stehen und Ergebnisse zunächst egal sein. Aber wenn nach Wettkämpfen jeder einen Pokal bekommt, bloß damit niemand heulend vom Platz geht, ist das wieder einmal zu viel des Guten. Bei aller Freude über Siege – mit das Wichtigste, was mir der Sport als Heranwachsendem beigebracht hat, war, verlieren zu lernen und zu erkennen, dass dann nicht gleich die Welt untergeht.

Die Reglementierungswut ist eine neuere Entwicklung und eigentlich sehr unamerikanisch, aber wohl ebenfalls ein Zeichen der Zeit. Denn offenbar lässt sich die Generation der jüngeren Erwachsenen bereitwilliger bevormunden. Das legt zumindest eine Studie durch das PEW Institute zur Meinungsfreiheit nah, die Roosevelt ja als erste Freiheit aufzählte.[58] Auf die Frage, ob die Regierung das Beleidigen von Minderheiten verbieten solle, antworteten zwar 67 Prozent aller Befragten ablehnend. Aber unter den Millennials lag die Zustimmung dafür, dass in diesem Fall eine gewisse Einschränkung von Meinungsfreiheit angemessen sei, bei immerhin 40 Prozent dieser Altersgruppe. Das ist fast doppelt so viel wie etwa bei Amerikanern über fünfzig. Auch deutsche Millennials sind im Vergleich, so die Studie, eher als amerikanische der Meinung, man solle auch Minderheiten beleidigen dürfen.

Interessant macht diese Studie die Tatsache, dass von der Rechtslage her die Meinungsfreiheit in den USA großzügiger formuliert ist als bei uns. Sich uneingeschränkt äußern zu dürfen ist verfassungsrechtlich allerhöchstes Gut, fest verankert im Schrein der Meinungsfreiheit, dem 1. Zusatzartikel – was zu aus deutscher Sicht sehr befremdlichen Auswüchsen führen kann. Ich bin immer wieder fassungslos, wenn Neonazis in brauner SA-Uniform und Hakenkreuzbinde am Arm auf offener Straße aufmarschieren und dabei den Holocaust leugnen, ohne sich auch nur einen Moment Sorgen machen zu müssen, dabei mit dem Gesetz in Konflikt zu geraten. Oder dass etwa im Süden der USA die konföderierte Kriegsflagge wie selbstverständlich in Vorgärten und auf öffentlichen Gebäuden weht, obwohl sie zu einem Symbol für Rassismus und Unterdrückung geworden ist. Auch der Vorstoß der Bundesregierung, Facebook dazu zu bringen, rassistische, fremdenfeindliche Einträge und Hetze gegen Flüchtlinge schneller zu löschen und zu blockieren, ist ein sehr deutscher Ansatz, der in den USA weit weniger verfolgt wird.

So weit die gesetzliche Verankerung der freien Meinungsäußerung in diesem Land. Auf der Welle der *political correctness* findet jedoch eine Art Selbstzensur statt, die mir gründlicher vorkommt als das, was ich von zu Hause kenne. Zwar zeigen die staatsanwaltschaftlichen Ermittlungen gegen Jan Böhmermann wegen seiner Bemerkungen zum türkischen Staatsoberhaupt Recep Erdoğan, dass die selbstgefällige Haltung, die Meinungsfreiheit sei immer nur anderswo gefährdet, aber nie bei uns, unangebracht ist.[59] Und zugleich bin ich froh, dass in Deutschland ein auf Pegida-Demos präsentierter Galgen für Kanzlerin Angela Merkel und Vizekanzler Sigmar Gabriel zu strafrechtlicher Verfolgung führt. Aber die gesellschaftliche Tendenz in den USA, bloß niemandem zu nahe zu treten oder keinesfalls die Toleranzgrenze von jemandem testen zu wollen, führt zu kuriosen Auswüchsen.

Zur Debatte um *political correctness* gehört auch die Kontroverse um sogenannte *trigger warnings*. Hierbei verlangen Studenten an Universitäten eine Art Vorwarnung von ihren Professoren, wenn es in Vorlesungen um Inhalte geht, die als verletzend, traumatisierend oder anderweitig emotional belastend empfunden werden könnten – etwa, wenn in einem Literaturseminar in einem Buch eine Vergewaltigung vorkommt oder es in einer Geschichtsvorlesung um Rassismus geht. Die »Auslöser-Warnung« soll Opfern, die so etwas selbst erlebt haben, ermöglichen, der Diskussion fernzubleiben, um einen Rückfall in das Trauma zu vermeiden. Ich will das nicht banalisieren, die erwähnten Beispiele sind furchtbare Erlebnisse. Aber das Ganze führt leicht zu einer vorgreifenden Selbstzensur.

Ein weiterer einschränkender, sich an den Colleges breitmachender Begriff, so der Sozialpsychologe Jonathan Haidt und der Anwalt Greg Lukianoff, lautet *microaggressions*,[60] also kleine Handlungen oder Worte, die für sich genommen harmlos erscheinen, aber dennoch negativ ausgelegt werden können. Es gibt umfangreiche Richtlinien, die das verhindern sollen. An manchen Unis beispielsweise gilt schon die an einen Amerikaner asiatischer Herkunft gerichtete Frage nach dem Geburtsort als *microaggressor*, weil sie implizieren könnte, dass man ihn für einen Ausländer und nicht für einen »echten« Amerikaner hält.

Je mehr sich so etwas institutionalisiert, desto mehr muss man permanent im Auge behalten, worüber überhaupt noch diskutiert werden darf. Und das ausgerechnet an Orten, die doch gerade für den offenen Diskurs gedacht sind: in akademischen Einrichtungen. Statt sich auch mit unbequemen Themen auseinanderzusetzen, werden Studierende abgeschirmt, um sie nicht zu »belasten«. Nur schadet laut Haidt und Lukianoff dieses Vorgehen den Lernenden, weil es sie weniger stressresistent mache und sie schlechter auf ein Arbeitsleben vorbereite, in dem es zwangsläufig zu Begegnungen mit Menschen und Konzepten komme, die man als unerträglich oder beleidigend empfinde. Universitäten, so Lukianoff, versagten immer mehr, wenn es darum gehe, junge Menschen zu kritischen Denkern auszubilden.

Der Berufsverband der amerikanischen Uni-Professoren wehrt sich gegen dieses Verzärteln der Schützlinge: »Die Annahme, dass Studierende im Hörsaal abgeschirmt werden sollen, ist sowohl infantil als auch antiintellektuell.«[61] Dennoch sind manche Dozenten von diesem Phänomen der Dünnhäutigkeit so verunsichert, dass sie bestimmte kontroverse Stoffe lieber gar nicht mehr anfassen, bevor sie sich irgendwelchen Ärger einhandeln. Stand-up-Komiker wie Chris Rock, die in ihren Monologen gerne auch mal derbe austeilen, treten schon nicht mehr auf Campussen auf – dort warten zu viele Minenfelder, deren Betreten Klagen nach sich ziehen könnte.

In der Debatte darüber, was gesellschaftlich akzeptabel ist, schlägt man sich also zunehmend auf die Seite der Vorsicht. Das führt zu Gegenreaktionen. Der neue Präsident Donald Trump ist hierfür das beste Beispiel. Er schlägt äußerst erfolgreich in diese Kerbe, indem er öffentlich anprangert, es werde zu viel um den heißen Brei geredet, und nimmt dementsprechend selbst kein Blatt vor den Mund. Allerdings fällt er mit seinen polemischen Tiraden ins andere Extrem und hat üble Verunglimpfungen in manchen Kreisen salonfähig gemacht. Dass der Ku-Klux-Klan und die American Nazi Party Trumps Wahlsieg öffentlich begrüßten, sagt eigentlich alles. Völlig ungefiltert beleidigte und hetzte

Trump im Wahlkampf in alle Richtungen: gegen Ausländer, Muslime, Frauen, Journalisten, Geschäftspartner, Politiker links wie rechts. Und sprach damit all diejenigen an, die der großen »Das wird man ja wohl noch sagen dürfen«-Fraktion angehören. In deren Augen ist Trump endlich mal einer, der sich nicht schon von vorneherein selbst zensiert, nur um nicht anzuecken. Schon der politische Beobachter Alexis de Tocqueville hatte davor gewarnt, dass in einer Demokratie wütende, entfesselte Menschen gerade jene Institutionen mit Füßen treten, die doch geschaffen worden seien, die Freiheit der Empörten zu bewahren. Aber der heftige Applaus, den Trump von seinen Fans für seine politische Unkorrektheit erntet, für seine »Freiheit«, ist auch ein Zeichen dafür, dass viele Amerikaner sich eingeengt fühlen.

Amerikanische Medien scheinen ebenfalls so mancher Kontroverse aus Angst und Vorsicht aus dem Weg zu gehen. Nach dem Anschlag auf die Redaktion der französischen Satirezeitung *Charlie Hebdo* in Paris beispielsweise druckten viele Publikationen den ersten Titel nach der Attacke nicht ab, weil darauf eine Karikatur des Propheten Mohammed zu sehen war. Natürlich muss eine Redaktion solch eine Entscheidung abwägen, aber Satire gehört nun einmal zu einer streitbaren Demokratie, die abstumpft, wenn sie sich einschüchtern lässt. Die Meinungsfreiheit erleidet so einen Kollateralschaden.

Rechtlich wird sie hingegen schärfer verteidigt denn je. Auch auf folgenschwere Weise, etwa, als der Oberste Gerichtshof 2010 den Schutz der Meinungsfreiheit ausweitete, indem er ein jahrzehntealtes Verbot von Wahlkampfspenden durch Verbände und Unternehmen aufhob, mit der Begründung, das Verbot habe die freie Meinungsäußerung – in diesem Fall in Form von Wahlwerbung – eingeschränkt. Seitdem können Firmen und Lobbygruppen via sogenannter Super-PACs (Political Action Committees) unbegrenzt Gelder gezielt für die indirekte Unterstützung bestimmter

Kandidaten ausgeben, ohne offenlegen zu müssen, woher es kommt – und somit stärker als je zuvor Einfluss auf den politischen Prozess nehmen. Das Gericht argumentierte in der knappen Entscheidung von fünf zu vier Richterstimmen, jede Art von Meinungsäußerung helfe dem politischen Diskurs. Den Amerikanern vorzuschreiben, welche Information sie aus welcher Quelle hören sollten beziehungsweise aus welcher nicht, grenze an Zensur. Dass diese reine Lehre dazu führt, dass Konzerne und finanzstarke Interessengruppen, etwa die Öl- oder die Waffenlobby, sich nun unverhältnismäßig viel Gewicht und Einfluss erkaufen können, scheint mir wenig förderlich für eine gesunde Demokratie.

Vielleicht wird diese Gefahr überbewertet. Bernie Sanders' Kampagne hat schließlich eindrucksvoll bewiesen, dass es auf die Inhalte ankommt, nicht auf die Finanzierung. Mit seiner Armee von Kleinspendern konnte er in beeindruckender Weise mit der gigantischen Wahlkampfkasse von Hillary Clinton mithalten. Und wie wenig die vielen verpulverten, von Großspendern gegebenen Millionen dem kläglich gescheiterten Jeb Bush gebracht haben, ist ebenfalls bemerkenswert. Bedenklich finde ich die Super-PACs dennoch, weil die Wahrscheinlichkeit groß ist, dass gigantische Spenden von Unternehmen sich in einem engen Rennen letztlich doch als entscheidend erweisen und die freie Wählerentscheidung massiv von bestimmter Seite beeinflusst wird. Und vor allem, weil sie den Eindruck vieler Politikverdrossener verstärken, dass das System korrupt sei, dass es ohnehin gegen sie arbeite und »die Bonzen da oben« es mit ihrem Geld nach Belieben im eigenen Sinne manipulieren können.

Die Frage ist nämlich: Wie frei und allein dem Wählerwillen gegenüber verantwortlich ist die Politik noch? Das fragen sich viele Amerikaner gerade der unteren Schichten. Weshalb hier auch ein weiterer Grund für den Erfolg von Donald Trump und Bernie Sanders zu finden ist. Sie schienen unabhängig von Geldgebern zu sein, der eine, weil er angab, seine Kampagne größtenteils selbst zu finanzieren, der andere, weil er so breite Unterstützung von unten bekam.

Der Protest gegen das Urteil zur unbegrenzten Wahlkampffinanzierung kocht immer wieder hoch. Am spektakulärsten zeigte sich das, als im April 2015 ein Postbote aus Florida mit einem Leichtbau-Helikopter auf dem Grün vor dem Kapitol landete. Mit an Bord: Protestbriefe an jedes Kongressmitglied mit der Forderung nach einer Reform des Wahlkampfspenden-Gesetzes. Er war quasi unter dem Radar eingeflogen und sorgte in Zeiten von Terrorwarnungen für höchste Aufregung bei Geheimdienst und Polizei. Aber so aufsehenerregend die Aktion war – ändern wird sich an der Rechtslage vermutlich so schnell nichts.

Beharrlich ist auch die Urangst vor zu viel staatlicher Einmischung, vor allem unter Republikanern. Viele Konservative argumentieren, der Erfolg der amerikanischen Wirtschaft basiere auf der harten Arbeit heldenhafter, die Ärmel hochkrempelnder Entrepreneure, die mit ihren erfolgreichen Unternehmen für Jobs sorgen. Je mehr Freiheiten diesen Unternehmen gewährt würden, je weniger sie durch Steuern, Abgaben oder Regulierungen behindert würden, desto besser funktionierten sie als Jobmotoren. Das mag vom Ansatz her stimmen. Aber auch diese Unternehmen, so die Politikwissenschaftler Jacob Hacker und Paul Pierson,[62] brauchen ein Umfeld, eine Infrastruktur, Straßen, Schienen, Handelswege, gesunde und ausgebildete Fachkräfte und so weiter – die es aber eben nur mit freundlicher Unterstützung durch den Staat gibt. *No man is an island*, heißt es in einem Gedicht von John Donne: Kein Mensch ist eine Insel. Aber auch keine Firma. Die Geschichte des Landes zeige, dass selbst im marktgläubigen Amerika staatliche Programme und gesetzliche Vorgaben immer wieder für Aufschwung sorgten, ob Präsident Roosevelts New-Deal-Investitionen in die Infrastruktur oder die G.I.-Bill, die nach dem Zweiten Weltkrieg Millionen Veteranen günstige Übergangskredite und ein gesetzlich garantiertes Universitätsstudium ermöglichte. Vor allem Letzteres wirkte sich bis heute auf die Gesellschaft aus, weil plötzlich auch Amerikaner aus Bevölkerungsschichten, die bis dahin kaum Zugang zu universitärer Bildung hatten, den Weg an die Hochschulen fanden. Vor allem ethnische Minderheiten profitierten davon.

Hacker und Pierson verglichen Amerika mit anderen Ländern und stellten fest, dass die reichsten Länder der Welt einen großen Teil ihres erwirtschafteten Reichtums in Regierungsprogramme und Ausgaben der öffentlichen Hand stecken – und genau deshalb zu den reichsten Ländern der Welt wurden. Die ärmsten Länder der Welt dagegen verteilen kaum etwas von dem vorhandenen Geld. Die belastbarsten Volkswirtschaften sind demnach solche, in denen weder der rein entfesselte Kapitalismus herrscht noch die Planwirtschaft. Vielmehr sei eine gesunde Mischung optimal.

Amerikas Abneigung gegen den Staat, so Hacker und Pierson, könne also nicht gegen das real existierende *big government* gerichtet sein, sondern gegen das, was Eliten und republikanische Politiker darunter verstehen und in der öffentlichen Wahrnehmung daraus gemacht hätten, indem sie das verbreitete Misstrauen der Amerikaner gegen Regierungen und staatliche Einrichtungen emsig geschürt hätten (kein Wunder, dass sich zuletzt Kandidaten im Wahlkampf so weit es ging von Washington distanzierten). Oder indem die Bush-Regierung ihre G.I.s aus, wie sich herausstellte, zweifelhaften Gründen in kostspielige Kriege geschickt habe. Vor allem aber, indem gerade die Republikaner den wirtschaftlichen Fokus so sehr auf Profite, Dividenden und Aktionärsinteressen gelenkt hätten; denn das konservative Mantra der *trickle-down economy*, wonach vom Kuchen genügend Krümel für alle abfielen, läuft ins Leere. Wie sich herausstellt, hebt die Flut im modernen Amerika eben nicht alle Schiffe, sondern nur die der Reichen, die immer reicher werden. Die Freiheit des globalisierten Marktes ist für immer weniger Amerikaner »befreiend«.

Das ist aber nur eine Seite der Medaille. Die Demokraten haben ebenfalls einiges dazu beigetragen, das Vertrauen in die Fähigkeiten und Absichten staatlicher Einrichtungen zu erschüttern. Auch demokratische Politiker nehmen viel Geld von der Industrie und den Interessenverbänden für ihre Wahlkämpfe an – nicht zuletzt aus diesem Grund hielt sich die Begeisterung für Hillary Clinton, die Millionen für Vorträge von Wall-Street-Firmen bekam, in Grenzen, was vermutlich zu ihrer Niederlage beitrug. Und die Startschwierigkeiten von Obamacare, als die Internetseiten für die Registrierung anfangs ständig abstürzten, waren wahrlich kein Nachweis von Kompetenz der öffentlichen Hand. Die Staatsverschuldung der USA hat sich seit Barack Obamas Amtsübernahme von 10,7 Milliarden Dollar auf fast 20 Milliarden verdoppelt[63]. Und trotz dieser riesigen Verschuldung leben Millionen Menschen weiter in Armut, und zahlreiche Standards sind nach wie vor die eines Entwicklungslandes, nicht die einer Weltmacht im 21. Jahrhundert.

Derzeit sorgt außerdem der weitgehende Kollaps der parteiübergreifenden Zusammenarbeit dafür, dass zwei Drittel der Amerikaner unzufrieden mit dem Regierungssystem sind. Das Land hat viele Probleme, es müsste so viel angepackt werden, doch stattdessen herrscht parlamentarischer Stillstand. Die beiden letzten Legislaturperioden gehörten zu den unproduktivsten überhaupt, weil aufgrund der Blockade zwischen den Parteien kaum mehr Gesetze durch den Kongress kamen. Das könnte sich in Washington durch den Wahlsieg der Republikaner, die nun Weißes Haus *und* beide Kongresskammern gewonnen haben, etwas ändern, aber das betrifft eben nicht nur die Bundesregierung, sondern auch in den Landesregierungen findet sich dieser Trend zur Blockade, mit der Folge, dass zahlreiche Bundesstaaten ebenfalls kaum noch Gesetze durchs Parlament bringen. In Illinois und Pennsylvania etwa gab es zuletzt so heftige Haushaltsdebatten, dass auch nach acht Monaten das Budget nicht verabschiedet war. Wer darunter leidet, liegt auf der Hand: Schulen fehlen Fördergelder für Lehrmaterialien oder Renovierungen, Obdachlosenheime und Kliniken müssen den Betrieb einstellen, Behörden streichen Jobs. Wie frei kann man sich im *land of the free* also entfalten, wenn Gesellschaft und Institutionen derart gelähmt sind?

Das weite Land rund um die Ranch von Bayard Fox im Nordwesten von Wyoming könnte von Washington und diesem Gezänk weiter entfernt nicht sein, sowohl im wörtlichen als auch im übertragenen Sinn. Dort gelten andere Regeln und Prioritäten. Ich fragte Bayard, ob ihm bewusst sei, dass durch die Zigaretten-Werbespots diese spektakuläre Landschaft maßgeblich mitverantwortlich sei für das romantische Bild vom Wilden Westen und dem Cowboyleben in Deutschland und damit sozusagen ein Pfeiler der transatlantischen Beziehungen. Er zwinkerte nur mit seinen wachen Augen. Nostalgie schien nicht sein Ding zu sein. Auch in seinem hohen Alter fährt er noch heute jeden Tag auf die Koppel, leitet mit der Schaufel Bewässerungskanäle um und ist so rüstig, wie ich es mir eines Tages nur wünschen könnte. »Wenn ich nur auf dem Sofa sitzen und fernsehen würde, wäre ich längst tot!«, ist Bayard überzeugt. Immerhin, diese Freiheit kann ihm keiner nehmen.

Teil II

NEW WORLD ORDER

Die neue geopolitische
Rolle der USA

Der Mann, der die Kriege beenden wollte

> *»So regen wir die Ruder und stemmen uns gegen*
> *den Strom – und treiben doch stetig zurück,*
> *dem Vergangenen zu.«*
> F. Scott Fitzgerald

Der Lack ist ab, und zwar gründlich. Dies war mein erster Gedanke, als ich das Weiße Haus zum ersten Mal aus der Nähe betrachten konnte. Seit den Anschlägen vom 11. September 2001 können Besucher und Touristen den Amts- und Wohnsitz des US-Präsidenten nicht mehr ohne weiteres besichtigen – noch eine dieser vielen bis heute spürbaren Auswirkungen der Anschläge. Früher musste man nur genügend Geduld aufbringen und sich in die langen Schlangen vor dem East Wing einreihen, bis einem schließlich im White, Green oder Red Room der Hauch der Geschichte um die Nase wehte. Mein Bruder und ich hatten Ende der neunziger Jahre bei einem Washington-Abstecher Glück, wir hatten nicht einmal geplant, das Haus von innen zu besichtigen. Aber als wir sahen, dass die Schlange sich recht zügig bewegte, stellten wir uns spontan an.

Während wir also diesem sagenumwobenen Gebäude näher rückten, fiel mir als Erstes auf, dass der weiße Putz an vielen Stellen bröckelte, Farbe abblätterte und teilweise sogar eher gräulich denn weiß erschien. Hier also wohnte und arbeitete der mächtigste Mann der Welt? In dieser Bruchbude? War das ein Sinnbild für eine Weltmacht im Niedergang? Zwar wirkten die der Öffentlichkeit zugänglichen Räume schon recht repräsentativ und *stately*, und es ist auch an sich ein schönes Gebäude. Dennoch konnte ich eine gewisse Enttäuschung nicht unterdrücken, denn insgesamt kam mir das Weiße Haus ziemlich klein, blass und überschaubar vor. Auch als ich Jahre später erstmals im überraschend engen Presseraum stand oder bei einer über Bekannte ermöglichten West-Wing-Tour den berühmten Situation Room sah, in dem die US-Präsidenten buchstäblich Fragen über Leben und Tod entscheiden, dachte ich nur: *Wow, that´s it?* Das ist alles?

Ich habe zwar schon öfter erlebt, dass ich vor einem weltberühmten Bauwerk oder Monument stehe, das im kollektiven Gedächtnis der Menschheit verewigt ist und dadurch eine starke Überhöhung und legendäre »Vergrößerung« erfährt, und dann dachte: Das ist in Wirklichkeit aber ganz schön mickrig. Zu groß waren oft die Erwartungen, zu leicht waren sie zu enttäuschen. So gesehen passte das Weiße Haus gut zu meiner eingangs erwähnten Beziehung zu den USA. Doch wenn man sich die enorme Macht vorstellt, die von diesem Gebäude ausgeht, dann erscheint mir das schon als ziemliches Missverhältnis.

Womöglich entspricht der bröckelnde Putz genau dem Bild, das wir uns von den USA in der Welt insgeheim wünschen: machtvoll, aber im Zweifel zurückhaltend; selbstsicher, aber nicht großspurig; eher baufällig mit bröckelndem Putz als dominant und platzhirschig. Kurzum: berechenbar. Jedes Land hat die Regierung, die es verdient, heißt es, und Deutschland bekam mit Barack Obama den Partner im Weißen Haus, den wir uns gewünscht hatten. Nach den dunklen Jahren der Bush-Regierung und dem katastrophalen Irak-Abenteuer endlich ein Präsident, der sich nicht als Weltpolizist aufspielen und Kriege rein präventiv vom Zaun brechen wollte. Die Frage ist: Haben wir uns zu früh gefreut?

Zunächst folgte die amerikanische Außenpolitik unter Obama ganz unserem Geschmack. In Hintergrundgesprächen mit Journalisten fasste er seine Marschroute einmal flapsig, aber durchaus ernst gemeint so zusammen: »*Don't do stupid shit!*« Zu Deutsch: Bloß keinen Mist bauen! Das ist auf den ersten Blick ein ziemlich bescheidener Anspruch für ein Land wie die USA. Es entspricht weder dem gängigen Bild von der einzig verbliebenen Weltmacht noch dem Image eines strahlenden Hoffnungsträgers, der einst mit »*Yes, we can!*« ins Weiße Haus gestürmt war und dabei selbst hohe Erwartungen geschürt hatte mit hoffnungsvollen Reden an uns Deutsche vor der Berliner Siegessäule, in Kairo an die muslimische Welt, in Prag gegen die nukleare Bedrohung oder auch in Oslo, als er den Friedensnobelpreis erhielt. »*Don't do stupid shit*« klingt defensiv, verzagt, bedenkenträgerisch. Bloß keine Fehler machen! Und ganz sicher klingt es nicht danach, die Welt verbessern zu wollen.

Aber vielleicht war dies genau der Ansatz, den die Amerikaner nach den Bush-Jahren brauchten und den auch der Rest der Welt brauchte. Nach fast einem Jahrzehnt militärischer Auseinandersetzungen konzentrierte sich Obama darauf, die teuren und verlustreichen Kriege im Irak und Afghanistan zu beenden. Er wollte in die Geschichtsbücher eingehen als der Mann, der die Truppen heimgeholt hatte. Sein Land war desillusioniert, kriegsmüde, verbittert. Der neue Präsident lehnte die Rolle des allein vorpreschenden Weltpolizisten ab und versprach, die Finger von weiteren militärischen Abenteuern zu lassen. Das Desaster eines George W. Bush würde ihm nicht passieren. Immer wieder betonte Obama, künftig nur im äußersten Notfall militärisch eingreifen und so weit wie möglich diplomatischen Lösungen Vorrang einräumen zu wollen: »US-Militäraktionen können nicht der einzige oder vorrangige Baustein unserer Führungsrolle für jede Situation sein. Dass wir den besten Hammer haben, heißt nicht, dass jedes Problem ein Nagel ist.«[1]

Diese fundamentale Umkehr im Umgang mit internationalen Konflikten hat auch Auswirkungen auf die Verbündeten. Sie führt nämlich dazu, dass die Amerikaner auch mehr von uns fordern: mehr Pflichten, mehr Eigeninitiative, mehr Engagement. Bei seinem Abschiedsbesuch in Hannover im April 2016 unterstrich Präsident Obama noch einmal, dass die Zeiten des sicherheitspolitischen »Trittbrettfahrens« vorbei seien. Das dürften seine Nachfolger im Amt ganz ähnlich sehen. Obama ermahnte die NATO-Verbündeten freundlich, aber bestimmt, sich selbst mehr um die eigene Sicherheit zu kümmern und ihren Teil beizutragen, zum Beispiel ganz einfach dadurch, dass sie die Abmachung, zwei Prozent des Bruttoinlandsprodukts für den Verteidigungshaushalt auszugeben, einhalten.

Natürlich können sich die USA nie gänzlich zurückziehen und in einen strikten Isolationismus verfallen. Als Weltmacht haben sie meines Erachtens sogar die Pflicht, mehr zu tun und zu helfen als andere. Auch Obama sieht Amerika bei der Lösung der Probleme dieser Welt nach wie vor als »unverzichtbare Nation«: Die USA würden die Augen nicht verschließen. Er als Präsident könne das auch gar nicht, sagt er, schließlich bekomme der US-Präsident jeden Tag bei der Morgenlage einen Stapel voller »Tod, Zerstörung, Unfrieden und Chaos« auf den Frühstückstisch.[2] Aber Alliierte, regionale Partner und Verbündete wie wir Deutschen müssten sehr viel stärker als früher Verantwortung übernehmen, gerade auch mit Blick auf langfristige Entwicklungen. Ob Ukraine, Syrien oder Iran – Obama ist felsenfest überzeugt davon, dass sich die vielen Konflikte nicht mehr im amerikanischen Alleingang lösen oder eindämmen lassen, sondern nur noch im Konzert mit den Verbündeten – wenn überhaupt. Dabei entwickelte Obama das außenpolitische Motto *leading from behind* – Führung von hinten, also quasi vom

Rücksitz aus. Die USA würden lenkend und unterstützend zur Seite stehen, aber an vorderster Front sollen, je nach Konflikt und Bedrohungslage, andere stehen.

In der Ukrainekrise etwa überließ Obama den Europäern die Vermittlung zu Russlands Präsident Putin und folgte ausgesprochen bereitwillig dem Rat von Bundeskanzlerin Merkel, die zwischen Moskau, Washington, Paris und London fast schon eine Art Pendeldiplomatie betrieb. Sie gilt als einer der wenigen Regierungschefs, die Obama wirklich respektiert. Vielleicht, weil sie sich in ihrer pragmatischen Art sehr ähneln und lieber sachlich, besonnen agieren als emotional und dabei Persönliches hintanstellen. Beim Sturz des libyschen Diktators Muammar al-Gaddafi waren die Amerikaner beteiligt, aber das Steuer überließ Obama den Franzosen und Briten, ebenso beim Einsatz in Mali. Und im Kampf gegen den sogenannten Islamischen Staat (IS) fliegen US-Kampfjets und Drohnen wöchentlich Einsätze gegen die Extremisten, doch Landstreitkräfte schickt Obama nur in Form von Spezialeinheiten und Ausbildern. Im Irak etwa sollen die irakische Armee und kurdische Truppen den Bodenkampf führen, um den »IS« zurückzuschlagen.

Außerdem, so der Journalist Jeffrey Goldberg, gehöre Obama nicht der Schule an, welche die USA in der Verantwortung sehen, weltweit einzugreifen, um Menschen vor den Grausamkeiten ihrer Regierungen zu schützen: »Obama ist nicht der Meinung, dass der Präsident amerikanische Soldaten Risiken und Gefahren aussetzen sollte, um humanitäre Katastrophen abzuwenden. Es sei denn, diese stellten eine direkte Gefährdung für die Sicherheit auch der USA dar.«[3] Das dürfte einer der Gründe sein, warum Obama kein militärisches Eingreifen gegen Syriens Machthaber Baschar al-Assad anordnete, obwohl dieser die berühmte vom Präsidenten gezogene »rote Linie« überschritten hatte, als er offenbar Giftgas gegen sein eigenes Volk einsetzte. »Es wird Fälle geben, da werden unsere Sicherheitsbedürfnisse mit dem Schutz der

Menschenrechte kollidieren«, sagt Obama. »Es wird Fälle geben, in denen wir etwas dagegen tun können, dass unschuldige Menschen getötet werden. Aber tragischerweise wird es auch Fälle geben, in denen wir es schlicht nicht können.«[4] Sprich, man muss die Verbrechen und Verstöße von diktatorischen Regimen immer anprangern, aber manchmal kann man gegen den Diktator nicht unmittelbar etwas ausrichten, etwa, weil ein Militärschlag nicht das richtige Werkzeug wäre und andere Werkzeuge wie Sanktionen oder Diplomatie eben mehr Zeit brauchen, oder schlicht, weil ein Eingreifen die Lage nicht zwingend stabilisieren oder verbessern würde. Das Prisma, durch das die Amerikaner die Krisen dieser Welt derzeit sehen, folgt der Frage: Ist die Sicherheit der USA direkt bedroht? Sind amerikanische Interessen direkt bedroht? Wenn die Antwort »nicht unbedingt« lautet, sieht sich die US-Regierung auch nicht mehr in der Pflicht, wie es vielleicht gewisse Vorgängerregierungen noch taten. Ganz klar: Obama hat die globale Rolle der USA verändert.

Von seinen Kritikern kommt eine Menge Häme für diese Haltung, und zwar von verschiedenen Seiten. Menschenrechtler sehen darin ein Einknicken gegenüber Despoten, ein gänzlich unamerikanisches Versagen beim Schutz der Menschenrechte und unschuldiger Zivilisten. Die neokonservative Rechte dagegen sieht darin eine unziemliche Zaghaftigkeit, einen Mangel an Führungsstärke auf internationaler Bühne. Der Präsident kommt ihnen abgehoben vor, ohne standhafte Überzeugungen oder wirksame Strategien für die weltweiten Probleme. Vor allem die republikanischen Hardliner im Kongress machen Obama fast schon persönlich verantwortlich für die Katastrophen dieser Welt und attackieren seinen Umgang mit autoritären Führern wie Russlands Putin, Chinas Xi Jinping oder den Mullahs im Iran. Denn all diese, so der Vorwurf, würden sich nur bestätigt fühlen in ihrem Verhalten, wenn sie »ungestraft« davonkämen. Die russische Annexion der Krim, das muntere Ausbauen von

Hoheitsansprüchen und die Aufrüstung der Chinesen im Südchinesischen Meer, die Grausamkeiten von Machthaber Assad gegen das eigene Volk – all das sei nur möglich, weil Amerikas Widersacher sich keine Sorgen machen müssten, dass die USA mit Härte und Vehemenz dagegen vorgingen. Besonders das folgenlose Überschreiten der »roten Linie« durch Assad sei ein Schlag gegen Amerikas Glaubwürdigkeit gewesen, mit Signalwirkung. Putin, Xi und Co. würden die Grenzen testen und in dem Wissen verschieben können, dass Obama der »Klügere« sei, der nachgibt.

Hier liegt in der Tat ein kritischer Punkt, der auch innerhalb von Obamas Kabinett heftig diskutiert wurde und dem Präsidenten den Vorwurf einbrachte, er sei zu naiv und bluffe nur. Doch ist Obama sachlich genug, um nicht Opfer seines Stolzes zu werden: »Bomben über jemandem abzuwerfen, nur um zu beweisen, dass du dazu bereit bist, ist einer der schlechtesten Gründe, Gewalt anzuwenden.«[5] Immerhin habe Assad anschließend sein Giftwaffenarsenal aufgegeben. Und außerdem: Ist nicht der russische Präsident Putin 2008 in Georgien einmarschiert, obwohl nur etwas weiter südlich mehr als 100 000 GIs im Irak stationiert waren? Dass der damalige Präsident Bush mit dem Irakkrieg seine Machtmittel glaubwürdig zur Schau stellte, hatte Putin ja auch nicht davon abgeschreckt, in Georgien für »klare Verhältnisse« zu sorgen. Es klingt logisch. Nur, wenn einem etwas wichtig ist, ist man auch bereit, dafür zu kämpfen. Putin spekulierte offenbar zu Recht, der Obama-Regierung sei die Ukraine nicht wichtig genug sei, um in einen Krieg gegen Russland zu ziehen.

Die Kritik am zurückhaltenden *leading from behind* mag berechtigt sein, ist jedoch auch problematisch, und das gleich in doppelter Hinsicht. Einerseits kann es durchaus sein, dass die Kritiker die Möglichkeiten einer einzelnen Nation, auch einer Supermacht, in der heutigen Welt überschätzen. Im Kalten Krieg war es sehr viel einfacher, eine massive Eindämmungspolitik zu fahren, denn die Linien verliefen klarer. Die heutige, globalisierte Welt ist wesentlich komplizierter, verwobener, asymmetrischer. Sie besteht weniger aus klar definierten Schlachtfeldern, sondern stellt sich vielmehr als verwirrender »Häuserkampf« dar. Eine Bedrohung geht nicht mehr nur von einzelnen Staaten aus, sondern zunehmend von amorphen Konstrukten wie den Terroristen des »IS«. Hinter nuklearen Bedrohungen beispielsweise stehen heute weniger bestimmte Länder als vielmehr irgendwelche Selbstmordattentäter, die eine »schmutzige Bombe« zünden könnten, die radioaktives Material freisetzt. Was nützt einem da die gepanzerte Schlagkraft einer konventionellen Armee?

Zweitens: Was wäre wohl passiert, wenn die USA genauso in Syrien einmarschiert wären wie 2003 im Irak? Wäre der Aufschrei nicht ebenso groß gewesen? Haben die Erfahrungen aus dem Afghanistan- und dem Irakkrieg nicht gezeigt, wie gut westliche, US-geführte Allianzen darin sind, ein Machtvakuum zu schaffen? Und wie erfolglos sie darin sind, ein solches Vakuum zu füllen? Wurde der Aufstieg des sogenannten »Islamischen Staates« nicht dadurch erst möglich? Es ist im Nachhinein immer einfacher festzustellen, was besser gewesen wäre – zu handeln oder Zurückhaltung zu wahren.

Obama bleibt in der Außenpolitik, ähnlich wie in seiner innenpolitischen Ausrichtung, realistisch. Er peilt an, was möglich ist, statt irrealen Träumereien nachzuhängen. Die Konflikte in Nahost können demnach nicht allein von außen gelöst werden, schon gar nicht, wenn sie sich nur auf den militärischen Aspekt ohne Langzeitstrategie konzentrieren. Obama hält es für seinen größten außenpolitischen Fehler, dem Libyen-Einsatz ohne ein realistisches Konzept für die Zeit nach den Militärschlägen zugestimmt zu haben. Und tatsächlich lässt sich nicht unbedingt behaupten, dass Libyen nach Gaddafi sehr viel besser dasteht als unter dessen Herrschaft und nun ein geringeres Sicherheitsrisiko von dem Land ausgeht als früher. Obama nennt die heutige Lage dort eine *shit show*, eine miserable Vorstellung, und hatte erwartet, dass die Europäer sich intensiver um die Aufräumarbeiten kümmern würden.[6]

In einem Interview mit dem Nachrichtenportal Vox fasste der US-Präsident diesen bescheidenen Anspruch so zusammen: »Du nimmst die Siege mit, wo du kannst. Du machst die Dinge ein kleines bisschen besser, als sie waren, statt ein kleines bisschen schlimmer. Nicht perfekt, aber etwas besser. Und das soll nicht heißen, dass sich Amerika zurückzieht oder dass wir ohnehin nichts ausrichten können. Es ist nur einfach eine realistische Einschätzung davon, wie die Welt funktioniert.«[7] Die Politik der kleinen Schritte – auch hier wieder nach dem Motto: Besser *etwas* erreichen als *gar nichts*.

Ist dies nicht die neue Bescheidenheit, die wir uns von den Amerikanern gewünscht haben? Selbstgerechtigkeit und Anmaßung gehören zu den Sünden, die gerade wir Deutschen den Amerikanern gerne vorwerfen. Eine breitere Verteilung der Lasten, ein behutsameres, abwägendes Herangehen an Krisen mindert das Risiko, in diese Sünden zu verfallen. Dafür fordern die USA nun mehr von uns. Das ist der Preis, den wir dann eben zu zahlen haben.

Die Frage lautet nicht nur: Wollen und können wir das? Sondern auch: Sind wir mit dem Ergebnis zufriedener? Denn die Welt ist in den acht Jahren seit Obamas Amtsantritt und unter seiner Doktrin nicht zwingend sicherer geworden. Das Elend in Syrien, dessen Folgen wir in Gestalt der Flüchtlingskrise hautnah miterleben, der durch den »IS« motivierte Terrorismus direkt vor unserer Haustür in Paris und Brüssel, die Ukrainekrise, der allgemeine Eindruck einer Zurückdrängung demokratischer Prinzipien überall auf dem Globus – da kommt leicht das Gefühl auf, die Welt gerate derzeit aus den Fugen. Die permanente Krise erscheint geradezu als neue

Normalität. Nicht umsonst lautete der Titel der Münchner Sicherheitskonferenz Anfang 2016 »Die Welt in Unordnung«. Und prompt wächst angesichts der vielen scheinbar ausweglosen Probleme wieder die Kritik an der mangelnden Führungsstärke der einzigen Supermacht USA. Aber wie gesagt: Wenn wir diese Kritik teilen, dann müssen wir uns zugleich fragen, welches Amerika uns lieber wäre.

Obama ist Optimist. Bei seinem Hannover-Besuch bekräftigte er, die Welt sei so friedlich wie noch nie. Bei allem Leid und Kummer würden weltweit Menschen in nie dagewesenem Wohlstand und Frieden leben können. Sie seien besser ausgebildet, lebten länger, seien besser vernetzt. Seit Jahrzehnten habe es keinen Krieg zwischen Großmächten mehr gegeben, und Milliarden Menschen seien durch den Wirtschaftsaufschwung der Armut entkommen. Während Obama solchermaßen Mut machte, ließ er in seiner Rede auch das Problem der großen Ungleichheit in der Welt nicht unerwähnt, ebenso wenig die Gefahr, dass die Fortschritte auf dem Weg zu einer toleranten, gerechten Welt leicht wieder zunichtegemacht werden könnten. Die Flüchtlingskrise in Europa hat gezeigt, wie schnell eine Ausnahmesituation zu einem Rechtsruck führen kann, der einen ganzen Kontinent in Aufruhr versetzt.

Obamas Kritiker können nur den Kopf schütteln. Realpolitiker werfen ihm eine zu idealistische Außenpolitik vor, in der kühle Machtpolitiker wie Wladimir Putin oder Xi Jinping eine Schwäche sähen – was wiederum die USA geschwächt habe. Doch Obama setzte im Umgang mit Amerikas Gegnern weniger auf Konfrontation, sondern entwickelte vielmehr eine Strategie, die mit der Form eines Deiches vergleichbar ist. Dieser wird auch nicht im 90-Grad-Winkel der Sturmflut entgegengebaut, da sonst Wind und Wellen mit voller Wucht gegen ihn donnern würden, sondern abgeschrägt, damit der Sturm an ihm ausrollt und dabei viel von seiner Wucht verliert. Gerade der Vergleich mit Putin ärgert

Obama dabei: »Wenn Sie finden, dass es Führungsstärke ist, die eigene Wirtschaft zu ruinieren und Truppen zu schicken, um seinen einzigen Verbündeten vor dem Kollaps zu bewahren [gemeint ist der russische Einsatz für Assad in Syrien], dann haben wir eine unterschiedliche Vorstellung von Führung.«[8] Vielmehr sei es Russlands Position in der Welt, die geschwächt sei. Im Vergleich zur Amtszeit George W. Bushs sei Amerikas Einfluss in Europa, aber auch in Asien, Lateinamerika oder Afrika deutlich gewachsen.

Ich kann mir gut vorstellen, dass Historiker eines Tages die Philosophie zurückhaltender Führung, die Obama seinem Land verordnet hat, loben werden – weil er Amerikas globale Führungsrolle eben nicht nur mit dem rooseveltschen »dicken Knüppel« ausgefüllt hat[9] und sich dabei auch nicht gescheut hat, mit überkommenen Grundsätzen amerikanischer Außenpolitik zu brechen. Die Neuausrichtung nach Asien (auf die ich noch eingehe) gehört dazu. Den Nahen Osten nicht mehr als zentral für die Energiesicherheit des Landes anzusehen, weil Fracking und erneuerbare Energien die Abhängigkeit vom arabischen Öl verringert haben, ebenfalls. Oder dass Obama traditionelle US-Verbündete in Frage stellte, etwa Saudi-Arabien wegen der schlechten Menschenrechtslage, und dafür neue Wege öffnete, etwa mit der historischen, vollkommen überraschenden Annäherung an Kuba. Offensichtlich hat ein halbes Jahrhundert Eiszeit zwischen den USA und seinem südlichen Inselnachbarn niemandem weitergeholfen; es wurde Zeit, einen alternativen Ansatz zu probieren.

In die Kategorie »historisch« dürfte auch das Atomabkommen mit dem Iran fallen. Dabei ging es den USA nie um eine allgemeine Annäherung an die Mullahs. Die Amerikaner stufen den Iran nach wie als Sponsor des Terrorismus und eine Bedrohung für den engen Verbündeten Israel ein. Aber das konkrete Ziel, der Führung in Teheran den Weg zur Atommacht zu verstellen, hatte, pragmatisch betrachtet,

Priorität und öffnete eine bislang verbarrikadierte Tür. Dieser Atom-Deal ist ein Herzstück von Obamas außenpolitischem Vermächtnis und seiner Meinung nach das beste Beispiel dafür, wohin zähe, langwierige, aber gemeinschaftliche diplomatische Bemühungen im Konzert mit Ländern wie Deutschland, Russland oder China führen können.

Dieser »selektive Internationalismus«,[10] wie es der Politologe Jürgen Wilzewski bezeichnet, führte auch dazu, dass die USA ihre Kräfte neu ausrichten konnten: auf Freihandelsabkommen, namentlich dem transpazifischen TPP und dem transatlantischen TTIP, oder auf die Bedeutung und Gefahr des Klimawandels. Der Präsident sieht im Klimawandel sogar die größte langfristige Bedrohung der Welt, weil er die Bekämpfung vieler anderer Krisen so erschwert. Die Auswirkungen des sich ändernden Klimas verstärken globale Probleme wie Armut, Hunger oder Flucht immens.

Als in Westafrika die Ebola-Seuche wütete und drohte, zur Pandemie weit über die Grenzen des Kontinents hinaus zu werden, befahl Obama einen massiven Einsatz im Kampf gegen das Virus. Er entsandte 3000 Soldaten in die Region, die meisten davon nach Liberia, um die internationalen Bemühungen zu leiten und zu stützen. Er überzeugte den Kongress, ihm mit einer seltenen parteiübergreifenden Mehrheit ein sechs Milliarden Dollar schweres Hilfspaket zu schnüren. Die Eindämmung der Ebola-Bedrohung führt Obama gerne als Paradebeispiel dafür an, wie ein besonnenes Management einer Krise unter amerikanischer Führung funktionieren kann.

Gerne hätte sich Obama außenpolitisch mehr solchen humanitären Krisen und auch anderen Regionen zugewandt. Doch die geerbten Konflikte in Nahost, der verpuffte arabische Frühling, die Ukrainekrise und das Drama in Europa – erst in der Euro-, dann in der Flüchtlingskrise – haben ihn gezwungen, der »alten Welt« und den dortigen Dauerbrennern viel Aufmerksamkeit zu widmen. Es ist der einzigen

Supermacht eben doch unmöglich, sich aus den Konflikten dieser Welt komplett zurückzuziehen.

Dass Obama dabei versucht hat, die USA auf einem besonneneren Kurs zu halten, bedeutet allerdings nicht, dass er vollständig risikoscheu ist. Er weiß, dass das Atomabkommen mit dem Iran auch ein Wagnis ist und ein Scheitern in erster Linie auf ihn zurückfallen würde. Die geheime Operation, in der US Special Forces Osama bin Laden in Abbottabad zur Strecke brachten, ohne dass der Verbündete Pakistan zuvor eingeweiht worden war, hätte in einem Debakel enden können. Obama gab den Befehl dazu trotzdem.

Als er 2009 die amerikanische Militärpräsenz in Afghanistan um 30 000 Soldaten aufstockte mit dem Ziel, das Land vor dem Kollaps zu retten, wusste er, dass anschließend noch mehr Amerikaner in Särgen heimkehren würden. Und so kam es auch. Weil er gleichzeitig mit der Aufstockung auch den Beginn des Abzugs nach eineinhalb Jahren ankündigte, sahen Kritiker ein zu hohes Risiko in der Strategie: Nun wüssten die Taliban ja, welche Zeitspanne sie »aussitzen« müssten, um dann wieder ungehindert zuzuschlagen. Letztlich ist das Kalkül tatsächlich nicht aufgegangen und Afghanistan nicht sicherer geworden. Wohl auch, weil die Strategie mit verstärktem Engagement einerseits und festem Abzugstermin andererseits ein unklares Signal sendete. Den vollständigen Abzug musste Obama wegen der unsicheren Lage in Afghanistan sogar verlangsamen. Im Juli 2016 kündigte er an, bis zu seinem Amtsende noch 8400 Soldaten am Hindukusch stationiert zu halten. Das hatte sich der Mann, der diesen Krieg für die USA für beendet erklären wollte, sicher anders vorgestellt.

Auch beim Abzug der Besatzungstruppen aus dem Irak muss Obama zumindest eine Ahnung gehabt haben, dass die irakische Regierung und das Militär noch auf zu wackeligen Füßen standen, um das hinterlassene Vakuum zu füllen. Die Terrormilizen des »IS« haben das ausgenutzt. Die Amerikaner weisen zwar darauf hin, dass Bagdad einem verlängerten Aufenthalt der US-Armee hätte zustimmen müssen, doch werfen Kritiker Obama in diesem Punkt Scheinheiligkeit vor. Nur zu gerne habe er sich hinter diesem Argument versteckt, um sein Wahlversprechen einlösen und so schnell wie möglich das Kapitel Irak offiziell beenden zu können – welche Konsequenzen auch immer dies für die Region haben würde.

Es ist keineswegs so, dass Obama der Idealist ist, der glaubt, es reiche, nur die Hand auszustrecken und zu hoffen, alles werde schon irgendwie gut. So akzeptierte er den Friedensnobelpreis mit einer Rede, in der er betonte, dass Krieg manchmal eine bittere Notwendigkeit sei. Auch wenn ihm seine Gegner vorwerfen, die Sicherheit Amerikas gemindert und den Einfluss der USA geschwächt zu haben, so handelt er doch wie jeder amerikanische Präsident am Ende nach der Maxime: Amerikas Interessen zuerst! So hat auch er im Kampf gegen den Terror die weltweiten Überwachungsmaßnahmen der US-Geheimdienste nicht eingedämmt. Im Gegenteil. Erst die Enthüllungen durch Edward Snowden sorgten für eine Neuorientierung, deren Ergebnisse noch dazu sehr überschaubar blieben.

Obama sorgte zu Beginn seiner Präsidentschaft mit einer Rede in Prag für Furore, als er Amerikas Engagement für eine »friedliche und sichere Welt ohne nukleare Bedrohung« ankündigte. Die Forderung nach einer atomwaffenfreien Welt wiederholte er auch bei seinem Besuch in Hiroshima im Mai 2016, das er als erster amtierender US-Präsident seit Ende des Zweiten Weltkriegs besuchte. Es trifft zwar zu, dass er drei Nukleargipfel initiierte und mit Russland den New-START-Vertrag unterzeichnete, demzufolge das Atomwaffenarsenal beider Länder bis 2018 so niedrig wie seit den fünfziger Jahren nicht mehr sein soll. Doch werden die USA zum einen auch danach immer noch über genügend nukleare Sprengköpfe verfügen, um die ganze Welt mehrfach in Schutt und Asche legen zu können, zum andern hat Obama gleichzeitig ein milliardenschweres Modernisierungsprogramm für Amerikas Atomwaffen auf den Weg gebracht, das nicht nur den Erhalt und die Wartung bestehender Raketensysteme vorsieht, sondern auch die Entwicklung kleinerer und »klügerer« lasergesteuerter Atomraketen.[11] Das Programm dürfte sich deshalb über Jahrzehnte hinziehen. Es birgt zudem das offensichtliche Risiko eines neuen nuklearen Wettrüstens, weil Atommächte wie Russland oder China sich genötigt fühlen könnten, mit den Amerikanern gleichzuziehen.

Vor allem aber haben die USA unter Barack Obamas Regierung den Einsatz von Drohnen massiv ausgebaut. Ob im Jemen, in Pakistan oder in Syrien – die tödlichen Schläge aus buchstäblich heiterem Himmel sind ein Stützpfeiler der amerikanischen Außenpolitik geworden. Aus amerikanischer Sicht sind Drohnenschläge ein probates Mittel. Sie minimieren das Risiko für US-Soldaten, erlauben ein gezieltes Vorgehen gegen Individuen und sorgen dafür, dass Terroristen und »IS«-Milizen sich nirgends sicher fühlen können. Ein Mitarbeiter des Weißen Hauses, der an der Ausarbeitung von Obamas Drohnenstrategie beteiligt war, sagte mir einmal ganz direkt: »Kein Zweifel, die Dinger funktionieren. Und sie sind unglaublich effektiv.« Er pries die Erfolge der US-Drohnenflotte beim Dezimieren terroristischer Führungsriegen. Auf meine Frage nach Kollateralschäden wies er darauf hin, die Regierung habe eine streng geregelte Vorgehensweise eingeführt, um sich möglichst hundertprozentig sicher zu sein, dass die Richtigen und keine Zivilisten getroffen und getötet werden. Aber auch er musste zugeben, dass letztlich nie absolut ausgeschlossen werden kann, dass Unschuldige dabei ums Leben kommen.

Tatsächlich sterben durch Drohnen immer wieder Unbeteiligte. Dass mit Hilfe der unbemannten Fluggeräte ein wie mit einem Skalpell geführter, klinisch präziser »Eingriff«

möglich sei, gehört eben ins Reich der Mythen. Die Zahl der Zivilisten, die dieser Praxis zum Opfer fallen, steigt proportional zur Zahl der durchgeführten Angriffe. Und manchmal trifft es sogar die eigenen Leute. Im April 2015 etwa trat ein zerknirschter Präsident vor die Presse, um sein Bedauern darüber auszudrücken, dass ein Drohnenschlag im pakistanisch-afghanischen Grenzgebiet zwei westliche Geiseln getötet hatte, einen Amerikaner und einen Italiener. Man sei sich nach tagelanger Beobachtung zwar sicher gewesen, dass sich nur Al-Qaida-Kämpfer in dem Gebäude befunden hätten, aber das war offensichtlich ein Trugschluss. Mein Kontakt im Weißen Haus sagte mir später, Obama habe getobt, als er von dem fatalen Schlag gehört habe. Zurückgefahren hat er den Drohnen-Krieg dennoch nicht. Vielmehr ist er damit im internen Ranking der US-Präsidenten zum Terroristenjäger Nummer eins aufgestiegen, wie der Journalist Jeffrey Goldberg im Magazin *The Atlantic* zur »Obama-Doktrin« schrieb.[12]

Das Problem dabei ist nicht nur das Risiko von Kollateralschäden. Die gibt es, wenn man es zynisch betrachtet, in jedem Krieg. Und bei jeder anderen Form von militärischem Einsatz sind die Kollateralschäden in der Regel tatsächlich noch viel größer. Bei der Großoffensive der pakistanischen Armee gegen die Taliban in Wasiristan 2009, mit schwerer Artillerie und Luftschlägen, sind ohne Zweifel mehr Zivilisten ums Leben gekommen als bei den gezielten Drohneneinsätzen der Amerikaner in dieser pakistanisch-afghanischen Grenzregion. Die Frage, die sich aufdrängt, ist jedoch, wie die Drohnenangriffe mit dem Völkerrecht in Einklang zu bringen sind. Für die US-Regierung ist die Sache klar: Sie sieht diese durch eine Befugnis gedeckt, die der Kongress dem Obersten Befehlshaber nach den Anschlägen vom 11. September verlieh – noch eine ihrer bis heute wirksamen Folgen. Diese sehr knapp gehaltene, kaum mehr als fünfzig Wörter lange Befugnis erlaubte Präsident George W. Bush, mit Militärmacht Jagd auf das Terrornetzwerk al-Qaida, die Taliban und alle Komplizen der 9/11-Anschläge zu machen. Sie gilt bis heute. Und die Obama-Regierung interpretiert sie so, dass sie auch das Vorgehen gegen Al-Qaida-Verbündete im engeren und Terrorgruppen mit ähnlichen Zielen im weiteren Sinne deckt. Demnach bedürfe es keiner neuen Genehmigung, um gegen einen neuen Feind wie den »IS« vorzugehen, wenn dieser sozusagen den Kampf gegen die USA an der Seite des alten Feindes aufgenommen hat oder diesen mit ähnlichem Ansinnen weiterführt.

So weit das US-Recht. Völkerrechtlich ist die Sache dagegen komplexer. Kritiker vergleichen die Drohnenangriffe mit gezielten Exekutionen ohne richterliche Grundlage und juristischen Verfahren. Das Prinzip »Gefahr im Verzug« sei eben nur begrenzt dehnbar. Aber dies ist nun einmal einer dieser Punkte, welche die USA anders sehen, weil ihr Vorgehen ihrer Auffassung nach der vorwärtsgerichteten Selbstverteidigung dient. Man muss darüber nicht gleicher Meinung sein, aber man sollte es wissen, um zu verstehen, wie die Amerikaner zu diesem Standpunkt kommen.

Für weltweite Empörung sorgte auch, dass die USA zweierlei Maß im Umgang mit Terrorverdächtigen und -gefangenen anlegten. Eine parlamentarische Untersuchung kam Ende 2014 zu der bitteren Erkenntnis, dass der Geheimdienst CIA nach 9/11 mit einigen Gefangenen nicht gerade im Sinne der UN-Menschenrechtscharta umgegangen war. Der Bericht legte eindrücklich dar, wie hart Verdächtige verhört wurden, um Informationen aus ihnen herauszupressen, und dass diese Methoden letztlich eher ineffektiv waren – und nicht zuletzt, dass der Geheimdienst den Kongress und das Weiße Haus über das Ausmaß dieser Methoden im Dunkeln gelassen hatte. Diese »erweiterten Verhörmethoden« fanden während der Präsidentschaft von George W. Bush Anwendung. An seinem ersten Tag im Amt befahl Barack Obama, die geheimen CIA-Gefängnisse im Ausland zu schließen, und verbot die »rauen« Verhörmethoden mit sofortiger Wirkung. »Ja, wir haben ein paar Leute gefoltert«, gab Obama ganz lapidar die Vergehen unter seinem Vorgänger zu. Die außenpolitischen Falken in Washington verurteilten die Veröffentlichung des Berichts scharf. Die Befürchtung war, dass er weltweit antiamerikanische Reaktionen und Ressentiments (vor allem in der muslimischen Welt) hervorrufen und damit die Sicherheit von Amerikanern gefährden würde. Auch die CIA wehrte sich mit dem Argument, die Verhörmaßnahmen hätten Menschenleben gerettet und seien sehr wohl von zentraler Bedeutung gewesen, um al-Qaida zu schwächen.

Doch gegen die Stimmen der Republikaner drückten die Demokraten unter Führung von Senatorin Diane Feinstein im Senatsausschuss die Veröffentlichung der Untersuchungsergebnisse durch. Vizepräsident Joe Biden war nicht stolz auf das, was das *land of the free* getan hatte, aber doch immerhin darauf, wie es mit den gewonnenen Erkenntnissen über die Misshandlungen umging. Er nannte die Veröffentlichung »ehrenvoll«: »Nennen Sie mir ein Land auf dieser Welt, das bereit ist, für so etwas geradezustehen und zu sagen: ›Wir haben einen Fehler gemacht, das hätten wir nie tun dürfen. Und werden es nie wieder tun!‹« Ein berechtigter Einwand. Würde die Duma solch einen Bericht publik machen? Würde die Kommunistische Partei Chinas einen ähnlichen Umgang mit Dissidenten thematisieren? Höchstens zur Abschreckung, wohl kaum zur Aufklärung. Der Präsident sah die Veröffentlichung jedenfalls als Zeichen der Stärke, um Vertrauen zurückzugewinnen: »Wenn wir Fehler machen, geben wir das zu!«[13]

Als großer Makel im Umgang mit Gefangenen bleibt natürlich das Gefängnis Guantánamo auf Kuba, dessen Schließung dasjenige Wahlversprechen Obamas war, das bei uns in Deutschland wohl den meisten Applaus erntete. Aber wie er es auch drehte und wendete, die Befugnisse eines Präsidenten sind im föderalen Geflecht der Vereinigten Staaten dann doch begrenzt. Mehrere Anläufe und Kompromissvorschläge scheiterten am Kongress. Gegen Ende seiner Amtszeit schien Obama sich dann auf eine Salami-taktik zu besinnen: Wenn Guantánamo schon nicht offiziell und mit Pauken und Trompeten geschlossen werden konnte, dann wenigstens leise und schleichend, indem er immer wieder mal ein Dutzend Gefangene hier, ein Dutzend Gefangene dort in ihre Herkunftsländer oder sichere Drittländer abschob. Auf diese Weise könnte Obama am Ende seiner Amtszeit das Lager doch noch »aufgelöst« haben.

Die nationale Sicherheit ist im Wahlkampf 2016 wieder ins Zentrum der Aufmerksamkeit gerückt. Nach den Terrorattacken von Paris, Brüssel und dem kalifornischen San Bernardino haben besonders die republikanischen Kandidaten das Thema angepackt, ob mit der Forderung nach einem vorübergehenden kompletten Einreisestopp für Muslime (Trump) oder dem Vorschlag, den »IS« in die Steinzeit zurückzubomben (Cruz). Die Republikaner waren sich jedenfalls einig, dass die Regierung Obama im Kampf gegen den Terror total versagt habe. Da war sicherlich viel Wahlkampfgetöse dabei, aber es zeigte doch, wie empfindlich dieser Nerv noch ist. Und das, obwohl es seit den Flugzeugangriffen von New York und Washington, D.C., keine größeren Anschläge von außen in den USA mehr gegeben hat.

Tatsächlich betrachtet die US-Regierung die Kämpfer des »IS« nicht als größte direkte Bedrohung der nationalen Sicherheit. Anfangs spottete Obama sogar voreilig, diese seien nur das »Juniorteam« von al-Qaida. Und die ersten Bemühungen des US-Außenministeriums, die äußerst effektive Online-Rekrutierung der Terrormiliz mit einer Gegenkampagne im Internet zu stoppen, waren geradezu peinlich. »*Think again, turn away!*« (»Denk noch mal nach – wende dich ab!«) lautete der Slogan auf YouTube, Twitter und anderen Plattformen, der junge Menschen ernsthaft davon abhalten sollte, sich für den »IS« zu interessieren – ein lächerlicher Versuch im Vergleich zu den professionellen Werbevideos der Extremisten. Glücklicherweise setzte sich die Einsicht durch, dass so etwas subtiler anzugehen sei, wenn es Erfolg haben soll. Mittlerweile gibt es eine eigene Task Force, die mit Hilfe von Silicon-Valley-Hackern auf diesem Schauplatz mit eher indirekten Botschaften und ernsthaften Strategien kämpft.

Aber spätestens das barbarische Köpfen amerikanischer Geiseln und die Gefahr, dass der kostspielige Krieg im Irak sich als vollkommen vergeblich erweisen könnte, wenn der »IS« sein »Kalifat« weiter ausdehnte, zwangen Obama zum Handeln. Es dauerte nicht lange, bis auch hier seine Gegner ihm wieder das gewohnte »Zu wenig, zu spät« vorwarfen. Doch Obama ließ sich nicht beirren und entgegnete, er besuche regelmäßig Soldaten, die in Kämpfen verwundet worden seien, in die er sie geschickt hatte – er könne sich politische Spielchen nicht leisten. Stattdessen schmiedete er eine internationale Allianz und setzte den Extremisten stetig zu. Höchstwahrscheinlich können Luftschläge allein den IS nicht zerstören. Aber aufhalten und dezimieren schon. Vielleicht ist das schon einmal ein Erfolg.

Obama verordnete seinem Land und der Welt Geduld. Viele Konflikte bräuchten Zeit und Beharrlichkeit. Es war in diesem Zusammenhang interessant zu beobachten, wie fast schon zurückhaltend Präsident Obama nach den Terroranschlägen von Paris reagierte. Frankreichs Präsident François Hollande war kurz nach den furchtbaren Attacken nach Washington gereist, um sich der Solidarität und Unterstützung der Amerikaner zu versichern. Er hatte gerade bei sich zu Hause den Notstand ausgerufen, was den französischen Behörden eine Fülle von Befugnissen im Antiterrorkampf und bei der Aufklärung der Anschläge gewährte. Doch Obama gab sich deutlich weniger emotional und mahnte, auf die Attacken mit Vehemenz zu antworten, aber nicht mit Wut im Bauch – also nicht die Fehler der Amerikaner zu wiederholen und in dieselbe Überreaktion zu verfallen wie sein Land nach dem 11. September 2001. Das nämlich hieße, die Werte zu verraten, die diese Terroristen attackieren, und jenen somit zum Triumph zu verhelfen.

Der schreckliche Bürgerkrieg in Syrien gehört zu den Krisen, in denen die neue amerikanische Außenpolitik, die von Zurückhaltung und Bescheidenheit geprägt ist, am deutlichsten zutage tritt. Schließlich ist keineswegs gesagt, dass ein massiver amerikanischer Einsatz die Lage dort verbessern würde. »Die Menschen in vielen Konfliktländern werden sich zu einem gewissen Grad selbst helfen müssen«, so Obama. »Wir können helfen, wo wir können, aber wir können das nicht komplett für sie übernehmen.«[14] Syrien hat sich zu einem unübersichtlichen internationalen Konflikt verknotet, mit so vielen Beteiligten, dass es nahezu unmöglich erscheint, eine Lösung zu finden. Vielleicht wäre das zu Beginn des syrischen Bürgerkriegs noch einfacher gewesen, und möglicherweise hat die amerikanische Zurückhaltung die Russen geradezu dazu eingeladen, die Position ihres Verbündeten Assad wieder zu stärken, oder auch den Aufstieg des »IS« erst ermöglicht. Doch war es eine der obersten Prioritäten für Präsident Obama, sich nicht wieder in einen bewaffneten Konflikt im Nahen Osten zu verstricken. Keine Bodentruppen!, lautete die Devise – der Schaden wäre größer als der Nutzen, das Ganze würde Energie und Ressourcen für anderes binden, und man würde das Leben amerikanischer Soldaten riskieren, obwohl die Sicherheit der USA nicht unmittelbar bedroht ist.

Nicht zuletzt wollte Obama auch den Atom-Deal mit dem Iran nicht gefährden, einen wichtigen Pfeiler seines außenpolitischen Vermächtnisses. Syriens Machthaber Assad wird direkt vom schiitischen Regime im Iran unterstützt, finanziell und vor allem militärisch mit Milizen auf syrischem Boden. Ein direktes Eingreifen gegen Assad hätte die Verhandlungen für das Atomabkommen möglicherweise belastet. Stattdessen setzen die Amerikaner nun auf kleine Spezialeinheiten, auf die Bewaffnung und Ausbildung kurdischer und oppositioneller Kämpfer, und auch die Einrichtung von Sicherheitszonen ist wieder im Gespräch.

Klar ist, dass der Terrorismus des »IS« eine Bedrohung für die westliche Welt und ihre Werte darstellt. Daher haben die USA den Kampf auch aufgenommen, mittlerweile sogar mit Langstreckenbombern. Auch sehen die Amerikaner, welche Belastung die Flüchtlingskrise für den Partner Europa bedeutet, weshalb sie dazu beitragen wollen, den Bürgerkrieg in Syrien zu beenden. Wenn auch nicht zwingend an vorderster Front.

Welcher Partner werden die USA künftig also sein? Welche geopolitische Rolle werden sie spielen? Was bleibt von der Obama-Doktrin? Ist seine Richtungsänderung von Dauer? Oder schlägt das außenpolitische Pendel nach dem Wechsel im Weißen Haus wieder in die andere Richtung aus? Eine Rückkehr zur Rolle des Weltpolizisten jedenfalls wird es meiner Meinung nach nicht geben, das gibt die Stimmung im Land nicht her. Gerade bei jüngeren Amerikanern fehlt dazu der Anspruch. Amerika ist derzeit sehr mit sich selbst beschäftigt, und das wird sich so bald nicht ändern. Die Bereitschaft für internationale Abenteuer ist deshalb überschaubar.

Doch die Sorge, dass die USA ihre Rolle als globale Ordnungsmacht ganz aufgeben, ist ebenso unbegründet. Wie schwer sich dies umsetzen ließe, hat Obama selbst erleben müssen. Seine Ankündigung, Amerikas Kriege zu beenden, ist nicht Wirklichkeit geworden. Afghanistan, Irak, Syrien, Libyen – nach wie vor werden US-Soldaten dort in Kampfhandlungen verwickelt. Dort zeigen sich die Grenzen der Zurückhaltung, die einem US-Präsidenten möglich ist. Die wird auch Donald Trump erfahren, der sich im Wahlkampf ja isolationistischer gab als die meisten seiner republikanischen Vorgänger. Das hängt nicht zuletzt von den Krisen und Konflikten ab, die sich Obamas Nachfolger aufzwingen werden. Aber ich habe den Eindruck, dass gerade wir Deutschen, die so große Erwartungen hatten und dann enttäuscht waren, Obama und seiner Vorstellung von Amerikas Führungsstil in der Welt recht bald nachtrauern werden – genauso wie viele Amerikaner.

Es sollte übrigens einige Jahre dauern, bis ich dem Weißen Haus wieder so nah kommen sollte wie damals bei meiner ersten Tour. Als Bundeskanzlerin Angela Merkel Anfang Mai 2014 zu einem offiziellen Besuch nach Washington kam, fand die abschließende Pressekonferenz aufgrund des schönen Frühlingswetters nicht im Weißen Haus statt, sondern im malerischen Rosengarten direkt hinter dem Oval Office. Im Gegensatz zum Gebäude selbst erfüllte dieser von blühenden Tulpen, Rosen und Magnolien eingerahmte Ort meine Erwartungen voll und ganz. Noch dazu symbolisierte er aufs Beste den Aufschwung der nach dem Abhörskandal vorübergehend kühleren Beziehung zwischen Kanzlerin und Präsident. Vor allem aber fiel mir beim Warten auf die Pressekonferenz die Fassade des Weißen Hauses auf, die ich nach all den Jahren wieder näher inspizieren konnte. Anders als damals strahlte sie nämlich unter Washingtons Frühlingssonne in hellstem Weiß. Und soweit ich es überblicken konnte, blätterte nirgends auch nur der kleinste Brocken Putz ab. Es hatte sich offensichtlich einiges getan, und alles schien in bestem Zustand. Ein Sinnbild für die neue Stellung der USA in der Welt?

NSA und Antiterrorkampf –
Vertrauen ist gut,
Kontrolle ist besser

»Wenn aber das Gesetz so beschaffen ist, dass es notwendigerweise aus dir den Arm des Unrechts an einem anderen macht, dann, sage ich, brich das Gesetz.«
Henry David Thoreau

Die Sonne leuchtete hell durch die hohen Kirchenfenster. Einzelne Strahlen spiegelten sich auf den marmornen Wandtafeln, auf denen die Namen im Krieg gefallener Absolventen der Hochschule eingraviert sind. Nicht umsonst heißt die Kirche *Memorial Church,* einst gebaut im Gedenken an die 1917/18 im Kampf gegen das deutsche Kaiserreich getöteten Absolventen der Harvard University. Der passende Ort also für die German American Conference at Harvard, einen regelmäßigen transatlantischen Gedankenaustausch, den vor einigen Jahren engagierte Studierende ins Leben riefen. Der protestantisch schlicht gehaltene Bau, dessen für Neuengland so typische weiße Kirchturmspitze in den gleichfalls typischen blauen Herbsthimmel ragte, steht mitten auf dem Campus der berühmten Universität. Jeden Mai findet auf der Wiese davor die *graduation ceremo-*

ny statt, die feierliche Verleihung der Abschlussurkunden an die Absolventen. Es gibt wohl kaum einen Ort, der so sehr für das akademische Amerika steht wie dieser.

Ich war von den Organisatoren eingeladen worden, eine der Diskussionsrunden der Konferenz zu moderieren, eine Einladung, der ich allein deshalb schon gerne gefolgt war, weil es für mich eine Art Heimkehr bedeutete. Ende der neunziger Jahre hatte ich auf der anderen Seite des Charles River an der Boston University studiert und während meines ersten Jahres diesseits des Flusses in einer Wohngemeinschaft in Cambridge gewohnt. Jeden Tag war ich damals mit dem Fahrrad am Harvard Campus vorbeigefahren. Und nun spürte ich eine gewisse Nostalgie, als ich zwischen all den Studierenden auf ihrem Weg zur Vorlesung oder zur Bibliothek vorbei an herbstgolden leuchtenden Laubbäumen auf die Memorial Church zusteuerte.

Das Panel, das ich moderieren sollte, war klein, aber hochkarätig besetzt. Das Thema lautete: »Privatsphäre und Sicherheit in einer Post-Snowden-, Post-Charlie-Hebdo-Welt«. Auf der einen Seite diskutierte der ehemalige Bundesbeauftragte für den Datenschutz, Peter Schaar, auf der anderen kein Geringerer als der Mann, der von 1999 bis 2005 die rasant wachsende Ausdehnung der US-Abhörprogramme dirigiert hatte, der ehemalige Chef der National Security Agency (NSA), General Michael Hayden. Kaum jemand sonst hätte die Unterschiede, die es bei diesem Thema zwischen den USA und Deutschland gibt, so personifizieren können wie die beiden. Hier Peter Schaar, der sich redlich mit guten und sachlichen Argumenten bemühte, die Bedenken aus deutscher Sicht zu formulieren, aber in seiner Ernsthaftigkeit auch etwas hölzern wirkte (und zudem leicht benachteiligt war, weil die Veranstaltung auf Englisch stattfand). Dort der provokante, seinen Heimvorteil genießende Michael Hayden, der charmant mit dem Publikum flirtete, jovial frei redend, wie es viele Amerikaner so gut können, und mit seinem schelmischen Grinsen wie ein netter, harmloser Onkel wirkend. Leicht hätte man vergessen können, dass er nach seiner NSA-Zeit auch noch Direktor des US-Geheimdienstes CIA war. Doch dann machte er mit dem Schneid seiner langen militärischen Laufbahn knallhart und unbeirrbar seine Überzeugungen klar: »Wenn zwei Individuen am Telefon plötzlich über etwas reden, was uns verdächtig vorkommt«, sagte er fast beiläufig, »dann können Sie darauf wetten, dass uns das interessiert und wir mehr wissen wollen.« Soll heißen: Egal wer und wo – wenn ein Stichwort fällt, das uns verdächtig vorkommt, packen wir das Mikroskop aus und schauen genauer hin.

Zu welchen Konsequenzen die Datensammlungen der NSA letztlich führen können, daran hatte Hayden 2014 ohne jede Reue auf einer anderen Podiumsdiskussion keinen Zweifel gelassen: »Wir töten Menschen auf der Basis von Metadaten.«[15] Was uns, nebenbei bemerkt, zu der nach wie vor offenen Frage führt, ob dafür auch Metadaten genutzt werden, die deutsche Geheimdienste an die amerikanischen Kollegen weiterleiten.

Natürlich betonte auch Hayden die Notwendigkeit einer Balance zwischen Privatsphäre und Sicherheitsbedenken. Aber er machte mehr als deutlich, auf welcher Seite der Waage die aus seiner Sicht schwerer wiegenden Argumente liegen. Dabei waren die Spähprogramme der NSA zunächst keine Maßnahme im Antiterrorkampf. Bereits vor der Jahrtausendwende hatten sich amerikanische Sicherheitsapparate und Geheimdienste Gedanken gemacht, wie mit der neuen Flut von Daten, welche die digitale Revolution und das Aufkommen von Mobiltelefonen und Internet plötzlich produzierten, nachrichtendienstlich umzugehen sei. Von dem Moment an, als er die NSA übernahm, galt Haydens oberste Priorität der Modernisierung der veralteten IT-Infrastruktur des Dienstes. Doch die anfänglichen Filter- und Überwachungsmaßnahmen waren in erster Linie dazu ge-

dacht, überhaupt erst einmal eine Tür zu diesem neuen Gebiet aufzustoßen, und dazu, erste allgemeine Schritte zu tun,
um von der steigenden Datenflut nicht überrollt zu werden.
Nach den Anschlägen vom 11. September 2001 wurde jedoch Vollgas gegeben. Präsident Bush ließ die NSA zu einem
gigantischen Sicherheitsapparat ausbauen und befahl: Sorgt
dafür, dass so etwas nie wieder passiert.

Es gab zwar schon in den Folgejahren immer wieder
Medienberichte über die geheimen NSA-Aktivitäten im
Antiterrorkampf, auch über das Abhorchen amerikanischer
Staatsbürger in den USA. Aber welch gigantisches Ausmaß
das *big data mining* bald annahm, wie flächendeckend und
auch gezielt die NSA dank so klangvoller Programme wie
Prism, Bullrun oder Oakstar Telefonverbindungen und Inter-
netdatenverkehr weltweit überwachen konnte und kann, haben erst die Enthüllungen von Edward Snowden offenbart.
Dabei wurde deutlich, dass die Überreaktion nach 2001 mit
den Jahren in eine allgemein akzeptierte »Normalität« über-
gegangen war. Die Geheimdienste freuten sich über die neu-
en Möglichkeiten und Mittel, um effektiver ihrer Aufgabe
nachzugehen, und zwar auch ohne konkreten Verdacht – nie
würden sie freiwillig etwas von ihren neuerworbenen Fähigkeiten wieder aufgeben. Aber auch die Öffentlichkeit gab
sich gerne damit zufrieden, dass es schließlich seit 9/11 keine weiteren Anschläge ähnlichen Ausmaßes in den USA gegeben hatte. Offenbar, so die Haltung, schienen die Geheimdienste ihren Job mit den ihnen gegebenen Werkzeugen gut
zu machen.

Auch Obama hatte nicht von sich aus die Initiative ergriffen, um seine Geheimdienste in ihrer Datensammelwut
zurückzupfeifen, worauf mich General Hayden ausdrücklich
hinwies. Gleich nach seiner Wahl, noch bevor er den Amtseid geschworen hatte, hatte Obama als *President-elect* ein
umfassendes Sicherheitsbriefing bekommen und war dabei
vom US-Geheimdienstkoordinator auch in die Aktivitäten

der NSA eingeweiht worden. Von da an, so Hayden, hätte Obama ja die Notbremse ziehen können, hätte sagen können, dies oder jenes gehe zu weit, auch wenn es im Namen der Sicherheit geschehe. Doch was habe Obama damals getan? Nichts! So wie unter seiner Regierung der aggressive Drohneneinsatz ausgeweitet wurde, vergrößerte auch die NSA ihre technischen Fähigkeiten. Auch Obama, der einst Verfassungsrecht lehrte, sah offenbar kein Problem in dieser verfassungsrechtlichen Grauzone, sondern erkannte vielmehr die Notwendigkeit dieser Programme für die Sicherheit der Amerikaner an. Wie sicher sich die Geheimdienste ihrer Sache sein konnten, zeigt allein schon die Tatsache, dass, wie sich später herausstellte, sowohl Haydens Nachfolger an der NSA-Spitze, General Keith Alexander, als auch der US-Geheimdienstkoordinator James Clapper den Kongress in Anhörungen über die NSA-Aktivitäten dreist belogen haben. Clapper ist nach wie vor im Amt.

Erst im Frühjahr 2015 urteilte ein Bundesberufungsgericht in New York, dass die berüchtigte Section 215 im USA Patriot Act, mit dem die ausufernde, nicht zielgerichtete Überwachung von Fernmeldedaten legitimiert wurde, illegal sei. Kurz danach ließ der Kongress den Patriot Act auslaufen. Das Gesetz wurde vom USA Freedom Act abgelöst, den seine Unterstützer als guten Kompromiss zwischen Sicherheit und Schutz der Privatsphäre lobten, auch weil er der NSA gewisse Schranken setze. Doch Bürgerrechtler beklagen, diese Begrenzungen seien viel zu lasch, es gebe nach wie vor zu viele Schlupflöcher für die NSA und ihre Programme. So sollen beispielsweise die Verbindungsdaten zwar nur noch von den Telefongesellschaften gespeichert werden, doch könne die NSA auf diese nach Belieben zugreifen, wenn sie es für nötig halte; eine entsprechende richterliche Erlaubnis sei leicht zu bekommen. Außerdem schützten die Einschränkungen zu wenig die Privatsphäre von Menschen außerhalb der USA.[16]

Im NSA-Abhörskandal manifestiert sich wie in kaum einem sonstigem Bereich eine Diskrepanz zwischen den USA und Deutschland. In keinem anderen europäischen Land hat der Skandal eine solche – auch nachhaltige – Wirkung entfaltet wie bei uns. Kein Wunder, haben doch Briten und Franzosen beispielsweise ihre eigenen massiven Abhörprogramme und – nach den Terroranschlägen von London und Paris – auch eine andere Haltung zu Sicherheit und Privatsphäre. Zwar trifft es zu, dass wir Deutschen einen historischen Vorbehalt gegenüber staatlicher Bespitzelung hegen, doch haben wir eben bislang auch noch kein terroristisches Trauma erfahren müssen. Ich glaube, wenn es einen größeren Anschlag auf deutschem Boden gäbe, würde sich unsere Perspektive über Nacht ändern.

Die unterschiedlichen Prioritäten von Deutschen und Amerikanern beim Thema nationale Sicherheit zeigen sich auch in der Flüchtlingskrise. Natürlich gibt es in Deutschland Sicherheitsbedenken –, verstärkt seit dem Selbstmordanschlag in Ansbach oder dem Angriff im Zug bei Würzburg. Aber in erster Linie beschäftigt uns die Frage, wie wir den Andrang finanziell meistern und es wirtschaftlich bewerkstelligen, über eine Million Menschen aufzunehmen, und wie wir die Herausforderung angehen, Menschen, die andere gesellschaftliche Umgangsformen und Bräuche haben, kulturell zu integrieren und an unsere Normen heranzuführen. Gerade diesbezüglich haben viele Deutsche Sorgen – die Silvesternacht von Köln war für einige ein Wendepunkt.

Für die Amerikaner dagegen wäre die gesellschaftliche Integration die geringste Sorge – die leisten sie seit Jahrhunderten. Vielmehr entsetzt viele, wie Deutschland einfach so die Tore aufmachen konnte, ohne überhaupt zu wissen, wer da alles genau von wo hineinkommt. Viele bewundern zwar, wozu Deutschland sich bereitfindet, doch humanitäre Hilfe hin oder her: das Risiko, dass sich unter den Neuankömmlingen potentielle Attentäter befinden könnten, wäre den

Amerikanern zu groß. Die USA blicken auf die Flüchtlingskrise in Europa und Nahost von der sicherheitspolitischen Warte, weniger von der wirtschaftspolitisch-kulturellen. Das ist der Hauptgrund, warum die Vereinigten Staaten so wenige Flüchtlinge aufnehmen. Die Sicherheitsüberprüfungen beim Asylbewerberantrag speziell aus Syrien und Nahost sind so aufwendig und tiefgreifend, dass es bis zu zwei Jahre dauern kann, bis eine Einreise bewilligt wird.

Zurück zum NSA-Skandal und den aufeinanderprallenden Sichtweisen: Die Deutschen sind sauer über den Vertrauensbruch und wundern sich, warum die Snowden-Enthüllungen keine nachhaltigere Empörung in der amerikanischen Öffentlichkeit auslösten, obwohl diese eine eklatante Gefährdung von Bürgerrechten offenbarten. Viele Amerikaner dagegen wundern sich, wie naiv die Deutschen zu sein scheinen. Alle Länder setzten doch ihre Geheimdienste aufeinander an. »Vertrauen ist gut, Kontrolle ist besser.« Zumal es doch Aufgabe von Geheimdiensten sei, alles in ihrer Macht Stehende zu tun, um ihre Bürger zu schützen. Zumal auch die Deutschen von den Erkenntnissen der US-Dienste enorm profitierten, und das viel mehr als umgekehrt.

Ex-NSA-Chef Hayden ist nach wie vor überrascht über die heftigen Reaktionen aus Deutschland und kann dazu nur den Kopf schütteln. Er wies unbeirrbar darauf hin, dass die US-Geheimdienste sehr bald nach den Anschlägen vom 11. September mit ihren europäischen Kollegen eine enge Kooperation beschlossen hätten. Informationen seien schon früh gebündelt und ausgetauscht worden, in einer Art Poolsystem gebe es eine breite Zusammenarbeit zwischen befreundeten Nachrichtendiensten. Demnach müsse der deutsche Bundesnachrichtendienst (BND) doch gewusst haben, was Sache ist. Tatsächlich nutzen seit 2007 auch deutsche Agenten das mächtige US-Spähprogramm XKeyscore, mit dem sehr präzise Datenströme und Dokumente wie E-Mails oder Chats ausgewertet werden können.[17] Der BND hielt sich auch nicht gerade zurück im Datenaustausch mit den Amerikanern, wofür eine gewisse Bringschuld im Hinblick auf 9/11 gesorgt haben könnte. Schließlich hatte sich die Terrorzelle der Todespiloten in Hamburg gebildet.

Auch wenn die Bundesregierung und deutsche Politiker nach den Snowden-Leaks überrascht und unschuldig taten – die Beziehungen zwischen deutschen und amerikanischen Abhörspezialisten sind und waren so innig, dass der deutsche Staat Hayden in »Anerkennung seines erfolgreichen Lauschens«, wie ZEIT Online so schön formulierte, sogar das Große Bundesverdienstkreuz verlieh.[18] Deutschland ist ein wichtiger Knotenpunkt für die Amerikaner. Die Zusammenarbeit in der gemeinsamen Abhöreinrichtung im bayerischen Bad Aibling gehört genauso dazu wie der sogenannte Dagger-Komplex bei Darmstadt, wo die NSA einen wichtigen Stützpunkt betreibt. Und gar nicht weit von den Spielplätzen, wo ich früher als Kind nach amerikanischen Dosen gefahndet habe, hat die US-Armee in Wiesbaden ein nagelneues Geheimdienstzentrum (Consolidated Intelligence Center) zur Verarbeitung von Daten und Informationen errichtet. Bei seinem Besuch in Washington im Mai 2016 unterzeichnete Innenminister Thomas de Maizière mit US-Justizministerin Loretta Lynch sogar ein Memorandum of Understanding im gemeinsamen Antiterrorkampf. Das Abkommen sieht vor, den Datenaustausch zwischen deutschen und amerikanischen Behörden weiter zu intensivieren, was auch auf deutscher Seite von höchstem Interesse ist. De Maizière sprach von einer »neuen Qualität« in der Kooperation zum Schutz vor Anschlägen, der von einer breiten internationalen Zusammenarbeit abhänge – eine der bitteren Lehren aus den Anschlägen von Brüssel und Paris.

Auf Regierungs- und Geheimdienstebene mag das NSA-Beziehungstief also längst überwunden sein. In der deutschen Öffentlichkeit hallt das Ereignis hingegen nach. Die Enthüllung, dass die NSA-Spionage sowohl politische

Eliten als auch unverdächtige Bürger ins Visier nahm, führte in der deutschen Öffentlichkeit zu einer massiven Belastung des deutsch-amerikanischen Verhältnisses, sogar zu Demonstrationen. Sie lieferte dem Lager der ohnehin misstrauischen Antiamerikaner willkommene Munition und zog auch kreativen Spott nach sich: Als im Juli 2014 die USA und Deutschland bei der Fußball-WM in Brasilien aufeinandertrafen, riefen die amerikanischen Fans »U-S-A! U-S-A!«. Die deutschen Anhänger antworteten: »N-S-A! N-S-A!«[19]

Die deutsche Empörung speist sich meiner Meinung nach aber auch aus einer enttäuschten Erwartung, etwa in diesem Sinne: Die Amerikaner sind doch unsere engen Verbündeten. Wie können sie dann einen solchen Lauschangriff auf uns starten? So etwas tut man doch unter Partnern und Freunden nicht! Höhepunkt der Verstimmung war dann sicherlich, als herauskam, dass sogar das Mobiltelefon von Angela Merkel abgehört worden war – nicht gerade das naheliegendste Ziel im Antiterrorkampf. Der Schaden aus dieser Affäre steht in absolut keinem Verhältnis zu dem Nutzen, den diese Maßnahme – auf welche Weise auch immer – gehabt haben mag, ein Schaden, den die amerikanische Seite unterschätzt und lange nicht verstanden hat.

Trotzdem, dieses Beispiel zeigt, wie sehr viel pragmatischer, unsentimentaler – oder auch scheinheiliger – die USA ihr Verhältnis selbst zu engen Verbündeten auffassen. Sie haben überhaupt kein Problem damit, einerseits der deutschen Bundeskanzlerin die höchste zivile Auszeichnung des Landes zu verleihen – die Presidential Medal of Freedom –, und gleichzeitig ihre privaten Gespräche abzuhören. Die Freiheitsmedaille erhalte eine aus dem Überwachungsstaat DDR stammende Frau, die einen »Triumph der Freiheit« symbolisiere, so Obama bei der feierlichen Zeremonie im Juni 2011 im Rosengarten des Weißen Hauses. Und die – welch Ironie – von einer Behörde der Vereinigten Staaten überwacht wurde. Ob Angela Merkel auch so bewegt von einem »Ausdruck der exzellenten deutsch-amerikanischen Partnerschaft«[20] gesprochen hätte, wenn sie davon gewusst hätte?

Vielleicht arbeiten wir Deutschen mit der Empörung über die NSA-Spionage auch einen alten Komplex ab. Die Westalliierten spionierten bereits die alte Bundesrepublik jahrzehntelang umfassend aus, erklärt der Freiburger Historiker Joseph Foschepoth.[21] Über Besatzungsstatuten und sogenannte Verbalnoten hatten sie sich eine Fülle von Sonderrechten gesichert, so Foschepoth,[22] obgleich diese wohl gegen das Grundgesetz verstießen. Schon Konrad Adenauer habe sich beklagt, ständig ein Knacken in seinem Telefon zu hören.[23] Dabei lässt sich ein gewisses Misstrauen gegenüber der jungen Demokratie durchaus nachvollziehen: Die USA trauten dem Juniorpartner BRD angesichts der Nazivergangenheit nicht vorbehaltslos über den Weg.

Doch waren wir Deutschen längst der Ansicht, alles getan zu haben, um diese Vorbehalte im Laufe der Jahre abzubauen. Und spätestens nach der deutschen Wiedervereinigung und der dadurch neugewonnenen Autonomie und Stellung in der Welt, so die allgemeine Stimmung, hätten sich Zweifel und Misstrauen doch wohl erübrigt. Dass die USA Deutschland dennoch weiterhin bespitzelten, widersprach diesem neugewonnenen Selbstverständnis und -bewusstsein. Das wiedervereinigte Deutschland sah sich einem Verhältnis mit den USA auf Augenhöhe nähergekommen und wollte als bestenfalls gleichberechtigter Partner in besonderen neuen Beziehungen gesehen werden – und fühlte sich plötzlich aber behandelt wie irgendein anderer konkurrierender Staat.

Dazu würden die USA sagen: wie *beinahe jeder* andere Staat. Einzig mit den angelsächsischen Verbündeten und Partnern im Five-Eyes-Abkommen – Großbritannien, Australien, Neuseeland und Kanada pflegen die USA nicht nur eine äußerst enge Geheimdienstkooperation, sondern auch ein besonderes Vertrauensverhältnis. Diese fünf Staaten haben ein *Gentlemen´s agreement,* sich nicht gegenseitig ins Visier zu nehmen. Auch wenn die Snowden-Dokumente offenbart haben, dass in den weiten Fangnetzen der Dienste notwendigerweise auch jeweils Daten aus diesen Ländern hängenbleiben können; dann bekommen NSA & Co im Austausch auch Details über die eigenen Mitbürger, die sie nach den eigenen Gesetzen nicht hätten sammeln dürfen.[24]

Insofern hatte der deutsche Wunsch nach einem No-Spy-Abkommen mit den Vereinigten Staaten immer etwas Drolliges. Dass es eine solche Erwägung überhaupt gegeben haben soll, ist vermutlich ein Gerücht aus deutschen Regierungskreisen, um zu zeigen: Seht her, wir tun etwas, das hat Konsequenzen für diese dreisten Amerikaner! Doch einen solchen Anti-Spionage-Pakt werden die USA mit keinem Land der Welt eingehen. Präsident Obama hat dies wiederholt mit Nachdruck verkündet. Das amerikanische Selbstverständnis lautet eben: *In God we trust, everybody else we monitor.* Wir vertrauen auf Gott, jeden anderen überwachen wir.[25]

Doch bei aller verständlichen Enttäuschung über diese Haltung und trotz allem Ärger über die NSA-Spionage in Deutschland – wir sollten lieber vorsichtig sein, ehe wir den USA Scheinheiligkeit vorwerfen. Denn wie sich herausstellte, hat Deutschland es nicht viel besser gemacht. Das Merkel-Zitat »Abhören unter Freunden – das geht gar nicht« muss man um ein »Geht ja doch!« erweitern. Denn der deutsche Auslandsgeheimdienst BND hat selbst über Jahre im großen Stil befreundete Staaten ausgehorcht.[26] Vertrauen ist gut, Kontrolle ist besser – so halten wir es also auch. Unter den Zielen befanden sich nicht nur europäische, sondern auch jede Menge amerikanische Personen und Einrichtungen. Bis Herbst 2013, berichtete die *Tagesschau,* soll der Dienst dabei eigene Suchbegriffe, also Tausende Telefonnummern oder Mails interessanter Politiker oder

Institutionen, in seine Abhördatenbank eingespeist haben,[27] um – so die Rechtfertigung – Informationen über Krisenregionen zu sammeln. Das genaue Ausmaß unterliegt der Geheimhaltung, doch konnte der NSA-Untersuchungsausschuss des Bundestages sich die geheime Spionageliste des BND anschauen. Die Abgeordneten fragten sich, ob die Suchbegriffe, die berühmten »Selektoren«, überhaupt vom Auftragsprofil des BND gedeckt waren.[28] Bezeichnenderweise hat dieser Umstand in Deutschland längst nicht solch ein Echo gefunden wie der Ärger über die Aktivitäten der Amerikaner.

Das mag der Grund sein, warum die Kanzlerin wegen der Handyaffäre zwar verstimmt war, aber nicht nachtragend. Anders als die deutsche Öffentlichkeit musste sie sich bald danach auf zahlreiche internationale Baustellen konzentrieren, die eine enge Zusammenarbeit mit Barack Obama erforderten. Vom Atomabkommen mit dem Iran bis zur Ukrainekrise – da blieb nicht viel Zeit zum Schmollen. Dafür aber genügend Gelegenheit, sich zu arrangieren. Da trifft es sich gut, dass beide ähnlich pragmatisch gepolt sind. Heute ist ihr Verhältnis enger denn je.

Vielleicht liegt das große Unbehagen gegenüber den USA beim Datenschutz auch darin begründet, dass unsere moderne Kommunikation zu so großen Teilen über Server und digitale Kanäle läuft, die auf der amerikanischen Seite des Atlantiks liegen. E-Mails, Chats, soziale Medien – ein Großteil des Online-Verkehrs geht über die Vereinigten Staaten. Viele unserer Daten, die wir erstaunlich leichtfertig im Netz preisgeben, sind dort gespeichert. Um diese persönlichen Daten zu schützen, hatten EU und USA einst das Safe-Harbor-Abkommen ausgehandelt. Es sollte garantieren, dass Unternehmen wie Facebook oder Amazon EU-Datenschutzstandards einhalten, wenn sie personenbezogene Daten in die USA übertragen. Doch ein solcher »sicherer Hafen« sind die USA offenbar nicht, 2015 kippte der Europäische Gerichtshof in seltener Einstimmigkeit das Abkommen. Europas Datenschützer jubelten. Nun soll das Nachfolgeabkommen Privacy Shield (»Schutzschild für die Privatsphäre«) Abhilfe schaffen. Die EU verspricht sich davon mehr Transparenz, da es die Amerikaner zu einer schärferen Kontrolle der Einhaltung der europäischen Standards verpflichte. Doch im Detail muss das Abkommen noch ausgearbeitet werden.

Dabei ist es nicht so, dass es in den USA keinerlei Bewusstsein für Datenschutz und Privatsphäre gäbe. So ist Amerikanern die Vorstellung ein Graus, sie müssten – wie wir – sich jedesmal registrieren lassen, wenn sie umziehen. Ein Einwohnermeldeamt wie bei uns? Undenkbar. Sie mögen noch unbekümmerter sein als wir, wenn es darum geht, ihr halbes Leben online zur Schau zu stellen, aber in Deutschland habe ich noch nie Werbung für Maßnahmen gegen Identitätsbetrug im Briefkasten gefunden. In den USA gibt es offenbar einen Markt dafür. Zwar gilt der ehemalige Geheimdienstleiharbeiter Snowden in den Augen vieler als Verräter, der die Sicherheit der USA gefährdet und Amerikas Gegnern in die Hände gespielt habe. Aber er hat immerhin unter den Amerikanern eine Debatte angestoßen und damit Bürgerrechtsinitiativen motiviert, sich stärker zur Wehr zu setzen. Da der Kongress keine größeren landesweiten Gesetzesreformen zum Datenschutz in Angriff genommen hat, preschen nun einzelne Bundesstaaten im Rahmen ihrer Möglichkeiten vor. Sie wollen das Orten von Mobiltelefonen beschränken, das Nutzen von Online-Bewegungsprofilen verbieten oder den Zugang zu privaten Informationen (wie etwa der Kreditwürdigkeit) erschweren.[29]

US-Unternehmen haben entdeckt, dass ihre Kunden es schätzen, wenn sie für den Datenschutz eine Lanze brechen. Der prominenteste Fall dieser Art machte nach dem Anschlag von San Bernardino landesweit Schlagzeilen. Die US-Bundespolizei FBI hatte das iPhone eines der beiden Todesschützen sichergestellt und versprach sich von der Auswertung der Daten Hinweise auf Komplizen oder zumindest zu den Hintergründen der Tat. Doch ohne den Sicherheitscode für das Handy, so die Befürchtung der Beamten, würde sich das Gerät nach mehreren falschen Eingabeversuchen zurücksetzen und dabei alle Daten löschen. Also wollte das FBI den Hersteller Apple zwingen, den Code zu knacken. Apple-Chef Tim Cook weigerte sich mit dem Argument, man öffne mit einem solchen Präzedenzfall die Büchse der Pandora. Zudem sei es gar nicht möglich, eine solche »Hintertür« einzubauen, weil das iPhone-Betriebssystem iOS so sicher sei, dass es allein mit dem nutzereigenen Passwort zugänglich sei. Die Eigenwerbung als Datenschutz-Bollwerk gegen den Staat war Cook dabei mehr als willkommen. Der Showdown zwischen Apple und FBI endete schließlich damit, dass die Bundespolizei – wohl mit Hilfe von Hackern – schließlich doch an die Daten gelangte. Man brauche die Hilfe des Herstellers gar nicht, verkündete das FBI. Vielleicht war dies aber nur ein Bluff, um potentielle Terroristen zu verunsichern, nach dem Motto: »Ihr könnt euch nicht verstecken, es gibt keinen geschützten Raum.«

Denn das ist der Nachteil: Nicht nur wussten Verbrecher sowie Terrornetzwerke nach den Snowden-Enthüllungen, wozu amerikanische Behörden und Geheimdienste in der Lage sind, und konnten ihre Kommunikation dem anpassen, indem sie etwa nur noch Messenger-Apps mit spezieller Verschlüsselungstechnik nutzten oder bestimmte Internetpfade mieden. Gleichzeitig haben Firmen wie Apple, Microsoft, Facebook oder Google ihre Internet-Sicherheitsmaßnahmen verbessert. Das hilft freilich allen Nutzern, so dass auch die nicht so harmlosen davon profitieren. Und das macht es den Behörden im Antiterrorkampf wiederum schwerer. FBI-Direktor James Comey beispielsweise beklagte, dass besonders die Online-Rekrutierung des »IS« und die Radikalisierung von Anhängern über soziale Medien von solchen Verschlüsselungstechniken enorm profitierten.[30]

Die Überwachung im Internetzeitalter bildet ein Spannungsfeld für das transatlantische Verhältnis. Die Differenzen sind manchmal offensichtlich, wie beim Auftritt von Peter Schaar und General Michael Hayden in Harvard, dann aber auch wieder verschwommen. Und oft genug decken sich die Interessen beider Länder dann doch. Wir müssen die Diskussion darüber führen und abwägen, auch weil es wichtig ist, nicht populistischen oder antiamerikanischen Lautsprechern die Bühne zu überlassen. Wie ARD-Korrespondent Kai Küstner richtig kommentierte: Wir können nicht angesichts der realen Bedrohung durch den Terrorismus an einem Tag nach starken Geheimdiensten schreien und diese am nächsten Tag dafür verurteilen, dass sie ihre Arbeit tun – eine Arbeit, die uns alle schützt.[31] Dass wir darauf pochen, dass diese nicht gegen unsere Gesetze verstößt, versteht sich von selbst.

Der kühne Schritt, den Edward Snowden wagte, führte dazu, dass in den USA und in mit ihr verbündeten Ländern über die Rolle und das Ausmaß von Geheimdienstarbeit diskutiert und so manchen Auswüchsen Schranken gesetzt wurden. Das ist sehr zu würdigen – auch wenn seine Enthüllungen das deutsch-amerikanische Verhältnis stärker getrübt haben als jeder andere Streitpunkt seit langer Zeit. Denn sie ermöglichten eine Neubewertung dieses Verhältnisses, die realistischer, die ehrlicher ist. Wie ich im Vorwort über mein persönliches Verhältnis zu den USA schrieb: Aus der ursprünglichen Enttäuschung kann ein tiefer gehender Zugang werden. Denn eine Beziehung, die heftigen Streit überlebt, ist eine gefestigte.

Der Streit um TTIP –
nur Chlorhühnchen und Genmais?

»Grenzen, durch die keine Handelsgüter kommen,
werden von Soldaten überschritten.«
Abraham Lincoln

Für den Lacher machte er eine kleine Pause. Kaum war Barack Obama zur Eröffnung der Hannover Messe 2016 aufs Podium getreten, kaum hatte er das Publikum begrüßt, allen voran Kanzlerin Angela Merkel, da setzte er auch schon den ersten Akzent und beglückwünschte Deutschland zum 500. Jubiläum des Reinheitsgebotes. Der Gag saß. Wenn es etwas Deutsches gibt, das in den USA einen Ruf wie Donnerhall hat, dann ist es das Bier! Ich erinnere mich noch an meine erste USA-Reise Anfang der neunziger Jahre, als mir Amerikaner ein Bier anboten und sich verschämt murmelnd fast schon dafür entschuldigten, einem Deutschen ein amerikanisches Bud oder Coors Light zu servieren. Klar, diese alkoholarmen und schwachgehopften *Lager* aus der Massenproduktion, die Amerikaner nach wie vor standhaft als Bier bezeichnen, haben mit dem, was wir darunter verstehen, wenig zu tun. Obwohl es oft deutsche Brauer waren, die diese Unternehmen in den USA einst gründeten: Anheuser-Busch, Miller, Pabst und viele andere.

Doch zu behaupten, es gebe in den Vereinigten Staaten kein gutes Bier, ist mittlerweile schlichtweg falsch. In den vergangenen zwanzig Jahren hat sich einiges getan. Besonders auffällig ist das beispielsweise in Portland, Oregon. Die liberale Stadt im Nordwesten der USA gilt als Geburtsstätte des Micro-Brewing-Booms, der das Land vor einigen Jahren erfasste: kleine, lokale Brauhäuser, die mit Zutaten aus der Umgebung experimentieren und die Ergebnisse im angeschlossenen Pub den Kunden anbieten. Es gibt sie inzwischen auf dem platten Land im Mittleren Westen genauso wie in den Großstädten entlang der Küsten. Die *craft beer*-Welle ist sogar bis nach Deutschland geschwappt und hat auch bei uns die Lust auf Bier neu entfacht.

Ich habe irgendwann aufgehört zu zählen, an wie vielen dieser lokalen Kleinbrauereien ich in Portland vorbeigelaufen bin. Und auch, wie viele verschiedene Sorten diese anbieten. In Deutschland schmecken Biere zwar auch je nach Region unterschiedlich, aber zumeist handelt es sich um Variationen des Themas Pils. Eine US-Mikrobrauerei, die etwas auf sich hält, hat dagegen mindestens ein Dutzend verschiedener Sorten *craft beer* im Angebot, von hell bis dunkel, von süß bis bitter: Pils, Kölsch, Stout, Lager, Ale, Indian Pale Ale, Bock, Wheat, White, Spice Beer, Belgian Style und so weiter. Da kann einem schon vor dem ersten Schluck schwindelig werden. *Craft* bedeutet »Handwerk«, die Bierbrauer interpretieren es eher als »Laborversuche«. Mir hat ein Microbrewer mal eine Kreation vorgesetzt, die er »Mocha-Monkey« nannte – ein Bier auf Kaffeebasis. Das war mir dann doch eine Drehung zu viel, auch wenn die praktischen Vorzüge einer solchen Kombination etwa für Frühschoppen unübersehbar waren.

Jedenfalls muss sich in den USA kein Bierfan mehr mit dünner Plörre zufriedengeben. In der Nähe von Cologne, Minnesota, erklärte mir der Besitzer einer lokalen *Brewing Company:* »Ich denke, die Gaumengewohnheiten der Amerikaner ändern sich. Was Bier betrifft, sind die Leute neugieriger geworden. Und anspruchsvoller. Es ist fast schon wie bei Weinproben: Die Kunden wollen alle Sorten mal probieren.« In der Tat sind die *sampler* sehr beliebt, Gestelle mit kleinen Gläsern voller verschiedener Sorten zum Kosten.

So lecker viele dieser Bierspezialitäten auch sein mögen, mit einer Sache haben sie nicht viel am Hut: dem deutschen Reinheitsgebot. Auch wenn einige US-Brauer es erfüllen – eine Verpflichtung dazu besteht nicht. Welche Zutaten ins Getränk kommen, ist eben ihr Bier. Und auch ortsbezogene Adjektive treffen in den USA eher das Genre denn die Geographie. Ein *bavarian wheat* kommt in amerikanischen Kneipen selten aus Augsburg oder Passau.

Womit wir gleich bei zwei Punkten wären, welche die geplante transatlantische Handels- und Investitionspartnerschaft TTIP (Transatlantic Trade and Investment Partnership) tangieren: die Gültigkeit von Standards und Normen sowie die Bedeutung von Herkunftsbezeichnungen. Beides ist in den Verhandlungen heiß umkämpft. (Wobei das Reinheitsgebot natürlich nur als Metapher für unsere Normen gemeint ist, denn es gilt ja nur bei uns und betrifft TTIP nicht wirklich, unsere EU-Partner müssen sich auch nicht daran halten.)

Das Freihandelsabkommen TTIP hat das Ziel, aus den USA und der EU die größte Freihandelszone der Welt zu schmieden. Durch die Abschaffung von Zöllen und die Angleichung von Industrie- und Handelsstandards soll die Wirtschaft auf beiden Seiten des Atlantiks vorankommen, nach der Logik: je mehr Exporte, desto mehr Jobs. Darüber hinaus soll es aber auch Regeln in Bereichen wie Arbeitsschutz, Gesundheit oder Umwelt vereinheitlichen – so gesehen also einen »Goldstandard« für die Weltwirtschaft entwickeln.

Doch es treffen mit Europa und den USA nicht nur zwei gigantische Wirtschaftsräume aufeinander, sondern auch ganz unterschiedliche Philosophien. Das zeigt sich insbesondere am Streit um die Schiedsgerichte, vor denen Konzerne klagen können sollen, wenn sie ihre Investitionen im Ausland benachteiligt sehen, etwa durch plötzliche Gesetzesänderungen. An den erwähnten beiden Punkten – Herkunftsbezeichnung und Schutz von Standards – lässt sich der Unterschied im Denken aber ebenfalls gut darlegen.

Regionaler Produktschutz ist uns Europäern sehr wichtig. Parmesankäse muss aus der Region Parma kommen, Champagner aus der Champagne und Schwarzwälder Schinken eben nicht aus den Pyrenäen – nicht nur aus Prinzip, sondern auch, um das regionale Produkt als Spezialität zu schützen. In den USA dagegen sieht man in den Herkunftsangaben eher eine Gattungsbezeichnung, die frei verwendbar ist. Dort versteht keiner, warum original Nürnberger Rostbratwürstchen nicht auch aus Kansas kommen können. Von wegen Namen sind Schall und Rauch – hier geht´s ums Eingemachte. Wie will man da einen Kompromiss finden, wie diesen Knackpunkt bewältigen? Vielleicht kann ein Lösungsweg darin liegen, dass man sich auf eine Reihe von Ausnahmen verständigt. Aber klar ist auch: Die EU wird nicht um jede Wurst kämpfen können.

Das Verwässern oder Herabsenken von Normen und Verbraucherschutzstandards ist die andere Sorge, die TTIP-Gegner umtreibt. Werden Produkte schlechter, weniger sicher? Diese Frage hält sich hartnäckig in der öffentlichen Debatte, da können europäische Regierungen noch so oft beteuern, dass an bestehenden EU-Normen nicht gerüttelt werde, weil sich sonst kaum parlamentarische Mehrheiten für TTIP finden ließen.

Als ich den amerikanischen Chef-Unterhändler, Michael Froman, dazu interviewte, gab er zu, dass es den Befürwortern nicht ausreichend gelungen sei, zu erklären, worum es bei TTIP wirklich geht und worum nicht: »Keiner von uns, weder die USA noch die EU, sind daran interessiert, die Standards unter TTIP abzusenken. Das wahre Ziel ist die Angleichung unterschiedlicher Normen, ohne dabei den Schutz etwa bei Gesundheit, Sicherheit oder Umwelt zu schwächen. Das erwarten unsere Bürger. Das ist Kern der Verhandlungen.« Sprich, wie lässt sich ein Abkommen aushandeln, bei dem sich USA und EU nicht gegenseitig unterbieten, sondern zumindest angleichen oder sogar einander anheben? Denn beide Seiten haben bei manchen Standards Schwächen und bei anderen Stärken. Amerikanische Standards brauchen sich in vielen Bereichen nicht hinter den europäischen zu verstecken, zum Beispiel sind bei den Abgasnormen manche Vorgaben deutlich strenger. Der Hauptgrund, warum ich mein deutsches Dieselauto nicht mit in die USA genommen habe, war, dass es zu aufwendig und teuer gewesen wäre, den Wagen so umzurüsten, dass er den US-Normen entsprochen hätte.

Nur zur Erinnerung: Der VW-Diesel-Abgasskandal kam in Kalifornien ins Rollen. Und zwar nur zufällig, weil eine Umweltschutzorganisation die Europäer überzeugen wollte, ähnlich strenge Grenzwerte einzuführen wie die Amerikaner. Die Testergebnisse sollten zeigen: Hey, seht mal, in den USA schaffen es die Dieselfahrzeuge, niedrigere Stickoxidwerte ohne Leistungsverlust einzuhalten. Warum ist das nicht auch in Europa möglich? Dass dies in Wirklichkeit nur dank einer Schummelsoftware möglich war, die den Abgasausstoß manipulierte, wird wohl als der teuerste Fehler in die Firmengeschichte von Volkswagen eingehen. Da verstehen amerikanische Behörden und Juristen keinen Spaß.

Stichwort Abgase: Amerikanische Kohlekraftwerke müssen deutlich schärferen Standards beim Ausstoß von Quecksilber entsprechen als deutsche. Würden bei uns die gleichen Grenzwerte für giftige Quecksilber-Emissionen gelten, dürfte von den 53 meldepflichtigen Kohlekraftwerken in Deutschland lediglich das inzwischen stillgelegte Kraftwerk Datteln (Block 1–3) am Netz bleiben.[32]

Oder das Beispiel Bioprodukte: Ab dem Moment, ab dem Rindfleisch in den USA als Biofleisch durchgehen soll, darf es keine Antibiotika mehr enthalten. Landwirte dürfen zwar Antibiotika verabreichen, um ihre Tiere bei Krankheiten zu retten, können das Produkt dann aber nur noch als »normales« Fleisch verkaufen. In Deutschland sind die Medikamente hingegen kein Hindernis für ein Biosiegel.

Unterschiede gibt es auch bei der Lebensmittelsicherheit. Rohmilchkäse hat für amerikanische Verbraucherschützer das Image einer Biowaffe und ist in der Regel verboten. Für europäische Feinschmecker mag das hysterisch wirken, geben Bakterien in unbehandelter Milch dem Käse doch gerade erst den unverwechselbaren Geschmack. Doch dafür können Schwangere in den USA sehr viel sorgloser an der Käsetheke zugreifen.

Ob härtere Regeln für die Finanzmärkte, das Verbot stark strahlender Mobiltelefone oder höhere Hürden bei der Zulassung von Herzschrittmachern: Die Liste ließe sich munter fortsetzen. All diese Standards wollen die Amerikaner nicht für uns Europäer absenken. Und andersherum könnte man eine ebenso lange Liste aufstellen: EU-Normen verbieten bestimmte Chemikalien, die in den USA zugelassen sind, stellen höhere Ansprüche an Babynahrung oder lassen genverändertes Gemüse wie Soja oder Mais nicht ohne entsprechende Kennzeichnung zu.[33] Kurz, es ist nicht so, dass auf einer Seite alles schlechter und auf der anderen alles besser wäre. Es ist eben vieles anders, es herrschen unterschiedliche Prioritäten. Wichtig wird nur sein, dass die jeweils höheren Standards nicht an die jeweils niedrigeren Standards nach unten angeglichen werden, sondern umgekehrt die jeweils niedrigeren an die höheren. Dann würden die Verbraucher auf beiden Seiten des Atlantiks profitieren.

Diese Differenzen verschwinden nicht von alleine, sondern nur in harten Verhandlungen. Dabei müssen beide Seiten noch eine Regelung finden, wie sie über den aktuellen Verhandlungsprozess hinaus in Zukunft Standards und Normen vereinbaren wollen. Dieser Punkt ist definitiv einer für das *end game*, die finalen Verhandlungsrunden. Die härtesten Nüsse werden immer am Ende geknackt. Wobei fraglich ist, ob sich diese Nuss überhaupt knacken lässt, da hier nicht nur Prioritäten, sondern Weltanschauungen aufeinanderprallen. In den USA gilt: Erst machen, dann schauen. Produkte erhalten viel leichter eine Zulassung, sie müssen weniger Vorprüfungen und Sicherheitstests durchlaufen als bei uns. Wenn dann etwas schiefläuft, justieren die Hersteller nach und müssen gegebenenfalls happige Strafen zahlen – ein wirksamer Anreiz, von vornherein keinen Mist zu bauen.

Wir Europäer sind da vorsichtiger. Oder misstrauischer? Es gilt jedenfalls das Vorsorgeprinzip. Bedenken müssen im Vorfeld ausgeräumt werden; Zulassungen werden erst erteilt, wenn alle Risiken abgewogen und Gefahren möglichst ausgeschlossen sind – Vorsicht ist besser als Nachsicht. Schon beim Verdacht auf eine drohende Gesundheitsgefährdung durch ein bestimmtes Produkt werden Nachbesserungen angeordnet. Das mag aufwendiger und langwieriger sein, weil es mehr Tests und Proben erfordert, entspricht aber eher unserem europäischen Empfinden von Verbrauchersicherheit und -schutz.

Die große Frage lautet: Wie sollen diese beiden so gegensätzlichen Verbraucherschutzphilosophien und -mechanismen unter einen Hut gebracht werden? Um hier eine Lösung zu finden, müssen beide Seiten Abstriche machen und kompromissbereit sein. Wie aber soll das funktionieren, wenn doch gleichzeitig versichert wird, keine Standards würden abgesenkt, und zwar nicht nur bestehende, sondern gerade auch künftige? Die Antworten darauf sind die TTIP-Unterhändler bisher schuldig geblieben – was die Sorgen bei den Gegnern des Freihandelsabkommens nicht eben mindert.

Immerhin gibt es erste Anzeichen dafür, dass die Amerikaner das Vorsorgeprinzip nicht grundsätzlich ablehnen. Im Mai 2016 brachte der Kongress in seltener überparteilicher Einigkeit eine Gesetzesreform auf den Weg, die den Einsatz neuer Chemikalien regelt.[34] Sie ermächtigt die Umweltbehörde EPA, zuerst Risiken und Gefahren von Chemikalien testen und ausschließen zu lassen, *bevor* diese zugelassen werden. Unter dem alten Gesetz, das vierzig Jahre unangetastet gegolten hat, musste die EPA zunächst beweisen, dass Gesundheitsgefahren vorliegen, ehe sie die Chemieindustrie in die Schranken weisen konnte. Weil Chemikalien alle Bereiche des Alltags betreffen, könnte dies ein fundamentaler Sieg für den Verbraucherschutz in den USA sein.

Besonders kontraproduktiv hinsichtlich der öffentlichen Akzeptanz ist, dass die TTIP-Verhandlungsrunden weitgehend unter Ausschluss der Öffentlichkeit stattfinden. Die Geheimniskrämerei hat die Skepsis dem Abkommen gegenüber extrem verstärkt und bietet Raum für Spekulationen und Gerüchte. Sie ist einer der Hauptgründe, warum bei Anti-TTIP-Demonstrationen Zehntausende Menschen auf die Straße gehen. Sowohl die Bundesregierung als auch die US-Regierung wiegeln ab: Es gebe doch die berühmten Leseräume, in denen sich Parlamentarier über den aktuellen Stand informieren könnten (wenn sie auch danach nicht öffentlich darüber reden dürfen). Das oberste Argument lautet jedoch, man komme nicht voran, wenn alles und jedes ständig öffentlich zerredet werde. Auch könne nicht alles bereits im Vorfeld bekanntgemacht werden, da man so die jeweils eigene Verhandlungsposition schwäche.

Eigentlich geheime, aber von Greenpeace öffentlich gemachte Papiere der Verhandlungen zeigen, wie viel Druck die Amerikaner gerade im Punkt Regulierung und Standards ausüben. Demnach setzen sich die US-Verhandler vehement dafür ein, dass jede Regulierung auf »mögliche Effekte für den Handel« überprüft wird.[35] Wenn dadurch aber, wie in den USA üblich, Lobbygruppen und Interessenverbände die Möglichkeit bekämen, Einspruch zu erheben oder Genehmigungsverfahren umfangreich zu kommentieren, dann könnte es für die Gesetzgeber in der EU künftig schwieriger werden, strenge gesetzliche Vorgaben zu formulieren, etwa im Bereich von Umwelt- oder Verbraucherschutz. TTIP könnte demnach, so der große Vorwurf der Kritiker, sehr stark eingreifen in die Art und Weise, wie Staaten ihre Normen und Standards festlegen. Die Gefahr sei, dass der demokratisch legitimierte Gesetzgebungsprozess unter Druck geriete. Und im schlimmsten Fall sogar umgangen würde.

Die durchgesickerten Papiere enthalten keine endgültigen Ergebnisse, sondern Verhandlungspositionen. Sie verdeutlichen vielmehr, wohin die Reise aus Sicht der Amerikaner gehen soll – aber auch aus Sicht der Europäer. Doch offenbar ist das Vertrauen in die europäischen Vertreter und ihr Verhandlungsgeschick ziemlich gering, obgleich die EU genau für solche Fälle gegründet worden ist, um europäische Interessen gemeinsam und stark nach außen zu vertreten. Die Angst in der Bevölkerung, »von den Amis über den Tisch gezogen zu werden«, ist unübersehbar. Der gigantische Vertrauensbruch durch die NSA-Affäre hat sicherlich die TTIP-Ablehnung in Deutschland gefördert. Viele denken: Denen kann man nicht über den Weg trauen, die boxen beinhart ihre eigenen Interessen durch. Was sie dabei von deutschem Recht halten, hat man ja an ihrem Antiterrorkampf gesehen; warum sollte das bei einem für die Wirtschaft so wichtigen Abkommen anders sein?

Die von Greenpeace geleakten Unterlagen haben diesen Eindruck genährt, weil die Ausgangspositionen der Amerikaner und der EU so weit auseinanderlagen. Dabei ist es bei Verhandlungen selbstverständlich und üblich, zuerst das eigene »Wunschergebnis« zu formulieren, von dem man anschließend entsprechend abrücken muss, um eine Einigung, einen Kompromiss zu erzielen. Keiner Seite, weder

der amerikanischen noch der europäischen, kann man einen Vorwurf daraus machen, dass sie versucht, das für sie beste Ergebnis auszuhandeln. Die EU verhandelt ebenso hart wie die USA, sonst wären die Verhandlungen längst abgeschlossen. Entscheidend ist allein das Ergebnis. Ein Freihandelsabkommen ist nicht per se gut oder schlecht, sondern nur sein Inhalt. Das Resultat muss eine Win-win-Situation sein, keine Übervorteilung der einen Seite durch die andere. Sonst lohnt es nicht.

Was man über all den Wirbel in Deutschland um dieses Abkommen leicht vergisst, ist, dass es auf eine Initiative der Europäer zurückgeht, die vor allem von Deutschland angestoßen wurde – als strategischer Pfeiler für die transatlantische Gemeinschaft, als Wachstumschance für unsere Wirtschaft. Und dennoch ist gerade in Deutschland der Widerstand besonders groß. Warum gerade hier? Liegt das an einem latenten Antiamerikanismus? Die Bundesrepublik hat Dutzende von Handelsabkommen mit anderen Ländern auf der ganzen Welt abgeschlossen, und ich kann mich nicht erinnern, dass es darüber je solche Aufregung gegeben hätte. Im Fall der USA aber sehen viele Deutsche rot.

Wenig hilfreich ist dabei, wenn die eigene Bundesregierung die Bedenken und Einwände der Bürger auf die leichte Schulter zu nehmen scheint. Als Vizekanzler und Wirtschaftsminister Sigmar Gabriel beim Weltwirtschaftsforum in Davos Deutschland in Bezug auf TTIP als an manchen Stellen schwierig bezeichnete, weil »wir ein Land sind, das reich und hysterisch ist«, kam das alles andere als gut an. Die TTIP-Gegner fühlen sich nicht ernst genommen. Offenbar geht es bei dem Abkommen um mehr als nur den Abbau (ohnehin schon geringer) Zölle oder um technische Standards. Sondern vielmehr um die Frage: Wer ist der Souverän? Inwieweit haben demokratisch gewählte Parlamente oder aber, wie die Kritiker befürchten, Interessengruppen, Lobbyisten und ausländische Staaten das Sagen? Die Befürworter wollen einen gigantischen einheitlichen Markt mit 800 Millionen Verbrauchern. Die Gegner fordern demgegenüber zwar keinen Protektionismus, sehr wohl aber eine Handelspolitik, die sich an den Bedürfnissen der Menschen ausrichtet, anstatt an denen der Investoren und Konzerne. Sie wollen »eine Bürgerdemokratie, deren gewählte Vertreter dem freien Spiel der Marktkräfte angemessene Leitplanken setzen«, wie der Grünen-Wirtschaftspolitiker Robert Habeck diese Forderung zusammenfasst.[36]

Doch bei all den sicherlich berechtigten Sorgen – ich frage mich, ob das eine das andere ausschließen muss. Natürlich dürfen wir unseren Verbraucherschutz nicht aufgeben. Aber überwiegen die Risiken wirklich die Chancen? Oder gewännen wir viel mehr, als wir verlieren könnten? Es erscheint irgendwie absurd, dass es gerade in einem so exporthandelsorientierten Land wie Deutschland so heftigen Widerstand gegen ein Projekt gibt, das den internationalen Handel erleichtern würde. Unsere Wirtschaft mag eine ganze Reihe *global player* vorweisen, die groß genug sind, um sich ein Leben auch ohne TTIP leisten zu können. Aber besonders im Mittelstand, der das Fundament der deutschen Wirtschaft bildet, gibt es Tausende von Unternehmen, die sich nichts sehnlicher wünschen als einen besseren Zugang zum amerikanischen Markt, ohne Zölle, ohne zusätzliche kosten- und zeitintensive Zulassungsverfahren. Es wäre dank TTIP nicht mehr notwendig, zahllose Produkte in einer eigenen Ausführung für den amerikanischen Markt herstellen zu müssen. Die Firmen könnten ihr Geld besser in Innovationen stecken statt in Bürokratie und auf diese Weise Arbeitsplätze sichern.

Zumal Deutschland schon jetzt, auch ohne TTIP, mit keinem Land mehr Handel treibt als mit den USA. 2015 lösten die Vereinigten Staaten nach vierzig Jahren Frankreich als Deutschlands wichtigsten Handelspartner ab.[37] Dabei entfielen von den 173 Milliarden Euro Handelsvolumen zwei Drittel (!) auf deutsche Exporte. Ich habe überhaupt den Eindruck, dass gerade deutsche Firmen für den Wettbewerb mit amerikanischer Konkurrenz gut gerüstet sind, denn nicht nur deutsches Bier, sondern jegliche Produkte *Made in Germany* haben einen hervorragenden Ruf in den USA und stehen für Qualität. Daran konnte auch das VW-Dieselgate nichts ändern. Ein bisschen mehr deutsches Selbstvertrauen würde also nicht schaden. Es ist bezeichnend, dass in den USA deutsche Exportunternehmen und gerade der hochspezialisierte Mittelstand als potentiell größte Gewinner von TTIP gelten. Umso weniger können die Amerikaner den europäisch-deutschen Widerstand nachvollziehen.

Vielmehr sind es die Amerikaner, die sich in manchen Bereichen gerne von unserer Konkurrenz abschotten würden. So sind sie beim Thema öffentliche Ausschreibungen widerspenstig. Hier gilt in den USA bisher in der Regel das Prinzip *»Buy American«*, wonach amerikanischen Firmen der Vorzug zu geben sei. Wenn bei der Vergabe öffentlicher Aufträge, etwa beim Bau von Autobahnen oder Brücken, plötzlich auch die europäische Konkurrenz an der Tür klopfte, könnten US-Unternehmen schnell das Nachsehen haben. Gerade deutsche Firmen sind dank der jahrzehntelangen Erfahrung in EU-weiten Vergabeverfahren diesbezüglich gut aufgestellt und könnten davon profitieren.

Anders als viele deutsche Mittelständler, die eher die Chancen sehen, blicken deutsche Landwirte stärker auf die Risiken, obwohl derzeit deutlich mehr europäische Agrarprodukte in US-Supermärkten landen als andersherum. Im Bereich Landwirtschaft gibt es noch die höchsten Schutzzölle. Und zwar auf beiden Seiten. Die Bauern fürchten, von den US-Megafarmen und ihren gigantischen Produktionsbetrieben erdrückt zu werden, wenn Zölle sie nicht länger schützen. Schon jetzt sind deutsche Erzeuger unter Druck – etwa durch die EU-interne Massentierhaltung oder den extrem niedrigen Milchpreis. Dabei scheint das deutschen

Verbrauchern doch ziemlich egal zu sein. Warum sonst haben wir so niedrige Lebensmittelpreise und an jeder Ecke Aldi, Lidl & Co.?

Andererseits irritieren die amerikanischen Produkte nicht wenige europäische Konsumenten. Der Einsatz von Wachstumshormonen sorgt in den USA für gigantische Steaks auf dem Teller. Wir mögen das unappetitlich finden, die Amerikaner wiederum verstehen viele Bedenken der Europäer nicht. Auch am berüchtigten Chlorhuhn stößt sich in Amerika nach wie vor kaum ein Mensch. Die Farmer argumentieren, das Chlorbad nach der Schlachtung garantiere den Konsumenten keimfreie Ware. Nicht ganz zu Unrecht. Und ist unsere Methode gegen Erreger, nämlich vor der Schlachtung Tiere mit Antibiotika vollzustopfen, so viel besser? Höchstens geschmacklich. Obwohl ich in den USA bisher noch in keine Hühnchenkeule gebissen und gedacht habe: Aha, schmeckt wie im Schwimmbad. Nur Shrimps bestelle ich nicht mehr im Restaurant, da meine ich tatsächlich einen Chlorgeschmack rauszuschmecken. Vielleicht, weil diese nicht wie die Hühnchen nur kurz durchs gechlorte Wasserbad gezogen, sondern in einer Chlorlake aufbewahrt werden?

Und was den knallharten europäischen Widerstand gegen genmanipuliertes Saatgut für Mais oder Sojabohnen betrifft – in dieser Sache sind die Amerikaner ebenso knallhart und verlangen, wissenschaftlichen Empfehlungen und Erkenntnissen zu folgen. Diese würden keine Gesundheitsrisiken sehen, der Verzehr sei bedenkenlos, also sollten die Europäer ihre ideologischen Barrieren abbauen. Hier prallen, wie gesagt, zwei unterschiedliche Verbraucherschutzphilosophien aufeinander. Wir wollen erst ausschließen, dass genetisch verändertes Gemüse irgendwelche Langzeitfolgen haben könnte, und lehnen Genmais ab, weil wir ihn grundsätzlich für unnatürlich halten. Amerikaner halten ihn hingegen für optimiert und verweisen auf die Frage: Wie lässt sich künftig eine Welt ernähren, in der Mitte des Jahrhunderts neun Milliarden Menschen leben werden, wenn wir Nutzpflanzen nicht nahrhafter, ertragreicher und widerstandsfähiger machen?

Da sich mittlerweile genmanipulierter Mais in fast allen US-Lebensmitteln wiederfindet, ob als Futter für Schlachttiere oder in Form des allgegenwärtigen Maissirups, pochen die USA vehement darauf, diesen offiziell zuzulassen. Die amerikanische Landwirtschaft und Lebensmittelindustrie wollen endlich einen großen Teil vom Kuchen des EU-Marktes. US-Chefunterhändler Michael Froman sagte mir ganz selbstbewusst: »Beim Agrarsektor lautet unsere Hauptforderung an die Europäer klar: Setzt eure eigenen Gesetze um. Haltet euch an eure Abmachungen mit der Welthandelsorganisation WTO, die Handel erlauben, wenn die Wissenschaft grünes Licht gibt. Das ist alles. Wir wollen das europäische System ja nicht fundamental auf den Kopf stellen.« Nun, bei seinem letzten Satz bin ich mir nicht so sicher.

Das Kuriose ist: So sehr das Thema TTIP in Deutschland mobilisiert, wie etwa beim Besuch von Barack Obama in Hannover, so sehr es hierzulande die Gemüter erhitzt und zu Massendemonstrationen führt, so wenig interessiert es in den USA die Öffentlichkeit. Mehr noch, die wenigsten Menschen dort wissen überhaupt, was TTIP ist und worum es dabei geht. »Geht's da um Q-Tip-Wattestäbchen?«, bin ich einmal gefragt worden. Wenn überhaupt, dann haben Amerikaner von der Trans-Pacific Partnership TPP gehört, dem transpazifischen Freihandelsabkommen, das die USA mit elf anderen Pazifikanrainerstaaten ausgehandelt haben. TPP wurde im Februar 2016 unterzeichnet und muss noch ratifiziert werden. Aber es liegt konkret vor, man kann sich also ein Bild davon machen. Es ist daher eher dieses Abkommen, das US-Bürgern Sorgen bereitet. Viele fürchten, dass es US-Standards senken und an die von Billiglohnländern wie Peru oder Vietnam angleichen könnte. Interessanterweise schauen die Menschen in den USA also ähnlich auf das pazifische TPP wie besorgte Europäer auf das atlantische TTIP. Und mit ähnlichen Argumenten. In Straßeninterviews habe ich Antworten bekommen wie: »Viele dieser Handelsabkommen werden von multinationalen Unternehmen diktiert, die sich um die Menschen in unserem Land einen Dreck kümmern.« Oder: »Unsere Wirtschaft darf nicht den Bedürfnissen anderer Länder oder gieriger Politiker geopfert werden.«

In Bezug auf TPP scheinen mir die amerikanischen Sorgen nachvollziehbarer als bei TTIP, da es tatsächlich ein Lohngefälle zwischen Nordamerika und einigen der anderen Vertragsstaaten gibt. Arbeitsplätze könnten dorthin abwandern. Genauso existieren größere Unterschiede bei Umwelt- und Arbeitsschutzvorschriften. US-Gewerkschaften gefällt daher das atlantische Abkommen deutlich besser als das pazifische. Sie hoffen, dass durch TTIP die Beschäftigten in den USA von den hohen Arbeits- und Sozialstandards der EU profitieren könnten. Aber der Obama-Regierung waren solche Freihandelsabkommen genau deshalb so wichtig, weil sie die Beteiligten dazu bewegen, Standards neu zu setzen. TPP beispielsweise hat der kommunistischen Führung in Vietnam das Zugeständnis abverlangt, unabhängige Gewerkschaften zuzulassen. Das mag T-Shirts und Jeans teurer machen, hilft aber hoffentlich, vietnamesische Näherinnen und Näher vor Ausbeutung zu schützen.

So lautet auch das Argument, das Bundeskanzlerin Merkel immer wieder für TTIP anführt. Sie halte das Freihandelsabkommen für eine große Chance, um Standards für den gesamten Welthandel selbst zu definieren: »Wenn zwei große Märkte wie der europäische und der amerikanische sich auf bestimmte Standards einigen, dann wird es für andere Teile der Welt sehr, sehr schwer, dauerhaft dahinter zurückzubleiben.« Es ist offensichtlich, dass sie damit in erster Linie China meint. Die Chancen seien jedenfalls »weitaus größer als die Risiken«.[38] Und so hart die Verhandlungen auch sind, letztlich haben wir doch mit keinem anderen Wirtschaftsraum so viel gemeinsam und so viele übereinstimmende Standpunkte wie mit dem amerikanischen. Eine Einigung mit Russland oder China über ein so ehrgeiziges Handelsabkommen wäre jedenfalls deutlich schwieriger.

Doch auch wenn TTIP noch nicht so sehr im Fokus der amerikanischen Öffentlichkeit steht – auch in den USA wächst generell die Skepsis gegenüber Freihandelsabkommen, und zwar in beiden politischen Lagern. Diese Zweifel wurden zu einer zentralen Säule etwa im Wahlkampf von Bernie Sanders. Der demokratische Präsidentschaftsbewerber punktete vor allem beim linken Flügel der Partei und bei jungen Wählern, die sich nach der Ausbildung einem ungewissen Arbeitsmarkt gegenübersehen. »Die Wahrheit ist doch, dass die Handelsabkommen mit Mexiko und China ein Desaster für amerikanische Arbeiter waren. Seit 2001 haben wir 60 000 Fabriken in den USA verloren«, kritisierte er unermüdlich. »Aber zusammen werden wir diese desaströsen Handelsabkommen beenden, die uns Millionen von gutbezahlten Jobs gekostet haben.«[39] Damit trieb Sanders auch seine Konkurrentin Hillary Clinton vor sich her, die sich gezwungen sah, sich von TPP zu distanzieren, obwohl sie als US-Außenministerin einst maßgeblich daran beteiligt war, das Abkommen auf den Weg zu bringen.

Im rechten Lager jubelten die Wähler derselben Botschaft zu. Donald Trump bediente die Ängste vor den Kräften des Wandels und der globalisierten Wirtschaft. Er ließ im Wahlkampf keine Gelegenheit aus, in seinen düsteren Tiraden deren verheerende Folgen an die Wand zu malen: »All dieser freie Handel! Wissen Sie was: Das ist freier Handel für die, nicht für uns. Wir verlieren alles. Jedes Jahr 500 Milliarden Dollar Handelsdefizit mit China. Wie zum Teufel soll uns das helfen?«[40] Dass mit einer Arbeitslosenquote von unter 5 Prozent im letzten Obama-Amtsjahr beinahe Vollbeschäftigung herrschte, ging in der jubelnden Zustimmung schlicht unter. Vermutlich, weil viele das bereits erwähnte Problem der Lohnstagnation auch dem Freihandel zuschieben.

Im Gegensatz zur republikanischen Führung, die am alten konservativen Mantra festhält, dass Handel umso besser sei, je freier er sei, hat Trump erkannt, dass die Wähler sich mehr Schutz wünschen. Viele Arbeiter und Entlassene können sich nur zu gut an Bill Clintons Heilsversprechen erinnern, als er das nordamerikanische Freihandelsabkommen NAFTA mit Kanada und Mexiko umsetzte – um dann dabei zuzusehen, wie Unternehmen Jobs ins billigere Mexiko auslagerten. Seither lehnen sie Freihandelsversprechen rigoros ab. Auch dies ist ein Grund, warum Trumps Forderung nach einer befestigten Grenze zu Mexiko solchen Anklang findet. Und warum die amerikanische Verbraucherschützerin Lori Wallach TTIP für ein »trojanisches Pferd« hält, das unter dem Deckmantel von Handelserleichterungen die Interessen von Industrie und Unternehmen durchdrücken wolle.[41]

Vielleicht manifestiert sich in der Zustimmung zu solchen Äußerungen, ähnlich wie bei den Protesten in Deutschland, ein Gefühl der Ohnmacht. Es herrscht das unsichere Gefühl, beim rasanten Tempo, das die Globalisierung vorgibt, nicht mehr mitzukommen und scheinbar keinen Einfluss auf die Entwicklungen um einen herum zu haben. Man kann nirgends über die Globalisierung abstimmen – über ein Freihandelsabkommen schon. Plötzlich gibt es etwas, woran sich Ohnmacht und Enttäuschung festmachen lassen und wogegen man aktiv protestieren kann, um es vielleicht zu stoppen. Freihandel als Sündenbock für alles, was schlecht ist an der Globalisierung.

Das ist nachvollziehbar. Wandel ist stets auch beklemmend, Veränderung kann beängstigen. Obwohl Politiker das ungern offen sagen, wird es bei der Globalisierung immer Gewinner und Verlierer geben. Das Problem: Sie ist nicht aufzuhalten, nur mitzugestalten. Weder lässt sich der Geist zurück in die Flasche stopfen, noch können wir die Augen vor der Veränderung verschließen. Das ist das Argument, das die TTIP- und TPP-Befürworter nicht zu Unrecht vorbringen: Man sollte dabei sein, wenn die Welt neu geformt wird, statt hinterherzuhecheln. Denn wenn TTIP nicht zustande kommt, werden andere die Standards definieren – dann machen die USA diese mit ihren asiatischen Partnern aus.

Zumal es ja nicht nur an der Globalisierung liegt, dass Industriejobs wegfallen, sondern auch am technischen Fortschritt. Wenn Maschinen effektiver werden und Roboter immer mehr Aufgaben übernehmen, dann fallen Arbeitsplätze weg. Das ist seit der Erfindung des Rads so. »Dieser Wandel würde auch ohne Freihandelsabkommen stattfinden. Und dann sogar noch schneller und mit verheerenderen Folgen. Das Problem ist nicht der Freihandel, sondern das Fehlen von adäquater sozialer und wirtschaftlicher Unterstützung für die Menschen, die es am meisten trifft«, formulierte es US-Außenminister John Kerry. »Protektionismus ist nicht das Heilmittel.«[42] Im Gegenteil, Protektionismus würde diese gutbezahlten Arbeitsplätze in der Produktion, nach denen sich die Mittelschicht sehnt, auch nicht zurückbringen.

So gesehen sind wir in Deutschland in einer bevorzugten Situation. Nicht nur, weil wir noch eine ziemlich robuste Industrie im Land haben, sondern auch, weil in unserer sozialen Marktwirtschaft die von Kerry geforderte soziale und wirtschaftliche Unterstützung für die Betroffenen deutlich substantieller ist als in den USA. Auch hieraus speist sich die deutsche Ablehnung gegen TTIP; denn deutsche Sozialstandards für einen faulen Kompromiss aufzuweichen kann niemand wollen.

Freihandel ist ein Thema, das viele irrationale Haltungen zutage fördert und sowieso emotional sehr aufgeladen ist, bei Gegnern wie bei Befürwortern. Ich glaube, in der Debatte wäre etwas mehr Nüchternheit angebracht. Denn letztlich geht es nicht nur darum, ob Autoblinker rot oder gelb sind oder inwieweit demokratisch gewählte Volksvertreter umgangen werden, sondern auch um die fundamentale Frage: Werden wir mit unseren europäischen Partnern und unserem Verbündeten USA gemeinsam die Richtung vorgeben, die Standards setzen? Oder werden wir uns zurückziehen von der Rolle einer Führungsmacht in Europa und in der Welt? Machen wir uns nichts vor: Wenn wir uns auf unserer Scholle abschotten und die Lösung anderen überlassen, werden wir deshalb nicht sicherer leben oder die Probleme der Globalisierung verringern. Wie heißt es so schön? »Entscheidend ist auf dem Platz.« Ich finde, wir sollten mitspielen und nicht auf der Tribüne sitzen.

Falls es mit den geographischen Herkunftsbezeichnungen übrigens einmal so weit kommen sollte, dass unter TTIP ein in den USA gebrautes Kölsch nicht mehr so heißen darf, weil es weder der Kölner Bucht entstammt noch der Kölsch-Konvention von 1985 entspricht, hätten die Amerikaner schon eine Alternative. Wie mir ein Mikro-Braumeister sagte, gibt es für Biersorten wie Kölsch in den USA eine eigene Bezeichnung: »Wir nennen so was ein Rasenmäher-Bier. Schön leicht und perfekt, um nach dem schweißtreibenden Rasenmähen an einem heißen Sommertag seinen Durst zu löschen.« Ich glaube, er meinte das als Kompliment. Noch mehr schmunzeln musste ich, als ich in einem amerikanischen Supermarkt ein Bier namens »St. Pauli Girl« entdeckte. Von wegen regionale Herkunftsbezeichnungen: Statt einer norddeutschen Schönheit im Fischerhemd, wie der Name vermuten lässt, ziert das Etikett eine blonde Wiesn-Kellnerin im Dirndl und ein paar Maßkrügen in den Händen. Zunächst hielt ich das für die platte PR-Nummer einer US-Brauerei, um den Verkauf mit dem Bedienen deutscher Klischees anzukurbeln. Doch bei näherer Betrachtung stellte sich heraus, dass es von einem regen Teilnehmer am transatlantischen Warenverkehr stammt: einer großen Brauerei in Bremen.

Das pazifische Jahrhundert?
Amerikas *Pivot to Asia*

> *»Stelle jedem Hindernis Geduld, Beharrlichkeit und eine sanfte Stimme entgegen.«*
> Thomas Jefferson

Es gibt Momente, da fühlt man sich wie im Film. In diesem Fall wie im Vietnamkriegsfilm *Apocalypse Now*. Das Fauchen und Donnern der abhebenden und landenden Jets war erst wenige Minuten zuvor verklungen, da dröhnte die typisch verzerrte Gitarre von Jimi Hendrix über den Pazifik, irgendwo einige Hundert Seemeilen vor Hawaii. Während eine Hundertschaft blau, gelb, rot und grün gekleideter Matrosen in einer geschlossenen Reihe das Flugdeck abschritt, um von den Flugzeugen abgefallene Kleinteile aufzusammeln, wahwahte »Voodoo Child« schallend über den Flugzeugträger USS *Ronald Reagan*. Dieses Abschreiten durch das Personal zwischen den Flugphasen ist eine Routinemaßnahme; die dröhnende Motivationsspritze über die Bordlautsprecher entsprang wohl einer Laune des diensthabenden Offiziers.

Mein Blick von der Brücke schweifte über die surreale Szene auf dem Flugdeck hinaus: Um uns herum war nichts als der tiefblaue Pazifik. Aber noch beeindruckender als das Panorama war das Schiff, auf dem wir uns befanden. Flugzeugträger sind nicht umsonst der ganze Stolz der amerikanischen Marine. Sogar das Football-Team der Navy-Akademie in Annapolis hat auf den Helmen das Bild eines *Carriers* in voller Fahrt. »100 000 Tonnen Diplomatie« nennen die Amerikaner ihre Flugzeugträger gerne, und ein atombetriebener Koloss wie die *Ronald Reagan* kam mir in der Tat wie ein sehr schlagkräftiges Argument vor. Ihr Motto »*Peace Through Strength*« bezieht sich auf die Haltung ihres Namensgebers: Frieden durch Stärke. Reagan wird auch deshalb von den Falken in Amerikas Außenpolitik so verehrt, weil er in den Augen der Konservativen die Sowjetunion vor allem durch ein teures Wettrüsten um der militärischen Stärke willen in die Knie zwang. Dieses Motto beschwören heute auch wieder viele Konservative und scheinen dabei zu vergessen, dass die Welt mittlerweile weniger einfach in Blöcke aufzuteilen ist und eine Terrorgruppe wie der »IS« sich nur bedingt von Flugzeugträgern beeindrucken lässt.

Ein solcher Träger ist aber nicht nur eine Demonstration der Stärke, sondern auch eine schwimmende Stadt. Die Besatzung von mehr als 5000 Männern und Frauen verteilt sich auf die unterschiedlichsten Aufgaben, vom Friseur bis zum Kampfpiloten, vom Pfarrer bis zum Richter. Uns führte ein Presseoffizier quer durch dieses Labyrinth von Decks und Gängen, Treppen und Türen. Wir waren an Bord, um im Juli 2014 über RIMPAC, das größte Marinemanöver der Welt, zu berichten. Seit Anfang der siebziger Jahre lädt die US-Navy alle zwei Jahre die Flotten von Pazifikstaaten nach Hawaii ein, um in den Gewässern rund um die Inselgruppe eine gemeinsame Marineübung abzuhalten. Ein bisschen hat das was von Kieler Woche, nur einige Nummern größer, wenn japanische Zerstörer mit australischen Fregatten versuchen, koreanische und kanadische Nachschubschiffe zu koordinieren. Auf jeden Fall ist es stets ein außergewöhnliches militär-nautisches Experiment. In jenem Jahr hatte das Manöver aber eine besondere Brisanz und bekam entsprechend größere Aufmerksamkeit in den Medien. Erstmals waren nämlich auch Schiffe der chinesischen Marine eingeladen. Und die Volksrepublik war der Einladung der Amerikaner nicht nur gefolgt, sondern hatte eines der größten Kontingente von allen Teilnehmern geschickt, unter anderem einen Zerstörer, eine Fregatte, ein Lazarettschiff sowie Helikopter und ein Taucherteam.

Das Auftreten Chinas war Ausdruck eines neugewonnenen Selbstbewusstseins der chinesischen Marine. Bislang beherrschte die US-Navy den Pazifik nach Belieben;[43] vor allem dank seiner Flugzeugträger-Flotte betrachteten manche Admiräle den Stillen Ozean als eine private Badewanne der Amerikaner. Der aufstrebenden Macht China war das stets ein Dorn im Auge. An Land konnte die Volksbefreiungsarmee mit beeindruckenden Zahlen aufwarten, doch auf See reichte es bis vor kurzem nicht zu mehr als reinem Küstenschutz. Das hat sich gewaltig geändert. China peilt mit klarem Kurs den Aufstieg zur Seemacht an. Sogar einen Flugzeugträger – ein wieder flottgemachtes, ausrangiertes Schiff aus Sowjetbeständen – hat Peking mit viel Pathos und stolzgeschwellter Brust mittlerweile in Dienst gestellt.

Dabei geht es den Chinesen nicht nur darum, irgendeinen maritimen Minderwertigkeitskomplex zu verarbeiten, sondern auch um klare geopolitische Ziele. Seit Ende des Zweiten Weltkriegs haben die USA ihre Vormachtstellung im asiatisch-pazifischen Raum ausgebaut und sind dort seitdem der Garant für Stabilität. US-Schiffe sorgen für freie Seewege und eine internationale Ordnung nach amerikanischen Vorstellungen. Dass diese für China überlebenswichtigen Routen von der Kontrolle und Sicherung durch die Amerikaner abhängen, macht die stolze chinesische Führung nervös, genauso wie die amerikanische Präsenz vor der eigenen Haustür. Wie würden die USA es wohl finden, so die Sicht in Peking, wenn chinesische Schiffe anfingen, rund um Hawaii oder vor der Küste Kaliforniens zu patrouillieren? Offensichtlich würde China den Pazifik lieber in Einflusssphären aufteilen, nach der Devise: Ihr kriegt »eure« Seite bis Hawaii und wir den Rest.

Aber die USA denken momentan gar nicht daran, sich zurückzuziehen. Im Gegenteil: Die Rolle der USA als Weltmacht basiert nicht nur auf ihrer militärischen Kraft, sondern auch auf ihrer wirtschaftlichen Dominanz. Diese zu schützen hat für Militär und Regierung oberste Priorität. »Außenpolitik ist Handelspolitik. Und Handelspolitik ist Außenpolitik«, sagt US-Außenminister John Kerry regelmäßig. Eine der ersten außenpolitischen Vorgaben, die der auf Hawaii geborene und zeitweise in Indonesien aufgewachsene Präsident Obama ausrief, war demnach der *Pivot to Asia*: eine außenpolitische Hinwendung nach Asien und zum pazifischen Raum. Der »pazifische Präsident« Obama hat erkannt, dass sich der Riese China rührt – militärisch und wirtschaftlich –, und beschlossen, sich wieder vermehrt auf diese Region zu konzentrieren und sein Land dorthin auszurichten. Obama ließ in seiner Amtszeit kaum Gelegenheiten aus, sich asiatischen Ländern anzunähern. »Er glaubt, dass Asien der Bereich der Welt mit der größten Tragweite für die Zukunft Amerikas ist«, sagte US-Verteidigungsminister Ashton Carter über seinen Chef. »Und dass kein amerikanischer Präsident die Augen von der Region abwenden kann.«[44] Das dürften auch Obamas Nachfolger nicht wesentlich anders sehen.

China fühlt sich von dieser Ausrichtung bedroht. Wenn die Chinesen übers Meer hinausblicken, fühlen sie sich von den USA und seinen Verbündeten umzingelt. In Japan, Südkorea und auf den Philippinen unterhalten die Amerikaner große Militärstützpunkte. Die unter anderem in Japan und auf Guam stationierte, für den westlichen Pazifik zuständige Siebte Flotte ist der größte Verband der Navy. Mit Taiwan, das die Volksrepublik nach wie vor als abtrünnige Provinz betrachtet, haben die USA einen Beistandspakt – ein weiterer Grund für die massive Aufrüstung Chinas, welche wiederum die Amerikaner beunruhigt. Der Kommandeur des Flottenverbandes um die USS *Ronald Reagan,* Konteradmiral Patrick D. Hall, sagte mir: »Wir wüssten gerne, warum sie ihre Marine so aufrüsten. Geht es China darum, seine Grenzen zu schützen? Das wäre ein Grund. Gibt es aber einen anderen, würden wir diesen gerne kennen. Wir wollen einfach etwas mehr Transparenz und ihre Absichten verstehen.«

Eines haben die Chinesen bereits unmissverständlich klargemacht: Sie wollen sich nicht länger zurückhalten, wenn es um ihre Interessen geht. Und diese liegen nicht nur vor ihrer Haustür: China beansprucht das gesamte Südchinesische Meer innerhalb einer scheinbar willkürlich gezogenen Grenze aus neun Strichen. Mit dieser Neun-Striche-Linie markiert die Volksrepublik ihren Herrschaftsanspruch über ein gigantisches Seegebiet einschließlich mehrerer Inselgruppen. Weil aber auch die anderen Anrainerstaaten Anspruch erheben, streitet sich China mit fast allen seinen Nachbarn um Gebiete, die zum Großteil nicht gerade vor seiner Küste liegen. Dabei geht es nicht nur um die Luft- und Seehoheit entlang einer der weltweit wichtigsten Handels- und Schifffahrtsrouten, sondern auch um militärische Einflusssphären, Fischgründe und Bodenschätze wie Erdöl und Erdgas. In Zeiten des Klimawandels und eines steigenden Meeresspiegels gewinnt der Konflikt zusätzlich an Relevanz.

Das führt zu den absurdesten Situationen, etwa in der Nähe der Spratly-Inseln. Weil unter anderem auch die Philippinen diese Inselgruppe beanspruchen, hat die philippinische Marine ein altes, rostendes Schiff auf ein Riff mitten im Meer gerammt. Auf diesem einsamen Außenposten harrt nun eine Handvoll tapferer Soldaten aus, um gegenüber den expandierenden Chinesen Präsenz zu zeigen. Einmal im Monat wirft ein Flugzug Lebensmittel ab – versorgt werden können die Männer nur aus der Luft, da rund um das philippinische Wrack chinesische Schiffe lauern. Und zwar nicht welche von der Marine, sondern von der Küstenwache, obwohl die chinesische Festlandküste mehr als tausend Kilometer entfernt ist! Deutlicher könnte die Volksrepublik ihr neues Selbstbewusstsein und ihren Besitzanspruch kaum demonstrieren. Das Südchinesische Meer soll nicht nur so heißen, sondern es soll tatsächlich zu China gehören.

Davon hält die Volksrepublik auch kein internationales Recht ab. Der Streit zwischen China und den Philippinen landete vor dem Ständigen Schiedsgerichtshof in Den Haag. Als die Richter im Juli 2016 zugunsten der Philippinen urteilten, dass China nicht das Recht habe, historische Ansprüche auf das Gebiet und die darin enthaltenen Rohstoffe zu erheben, kam aus Peking nur ein lapidares Schulterzucken: Das Urteil wird nicht akzeptiert, das Gericht nicht anerkannt.[45]

Was zunächst absurd erscheint, ist tatsächlich ein sehr gefährlicher Konflikt, der sich schnell hochschaukeln kann, wie die Auseinandersetzung um eine andere Inselgruppe zeigt, diesmal im Ostchinesischen Meer. China streitet sich mit Erzfeind Japan um die Senkaku-Inseln, von China Diaoyu-Inseln genannt, ein mickriger, unbewohnter Felshaufen, der aber für gewaltige Spannungen sorgt. Immer wieder kommt es dort zu Konfrontationen, gefährlichen Manövern und Kollisionen, wenn die japanische Küstenwache etwa auf chinesische Fischerboote trifft.

In solchen Zwischenfällen liegt das Problem für die Amerikaner. Die wenigsten Beobachter gehen von einer bewussten militärischen Aggression der Chinesen aus; vieles davon sei strategisches Säbelrasseln. Was aber, wenn es zu einer ungewollten Eskalation auf hoher See käme? Was, wenn aus den Rangeleien ein bewaffneter Konflikt entstünde? Wo wird die »rote Linie« gezogen? In solche Auseinandersetzungen im Nirgendwo könnten auch die USA hineingezogen werden. Ihrem engen Verbündeten Japan müssten sie militärisch beistehen. Und angesichts des »Raumge-winns« von Russlands Präsident Putin auf der Krim könn-ten sich die Chinesen ermutigt fühlen, ebenso ihr Glück zu versuchen und weitere Inseln zu besetzen, so wie sie es 2012 auf dem Scarborough-Riff westlich der Philippinen getan haben.

Die Senkaku-Inseln stehen unter japanischer Verwal-tung, doch China akzeptiert das nicht und rief 2013 eigen-mächtig eine Flugverbotszone für das Gebiet aus. Daraufhin schickten die Amerikaner B-52-Bomber ohne Anmeldung über die Inseln. »Wir sind mehrmals – ohne Probleme – über die Inseln geflogen seit dieser Ankündigung«, sagte Konteradmiral Hall. »Wir würden aber gerne sehen, dass die Chinesen etwas mehr mit ihren Nachbarn kooperieren, wenn sie etwas beschließen. Besonders, wenn es um Gebie-te geht, die ihnen vielleicht gar nicht gehören.«

Darauf haben die Chinesen eine schlagkräftige Ant-wort gefunden: Sie bauen sich einfach die von ihnen ein-geforderten Gebiete. Mehrere Korallenriffe und Atolle der Spratlys hat China bereits zu kleinen Inseln aufgeschüttet, dafür Muscheln und Korallen abgebaggert, Sand vom Mee-resboden hinaufgefördert und tonnenweise Zement vom Festland dorthin transportiert. Satellitenbilder zeigen, dass diese Stützpunkte rasch heranwachsen.[46] Wo noch wenige Monate zuvor Wellen plätscherten, stehen jetzt feste Ge-bäude, Öldepots, Hafenanlagen. China untermauert buch-stäblich seinen Besitzanspruch auf das Gebiet. Auch für Landebahnen sind einige dieser künstlichen Inseln mittler-weile groß genug.

Auch darauf reagierten die USA und schickten im Ok-tober 2015 einen Zerstörer, der in unmittelbarer Nähe der Inseln fuhr und dabei nicht die für Hoheitsgewässer gültige Zwölf-Seemeilen-Zone beachtete – ein deutliches Signal an Peking, dass Washington den Versuch, handfeste Tatsachen zu schaffen, nicht billigt und die aufgeschütteten Inseln nicht als chinesisches Territorium anerkennt. Die absichtliche Provokation war den entsprechenden Stellen in China zuvor nicht angekündigt worden. »Das brauchten wir nicht – wir haben nur unser Recht auf freie Seefahrt in internationalen Gewässern ausgeübt«, kommentierte der Sprecher des US-Außenministeriums John Kirby das Manöver knapp. Offensichtlich wollten die USA ihre Verbündeten beruhigen und ihnen versichern, dass Amerika dem Landgewinn nicht tatenlos zusieht. Denn je mehr China sich aufplustert und seine Ansprüche mit Macht durchdrücken will statt über seerechtliche Schiedsgerichte, desto weniger akzeptieren Amerikas Verbündete Chinas wachsende Rolle in der Region und desto mehr suchen sie die Nähe zu Washington.

Bemerkenswerterweise gilt das auch für nicht mit den USA verbündete Staaten wie Vietnam oder Myanmar, deren Sorgen vor chinesischer Dominanz dazu führen, dass sie sich den USA gegenüber aufgeschlossener zeigen. Obamas historischer Besuch 2012 in Myanmar etwa, der erste eines US-Präsidenten in diesem Land auf dem Weg von der Militärdiktatur zur Demokratie, wurde auch dadurch möglich. Und Vietnam hat gemeinsam mit den USA das Freihandelsabkommen im pazifischen Raum TPP unterschrieben, was zu einer engeren wirtschaftlichen Anbindung an Amerika führt. Im Mai 2016 hob Präsident Obama nach einem halben Jahrhundert das Verbot von US-Waffenexporten in das Land auf. Sogar eine permanente Stationierung von US-Militär in Vietnam scheint für die nahe Zukunft nicht ausgeschlossen. In Vietnam!

Das Ergebnis des chinesischen Muskelspiels könnte also letztlich das genaue Gegenteil bewirken: keine Stärkung der chinesischen Position in Fernost, sondern eine allgemein abgelehnte Hegemonie, die China isoliert und dem Land eher schadet als nützt. Allerdings: Werden die USA irgendwann chinesische Baukolonnen mit Zerstörern aufhalten, wenn China einfach weiter Tatsachen ins Südchinesische

Meer stampft? Inwieweit sind die USA wirklich bereit, der chinesischen Expansion aggressiv Einhalt zu gebieten?

Im Mai 2016 wäre es fast zu einem folgenschweren Zwischenfall gekommen, als zwei chinesische Jagdflieger ein amerikanisches Aufklärungsflugzeug abdrängten und dabei in nur 15 Metern Entfernung an ihm vorbeidonnerten.[47] Was wäre passiert, wenn es bei dieser deutlichen Drohgebärde zu einem Unfall gekommen wäre, wenn auch nur aus Versehen? Kurz darauf kündigte Peking an, erstmals ein Atom-U-Boot auf Patrouille in den Pazifik zu schicken, als Reaktion auf die amerikanischen Pläne, Südkorea mit dem THAAD-Raketenabwehrsystem auszustatten. Wie weit wird diese Eskalation gehen?

Am RIMPAC-Manöver nahm auch einer der wichtigsten US-Verbündeten in Asien teil: Japan. Doch an Übungen unter japanischer Führung weigerten sich wiederum die Chinesen teilzunehmen – ein diplomatischer Balanceakt für die USA. Diese Anspannung war auch zu spüren, als wir die Brücke der *Ronald Reagan* besuchten. Zunächst herrschte Routine, bis plötzlich eine chinesische Fregatte Kurs auf den US-Flugzeugträger nahm. Sie hielt genau auf uns zu. Aus der nervösen Kommunikation unter den wachhabenden Offizieren ging klar hervor, dass dies nicht abgesprochen war. Was hatte die Fregatte vor? Dann drehten die Chinesen doch noch ab und fuhren eine Weile parallel zur *Reagan*. Ein symbolisches Kräftemessen auf hoher See. Gerade weil China und die USA sich so misstrauisch beäugen, war die RIMPAC-Premiere der Chinesen so bedeutsam.

Dabei dürften beide Länder überhaupt kein Interesse an einer militärischen Eskalation haben. Denn wirtschaftlich sind sie verzahnter denn je. Mittlerweile ist China nicht mehr nur Werkbank für den Globus und Exportweltmeister, sondern führt im Ausland einen Investitionsfeldzug. Spätestens seit das Land 2001 der Welthandelsorganisation WTO beitrat, steckt es Geld in Entwicklungsprojekte in Afrika, Kooperationen in Europa oder eben Firmen in den USA, wobei Letztere ein besonders attraktives Ziel zu sein scheinen. 2015 stellten chinesische Investoren einen neuen Rekord auf: 15,7 Milliarden Dollar investierten sie in den USA, ein Plus von dreißig Prozent zum Vorjahr.[48] Das bankrotte Detroit etwa kommt auch dank chinesischer Finanzspritzen wieder auf die Beine. Immobilienspekulanten aus Fernost kaufen lange leerstehende Häuser und Bürotürme im Zentrum auf und sanieren sie, zum Beispiel das ehemalige Redaktionsgebäude der Tageszeitung *Detroit Free Press*. Dass es im Herkunftsland der Geldgeber mit freier Presse nicht weit her ist, kümmert die wenigsten in Detroit. Solange der mächtige Regierungsausschuss, der ausländische Investitionen in Amerika auf Probleme für die nationale Sicherheit überprüft, nichts dagegen hat, ist das Geld aus China hochwillkommen.

Chinesische Firmen reanimieren die Herzkammer der amerikanischen Autoindustrie nicht nur mit Geld, sondern mittlerweile auch mit Know-how *Made in China*. Der Auto-Zulieferer ZYNP beispielsweise ist ein weltweiter Marktführer für Zylinderrohre und beliefert Ford, Chevrolet & Co. so erfolgreich, dass die Firma in Detroit Dutzende von Arbeitsplätzen geschaffen hat. China dreht den Spieß um: Nun sind Amerikaner die Angestellten, und der Chef ist ein Chinese. Der US-Markt sei absolut ideal, frohlockt dieser, um Chinas Außenhandelsüberschüsse aufzunehmen.

Es gibt sogar einen regelrechten Investitionstourismus. Ganze Delegationen chinesischer Investoren unternehmen organisierte Reisen kreuz und quer durch die Staaten, um das US-Wirtschaftssystem und amerikanische Geschäftsgepflogenheiten besser kennenzulernen und um mögliche Anlageprojekte und -chancen auszuloten. Amerika gilt in turbulenten Zeiten als sicherer Hafen. Bei einer Cocktailparty solch einer Wirtschaftsreisegruppe auf dem Dach eines Wolkenkratzers in Los Angeles erklärte mir der Organisator: »Die Chinesen bringen ihr Geld lieber auf die andere Seite des Pazifischen Ozeans. Das ist ihnen sicherer, wegen des Systems. Vielleicht wissen Sie das nicht, aber in China haben private Unternehmer nie das Gefühl, dass ihr Geld wirklich ihnen gehört. Denn es gibt jede Menge Regeln, Kontrollen, Einschränkungen. Und nur, wenn sie ihr Geld aus China hinaus und in ein Land wie die USA schaffen, können sie sicher sein, dass es auch wirklich ihr Geld ist.« Zu Hause im autoritären Staatskapitalismus Geld machen und dann vom liberalen Geschäftsklima Amerikas profitieren – Chinas Unternehmer picken sich das Beste beider Welten heraus. Präsident Xi Jinping redet viel vom chinesischen Traum, doch handelt dieser von einem großen und starken China, weniger vom Individuum. Chinas wohlhabende Bürger, so scheint es, träumen eher den amerikanischen Traum, der sich um den Einzelnen dreht.

Hinzu kommt, dass China mit seinen gigantischen Devisenreserven in großem Stil amerikanische Staatsanleihen aufgekauft hat und zu Amerikas größtem Gläubiger geworden ist. Damit lassen sich in den USA leicht Ängste vor einem möglichen Ausverkauf schüren. Die Befürchtung lautet, China greife die globale Ordnung an, welche die USA und ihre Partner im Laufe des 20. Jahrhunderts aufgebaut haben. Es liefen schon Wahlwerbespots, die eine nicht allzu ferne Zukunft zeigen, in der ganz Amerika für die Chinesen arbeitet.[49] Auch Donald Trump schlug erfolgreich in diese Kerbe. »Wir verlieren gegen China!« war einer seiner ersten Wahlslogans.

Die neugegründete Asiatische Infrastruktur-Investmentbank (AIIB), die, wie der Name schon sagt, Geld für Infrastruktur-Projekte im asiatischen Raum zur Verfügung stellt, nährt diesen Eindruck, denn sie ist ein erfolgreicher Coup gegen das westlich dominierte globale Finanzsystem.[50] Der Verdruss über die amerikanische Prägung der Weltwirtschaft sowie die Dominanz der USA in zentralen Institutionen wie Weltbank und Internationalem Währungsfonds

(IWF) hatte China dazu gebracht, ein alternatives Finanzsystem aufzubauen. Zu lange hatten die USA eine gerechtere Stimmenverteilung im IWF zugunsten aufstrebender Nationen wie China mit einer Hinhaltetaktik verweigert. Die USA versuchten, andere westliche Länder davon abzuhalten, die AIIB mitzubegründen oder ihr beizutreten – ohne Erfolg. 2015 stiegen Europas Wirtschaftsmächte, darunter auch Deutschland, bei den Chinesen ein. Die Bundesrepublik wurde sogar Gründungsmitglied der Bank, weil die Bundesregierung in ihr ein potentielles Fenster für noch engere Kooperationen und Verflechtungen zwischen China, weiteren Schwellenländern und dem Westen sieht. So entstand ein potentiell mächtiges finanzielles Gegengewicht in Fernost mit Auswirkungen auch auf unsere Wirtschaft. Chinas Erfolg, den Westen derartig zu spalten, hat zum amerikanischen Misstrauen enorm beigetragen. Und dürfte dafür sorgen, dass sich Amerika umso wachsamer der Pazifikregion zu- und möglicherweise vom Euroraum abwendet. Auch deshalb hat die Regierung Obama zuletzt so viel Druck gemacht, um das Freihandelsabkommen TPP voranzutreiben, das China nicht mit einschließt. TPP betrachten die USA als ein Mittel, um Chinas Macht im globalen Handel zu neutralisieren. Obama hatte TPP immer mit dem Argument verteidigt, dass die USA die Handels- und Finanzstandards selbst setzen und mitbestimmen sollten, statt nur zuzusehen, wie andere sie alleine vorantreiben – und dabei zweifellos an China gedacht.

Längst sehen die Vereinigten Staaten – wie auch die Bundesrepublik – in China nicht nur einen billigen Produktionsstandort, sondern vor allem einen gigantischen Absatzmarkt mit 1,3 Milliarden Kunden. Die Grundlage für Chinas aktuellen Aufstieg war die Öffnung dieses Marktes durch den Beitritt zur Welthandelsorganisation WTO, für den Peking Tausende Handelsbeschränkungen abbauen musste. Deutsche Autobauer frohlocken seitdem über die wachsende chinesische Mittelschicht, die sich plötzlich deutsche Autos leisten kann und will. Genauso freuen sich Milchbauern in Nevada darüber, dass diese Mittelschicht Milch als Lebensmittel entdeckt hat und ihre gesamte Produktion nun in Pulverform nach China geht. Nach einem Skandal um vergiftetes Milchpulver für Babynahrung im Jahr 2008 haben chinesische Kunden einfach mehr Vertrauen in importierte Lebensmittel. Dafür gibt es unzählige weitere Beispiele.

Die Chinesen schaffen ihrerseits nicht nur ihr Geld in die USA. Wer kann, ermöglicht auch dem Nachwuchs den Schritt über den Pazifik. Es gibt in Los Angeles ganze Wohnblöcke, in denen Hochschwangere aus China auf die Niederkunft auf amerikanischem Boden warten, damit ihr Kind automatisch amerikanischer Staatsbürger wird. »Anchor Babies« werden diese Kinder genannt, weil sie die Familien der Neugeborenen quasi in den USA »verankern«. Für den Fall der Fälle – man weiß ja nie, wohin sich China noch entwickeln wird und weil das amerikanische Modell, das im Gegensatz zum chinesischen auch glaubwürdiger für bestimmte Werte steht, nach wie vor attraktiver zu sein scheint. Übrigens: An der anderen Küste, in Florida, gibt es das Phänomen auch mit werdenden Müttern aus Russland. Interessant, dass ausgerechnet Menschen aus Ländern, die Obamas Kritikern zufolge die USA vor sich hertreiben, ihren Kindern eine Zukunft in Amerika sichern.

Die wachsende Mittelschicht in China tut alles, damit dem Nachwuchs die besten Optionen offenstehen. Chinesisch mag statistisch gesehen eine Weltsprache sein, doch die Welt spricht Englisch. Also investieren auch Eltern ohne »Anchor Babies« ein Vermögen in die (Sprach-)Bildung ihrer Kinder. Viele Familien haben nur ein Kind, denn erst vor kurzem weichte die chinesische Regierung die Ein-Kind-Regel auf. Der Nachwuchs gilt deshalb vielen als Projekt, das gelingen muss, wozu Sprachkurse in der Heimat vielen nicht mehr genügen. Früher gingen junge Chinesen erst zum Studium ins Ausland; heute machen immer mehr schon ihren Schulabschluss außerhalb Chinas. Die meisten gehen in die USA.

So wie Brandon Li aus Peking, der nördlich von Boston in einer Gastfamilie lebt und auf eine elitäre, nur von Jungen besuchte Schule geht. St. John's ist eine jener *prep schools*, auf denen der Nachwuchs für die Aufnahme in die nahegelegenen Elite-Unis wie Harvard oder das Massachusetts Institute of Technology (MIT) büffelt. Der 15-Jährige vermisst sein Zuhause, ist aber begeistert vom *school spirit* hier, von der Lernbegeisterung, die ihn sofort gepackt habe: »Die Lehrer hier reißen einen total mit. Sie schaffen es, dass du lernen willst. In China gibt es meist nur sturen Frontalunterricht, ständig Prüfungen. Aber wenn immer mehr chinesische Schüler nach Amerika kommen und vom System hier beeinflusst werden, selbständiger und kreativer werden, könnte das einen riesigen Unterschied machen.« In der Tat ist Brandon einer dieser beeindruckend aufgeweckten Teenager, bei denen ich immer denke, dass sie auf ihrem Weg nach oben kaum aufzuhalten sein werden, so selbstbewusst, charmant und aufgeschlossen, wie sie sind.

Diese Investition in die Zukunft ist möglich, weil es die neue chinesische Mittelschicht unter der kommunistischen Partei zu beträchtlichem Reichtum gebracht hat. Es gilt ein ungeschriebener Pakt zwischen Volk und Staat: Ihr Einwohner schweigt, mischt euch nicht in die Politik ein, und wir sorgen dafür, dass es wirtschaftlich weiter aufwärtsgeht! Bislang ging diese Rechnung auf. Nach außen wirkt China stark und einig. »Doch im Innersten ist das Land zerrissen«, sagt die ehemalige ARD-Korrespondentin in Peking, Christine Adelhardt. »In der Ein-Parteien-Diktatur kämpfen mächtige Eliten um die Vorherrschaft, teilen Macht und Reichtum unter sich auf. Der Staat ist von Korruption zerfressen.«[51] Präsident Xi Jinping hat der Korruption den Kampf angesagt, schaltet rigoros interne Gegner aus und regiert sein Land auch sonst mit harter Hand – gegenüber Oppositionellen und Journalisten, gegenüber allen, die der Verwirklichung »seines« chinesischen Traums im Weg zu stehen scheinen. Seit Mao war kein Führer so mächtig wie er. Unter Xi wirkt China erst recht wie der autoritäre Gegenentwurf zu den USA.

Was passiert aber, wenn dieser Pakt zwischen Bürgern und Staat nicht mehr eingehalten wird? Die chinesischen Börsenturbulenzen 2015 und die schrumpfenden Wachstumsprognosen deuten darauf hin, dass die Aussicht auf Wohlstand nicht mehr so selbstverständlich ist, dass man mit ihr dauerhaft einen Maulkorb für die Bevölkerung rechtfertigen könnte. Chinas Bevölkerung scheint widerspenstiger zu werden. Proteste gegen Umweltverschmutzung, gegen behördliche Gängelung oder Rufe nach Reformen sind keine Seltenheit mehr, und im Internet taucht immer wieder Kritik an der Zensur auf. Der Unmut der Bevölkerung kocht immer öfter hoch, und der Regierung fällt es zunehmend schwerer, ihn unter dem Deckel zu halten. Das ist eben die Folge, wenn das Land seine Investoren in die Welt schickt, um in anderen Ländern zu agieren, und zahlreiche gegenwärtige und angehende Führungskräfte im Ausland, vor allem den USA, ausgebildet und geprägt wurden. Bislang hatte die Öffnung zu einer erfolgreichen Wirtschaftsentwicklung geführt, die nach innen zu einer Stabilisierung des Systems führte. Doch es ist gut möglich, dass genau diese Öffnung die Kader in Peking ins Wanken bringt.

Dies ist ein weiterer Grund, warum die USA stärker Richtung Fernost blicken. Wenn die Machthaber in Peking das Gefühl haben, das Reich der Mitte ließe sich nur noch mit Säbelrasseln, nationalistischen Tönen und dem Fingerzeig auf äußere Feinde wie die USA regieren und unter Kontrolle halten, könnte das enorme Konsequenzen haben. Nicht nur wäre der direkte Konflikt mit China dann ein mögliches

Szenario, sondern auch der Handel, der gemeinsame Kampf gegen den Klimawandel und die Lösung internationaler Krisen (zu der China viel beitragen kann) würden stark beeinträchtigt.

Obama hat stets betont, ein geschwächtes, sich bedroht fühlendes China sei deutlich gefährlicher und unberechenbarer als ein erfolgreiches, wachsendes China. Eine immer engere wirtschaftliche und gesellschaftliche Verflechtung zwischen den USA und einem prosperierenden China dagegen mache die Welt sicherer. Und davon profitierten auch wir und unsere Wirtschaft. Es gibt den alten Spruch: »Halte deine Freunde nahe bei dir, aber deine Feinde noch näher.« Er gelte hier besonders, schreibt Zachary Karabell, der das Aufkaufen von US-Firmen durch die chinesische Konkurrenz ausdrücklich begrüßt: »Der beste Weg, um Chinas aggressive Expansion in Schach zu halten, ist, die Investitionen aus Fernost zu erleichtern. Je mehr chinesisches Geld in die USA fließt, desto mehr Interesse hat China an guten Beziehungen, weil es umso mehr zu verlieren hätte, sollten die Beziehungen sich verschlechtern. Das ist ein Faktor, der bei allen möglichen Entscheidungen ins Gewicht fällt. Und die Kompromissbereitschaft bei Verhandlungen genauso erhöht wie den Willen, auf die Sorgen und Befindlichkeiten der anderen Seite einzugehen.«[52] Dieser Gedanke trieb schließlich auch die europäische Integration voran. Trotz aller Mängel und Fehler hat die EU dafür gesorgt, dass die europäischen Nachbarn so viel ineinander investierten, dass wir nach Jahrhunderten voller Konflikte seit Jahrzehnten friedlich miteinander auskommen. Je verflochtener wir sind, desto sicherer leben wir. Lassen wir dagegen unsere Ängste vor der Bedrohung durch andere zu und schüren Isolationismus, können wir nur verlieren. Das enttäuschende Brexit-Votum hat gezeigt, dass diese Einsicht leider keine selbstverständliche ist und offenbar noch deutlich betont werden muss.

Deutschland ist sich über die Sorgen und Fragen bezüglich China mit den USA weithin einig. Produktpiraterie, Cyber-Spionage oder Hackerangriffe, mangelnde Rechtsstaatlichkeit, eine aggressive Währungspolitik oder die Bedrohung internationaler Handelswege betreffen auch uns. Allerdings setzen wir – aus Mangel an Alternativen – mehr auf *soft power*. Wir können keine Flugzeugträger schicken, sondern nur Handelsdelegationen, Diplomaten und Experten; wir können Dialog-Plattformen und den guten alten Wandel durch Annäherung fördern. Bundeskanzlerin Angela Merkel hat die Volksrepublik seit ihrem Amtsantritt fast ein Dutzend Mal besucht. Das zeigt die Bedeutung, welche die Bundesregierung dem Verhältnis zur Volksrepublik beimisst.

Keine Frage, die Welt des 21. Jahrhunderts werden die drei Mächte USA, China und Europäische Union maßgeblich prägen und gestalten.[53] Und da Deutschland innerhalb der EU eine Führungsrolle innehat, müssen auch wir angesichts der wachsenden Bedeutung Asiens und der Hinwendung der USA zu dieser Region unsere Schlüsse ziehen und unsere sicherheitspolitische sowie wirtschaftspolitische Strategie neu ausrichten. In diesem Dreieck USA–China–EU gibt es durchaus Spannungen und unterschiedliche Standpunkte, wie das Beispiel Asiatische Infrastruktur-Investmentbank zeigt. Dass die Amerikaner und wir aber unterschiedliche Herangehensweisen im Umgang mit China haben, muss keinen Gegensatz bedeuten. Wir müssen uns nur fragen, wohin die Reise am Ende gehen soll. Wollen wir China nur als Handelspartner? Wie wichtig sind uns die Umsetzung demokratischer Prinzipien, der Pressefreiheit, der Menschenrechte? Welchen Einfluss gewähren wir China in internationalen Organisationen und Abkommen? Welche Rolle Chinas ist für unsere Interessen akzeptabel?

Dabei sollten wir uns nicht auf die wirtschaftlichen Chancen und Möglichkeiten beschränken. China hat Mittel und Wege, konstruktiv an der Lösung einer ganzen Reihe von globalen Problemen mitzuarbeiten. Als Entwicklungshelfer sind die Chinesen daran beteiligt, ganze Regionen dieser Welt infrastrukturell und wirtschaftlich aufzubauen, von Afrika bis Südamerika. Natürlich tun sie das aus Eigeninteresse, aber letztlich können dabei Märkte auch zu unserem Nutzen erschlossen werden. Die Adelung der chinesischen Währung Yuan (Renminbi) durch den IWF zur fünften Welt-Reservewährung (nach US-Dollar, Euro, japanischem Yen und britischem Pfund) am 1. Oktober 2016 ist nicht nur ein Zugeständnis an Chinas wachsenden Einfluss in der Welt. Sie zeigt auch, dass China sich öffnen kann, wenn es will. Denn es musste zuvor die erforderlichen Reformschritte einleiten, um den Yuan nicht mehr künstlich vor den Kräften des freien Marktes abzuschirmen. Beim Atomabkommen mit dem Iran hat sich Peking als verlässlicher Partner auch in internationalen diplomatischen Bemühungen gezeigt. Im Rahmen des vierten Nuklear-Gipfels im April 2016 in Washington verkündeten die Präsidenten Obama und Xi zudem die Eröffnung eines Forschungszentrums für nukleare Sicherheit und Zusammenarbeit in China. Und im Kampf gegen den Klimawandel ist es ohnehin unabdingbar, China ins Boot zu holen – ohne den Beitrag der zweitgrößten Volkswirtschaft der Welt geht es nicht. Dass die USA und China sich zu einem Abkommen über die Verringerung von CO_2-Emissionen durch Kohlekraftwerke haben durchringen können, ist ein bescheidener, aber wichtiger erster Schritt, der zeigt, dass Transparenz und steter Dialog uns alle in entscheidenden Punkten weiterbringen.

Wir müssen unser Verhältnis zum bevölkerungsreichsten Land der Erde schlicht pragmatisch sehen. China ist nun einmal ein ehrgeiziger, mächtiger Spieler auf der Weltbühne geworden, der sich nicht so leicht wegschieben lässt und bei vielen außenpolitischen Entscheidungen innerhalb der westlichen Welt mehr oder weniger offen berücksichtigt wird. Gleichzeitig zeigt sich, dass der *Pivot to Asia* der USA keine Abwendung von Europa bedeutet. Sowieso wird sich in einer immer globaleren, vernetzteren Welt kein System »durchsetzen«, wie der Politologe Charles Kupchan schreibt: »Das 21. Jahrhundert wird weder das amerikanische noch das chinesische noch das Jahrhundert von irgendwem sein. Es wird niemandem gehören. Vielmehr wird die Welt von verschiedenen Machtzentren bestimmt werden, von mannigfaltigen Versionen der Moderne. [...] Wenn sich überhaupt eine globale Ordnung durchsetzt, dann wird sie ein Amalgam sein aus diversen politischen Kulturen und aus sich miteinander im Wettbewerb befindenden Konzepten von innerstaatlicher und internationaler Ordnung.«[54]

Wie es aussieht, wenn sich ein solches Amalgam auf zwischenmenschlicher Ebene bildet, habe ich erlebt, als ich im Rahmen des RIMPAC-Manövers das chinesische Lazarettschiff besuchte. Die chinesische Marine hatte es geschickt, um stolz ihr größtes und modernstes Schiff dieser Art vorzustellen, das den vielversprechenden Namen *Friedensarche* trägt. Es ist bis unters Deck mit OP-Sälen, Krankenstationen und modernster medizinischer Ausrüstung vollgestopft. Mit der *Friedensarche* war China auch schon an verschiedenen internationalen Hilfseinsätzen beteiligt, etwa auf den Philippinen nach dem verheerenden Taifun Haiyan. Am Ende der Tour durch das rollende Schiff, auf der ein chinesischer Marinearzt versucht hatte, meine aufkommende Seekrankheit mit Akupunkturnadeln und Magnetplättchen zu bekämpfen, stolperten wir in die für mich überraschendste Szene dieses Manövers: Unter Anleitung des ranghöchsten Offiziers an Bord führte eine Handvoll amerikanischer Matrosen und Marineärzte mehr oder weniger geschmeidige Tai-Chi-Übungen aus. Sie waren für die Analyse eines gemeinsamen Rettungsmanövers auf das Schiff gekommen. Sehr zum Vergnügen der chinesischen Besatzung hielten sie sich mit zeitlupenartigen Bewegungen in ungewohnten Positionen, was bei dem starken Seegang gar nicht so leicht war. Und wie so oft hatten die chinesischen und amerikanischen Militärs im direkten Austausch und Kontakt überhaupt keine Berührungsängste oder Probleme miteinander. Eine schöne Metapher – wo doch Tai-Chi ursprünglich eine Kampfkunst für den bewaffneten oder unbewaffneten Nahkampf war, heute aber von Millionen Menschen als meditative Entspannungsmethode geschätzt wird. In den siebziger Jahren war es Tischtennis, das zu einer ersten sino-amerikanischen Annäherung und einem entspannteren Verhältnis beitrug. Vielleicht ist es im 21. Jahrhundert Schattenboxen.

Teil III

UNTERSCHIEDE UND GEMEINSAMKEITEN

Was können wir von
den USA lernen?

Immigration – aus der Krise
eine Chance machen

»Wir haben uns entschlossen, (…) diese Dinge zu tun,
nicht, weil sie leicht sind, sondern weil sie schwierig
sind.«
John F. Kennedy

»Hast du das gesehen?«, fragt mich plötzlich Tony, der neben mir sitzt. Wir fahren auf einem schnurgeraden Highway durch die schier endlose Weite des texanisch-mexikanischen Grenzgebiets, auf dem Weg zu Sheriff Benny Martinez in Falfurrias, um über die Schicksale illegal Eingewanderter zu sprechen. Es ist heiß, mehr als vierzig Grad im Schatten. Die Landschaft: staubig, trocken, fast menschenleer. Jedes Jahr sterben in diesem südlichsten Zipfel von Texas unzählige verzweifelte Menschen aus Mittel- und Südamerika, die in die Vereinigten Staaten fliehen. Sie flüchten vor Drogenkriminalität, Bandengewalt, vor der Armut zu Hause, vor ihrer eigenen Hoffnungslosigkeit. Mittlerweile suchen auch immer mehr Kinder und Jugendliche – oft alleine – den Weg über die Grenze. Der Grenzfluss Rio Grande ist in dieser Gegend alles andere als *grande*, an manchen Stellen können die *crosser* (Grenzüberschreiter) einfach hindurchwaten. Hier versperrt noch keine meterhohe Mauer den Weg nach Norden wie etwa vielerorts in Arizona. Um die auch weiter im Landesinneren eingesetzten Grenzpatrouillen zu umgehen, meidet die Mehrzahl der Flüchtlinge die großen Straßen und verläuft sich dann in der Einöde. Das Zynische dabei: Anders als die auf dem Weg nach Europa im Mittelmeer ertrunkenen Flüchtlinge haben die Menschen, die hier sterben, ihr Zielland bereits erreicht, nur um dann auf amerikanischem Boden elendig zu verdursten. Die Gegend ist eine Todesfalle. Es gibt kaum Orientierungspunkte, viele irren im Kreis herum, nachdem die Schlepper sie diesseits der Grenze abgesetzt haben – ohne ausreichend Wasser und Nahrung, ohne eine Vorstellung, wie weit die Distanzen sind.

»Hast du den Typ da gesehen? Sollen wir umdrehen?«, fragt Tony noch einmal. Ich hatte im Vorbeifahren im rechten Augenwinkel zwar auch etwas ausgemacht, das wie eine Gestalt aussah, kauernd im hohen Gras am Straßengraben. Aber vielleicht war das auch nur ein Farmarbeiter, der auf seine Mitfahrgelegenheit wartet. »Bestimmt ein *crosser*«, ist sich mein Kameramann sicher.

Wir wenden. Und tatsächlich: Im Schatten eines Strauches hockt ein völlig verstörter Junge, zitternd vor Erschöpfung. Sein Name ist Edi, gerade mal 18 Jahre alt ist er. Seit zwei Tagen habe er nichts mehr getrunken, erzählt er uns. Wir geben ihm Wasser und etwas zu essen. Edi stammt aus Guatemala, er ist seit Wochen unterwegs, auch er geflohen vor der Armut und Gewalt in seiner Heimat. »Eine Gang hat mich bedroht und gesagt, wenn ich nicht bei ihnen mitmache, dann töten sie meine Mutter. Also habe ich so getan, als würde ich mich ihnen anschließen. Und bin dann abgehauen.«

Ich frage ihn, ob er sich bewusst sei, dass er hier sein Leben riskiere. Er nickt stumm und berichtet, wie er tags zuvor völlig dehydriert durch das Gelände getorkelt sei, als er plötzlich einen fürchterlichen Gestank wahrgenommen habe. Da habe er die verweste Leiche auch schon gesehen.

»Nicht weit von hier. Und dann bin ich nur noch wegge-
rannt. Ich hatte Angst«, fügt er hinzu. Er wolle nach Los Angeles, murmelt er, »mit Gottes Hilfe«.

Wir geben Edi alles Wasser, das wir dabeihaben. Aber
mitnehmen können wir ihn nicht, so gerne wir es täten. Wir
würden uns nach US-Recht strafbar machen.

Wir fahren mit einem sehr mulmigen Gefühl weiter. Es
sind Vorfälle wie diese, bei denen man als Reporter an seine
Grenzen stößt. Was tun? Melden wir ihn der Grenzpolizei
oder dem Sheriff, um ihn außer Lebensgefahr zu bringen?
Dann könnten diese ihn genau dorthin zurückschicken, wo
er herkommt, und all seine Strapazen, das viele Geld für
die Schlepper, seine Flucht waren vergebens. Und ich mag
mir nicht ausmalen, was die Gangs in Guatemala mit ihm
und seiner Familie anstellen würden. Aber im texanischen
Buschland droht Edi elendig umzukommen.

Wir können nur hoffen, dass er sich irgendwie durch-
schlägt und nicht als ein weiterer Fall im Ordner von Sheriff Benny Martinez landet. Er ist in dem Örtchen Falfurrias
zuständig für die in diesem Bezirk von Texas gefundenen
Flüchtlingsleichen. Gerade am Morgen hat er bereits eine
weitere geborgen, eine Frau. Sheriff Martinez zeigt uns die
Fotos der jüngsten Funde. Es sind entsetzliche Bilder von bis
zur Unkenntlichkeit entstellten Leichen, manche schon von
Aasfressern zernagt, andere von der Sonne grotesk versengt.
Wenn Gräser und Büsche hochstehen, werden manche Opfer dieser humanitären Katastrophe erst nach Monaten gefunden, wenn überhaupt. »Wir finden gerade einmal einen
von fünf, vielleicht sogar nur einen von zehn. Ich versichere
Ihnen«, sagt Martinez mit matter Stimmer, »es liegen noch
eine ganze Menge unentdeckter Leichen da draußen!« Und
dann stellt er dieselbe Frage, die wir uns in Europa immer
dann stellen, wenn wieder ein Flüchtlingsboot im Mittelmeer mit Dutzenden von Menschen kentert: »Warum lassen wir so etwas zu? Wir alle lassen das zu, ich ja irgend-

wie auch. Wir sind doch besser als das. Es sterben einfach zu viele Menschen hier. In so einem großen Land wie den USA dürften wir solch eine humanitäre Krise nicht zulassen, es dürfte nicht passieren. Es ist eine Frage der Menschlichkeit«, reflektiert Sheriff Martinez. Ich kann diesem Mann mit Cowboyhut, der mit seiner Besonnenheit so gar nicht dem Klischee eines Texaners entspricht, nur stumm nickend zustimmen.

Wir in Europa sind genauso wenig wie die USA in der Lage, eine nachhaltige Antwort auf die Flüchtlingsdramen zu finden, die sich vor unserer Haustür abspielen. Dass die Europäische Union alles andere als eine Union ist, hat diese Belastungsprobe eklatant offenbart und gezeigt, wie brüchig das Konstrukt der gemeinsamen Werte von Menschlichkeit und Hilfsbereitschaft für Notleidende in Wirklichkeit ist. Zum Vorschein kam eine Union, die sich trotz aller Solidaritäts- und Betroffenheitsbekundungen nicht einmal darauf einigen kann, wie viele Flüchtlinge welches Land aufnehmen soll. Dies alles dürfte nicht passieren, es ist so unerträglich wie die Zustände an der amerikanisch-mexikanischen Grenze.

Und doch lassen sich die Situationen nicht eins zu eins übertragen. Es lohnt sich, einen Blick darauf zu werfen, wie die Amerikaner mit dem Thema Immigration grundsätzlich umgehen und wie dagegen wir Europäer, wobei wir Deutschen mit der Aufnahme von mehr als einer Million Flüchtlingen sicherlich eine Sonderrolle spielen.

Grundsätzlich muss man unterscheiden zwischen Menschen, die aus einer akuten Notlage heraus vor Terror, Krieg und politischer oder religiöser Verfolgung fliehen und somit ohnehin ein Recht auf Asyl haben, und solchen, die »nur« vor Armut und Perspektivlosigkeit flüchten und eine Chance suchen, also den sogenannten »Wirtschaftsflüchtlingen«. Doch will ich diese Unterscheidung nicht ständig hervorheben, da es letztlich beiden Gruppen um das gleiche Ziel geht:

Menschen verlassen ihre Heimat, weil sie verzweifelt sind, ums Überleben kämpfen oder schlicht ein besseres Leben wollen.

Mir ist bei meinem Besuch im texanischen Grenzgebiet und meiner Begegnung mit Edi eines klargeworden: Wir können noch so hohe Mauern bauen, wir können die »Festung Europa« oder das Bollwerk USA noch so gründlich abschotten – es wird die Menschen nicht davon abhalten, sich auf den Weg zu machen. Bei aller Gefahr, die es mit sich bringt, das Mittelmeer zu überqueren oder die staubigen Weiten von Südtexas – sie schreckt die verzweifelten Menschen nicht ab. Denn das, wovor sie fliehen, ist schlimmer. Viel schlimmer. Sie haben nichts zu verlieren und werden deshalb weiter ihr Leben riskieren, zu Tausenden. Die Frage kann also nicht lauten: Wie machen wir unsere Grenzen undurchlässiger? Sondern: Wenn all diese Menschen nun einmal kommen, warum dann nicht ganz pragmatisch das Beste aus einer furchtbaren Situation machen? Das Beste für die traumatisierten Flüchtlinge, aber auch für uns, die wir Einwanderung brauchen.

Selbstverständlich öffnen auch die USA nicht ihre Tore für alle, die kommen wollen oder sich gezwungen sehen zu flüchten. Selbst wenn die Inschrift der Freiheitsstatue in New York besagt: »Gebt mir eure Müden, eure Armen, eure geknechteten Massen, die frei zu atmen begehren, den elenden Unrat eurer gedrängten Küsten. Schickt sie mir, die Heimatlosen, vom Sturme Getriebenen, hoch halt´ ich mein Licht am gold´nen Tore!« Grenzen haben die sinnvolle Aufgabe, alles Unerwünschte fernzuhalten: Drogenschmuggel, Kriminelle, Terrorverdächtige, Banden. Aber sie sollen natürlich auch die Immigration regulieren. In den USA gibt es wie auch in Europa viele Menschen, die verunsichert darüber sind, wie ihre Gesellschaft hohe Einwanderungszahlen aushält. Viele Amerikaner leben in krasser Armut, haben kaum Aufstiegschancen und sagen sich: Wir haben hier zu Hause genug Probleme, da brauchen wir nicht auch noch neue Einwanderer und Flüchtlinge!

Solche Sorgen und Ängste muss man ernst nehmen. Entscheidend aber ist, wie man mit der Herausforderung Immigration grundsätzlich umgeht. Noch gibt es in den Vereinigten Staaten genügend Menschen – und sie stellen die Mehrzahl –, die nicht vergessen haben, dass die USA seit ihrer Gründung ein Einwanderungsland sind, ja von Immigranten gegründet wurden. Millionen Neuankömmlinge zogen an jener Inschrift im New Yorker Hafen vorbei und webten diese Einstellung in ihr Selbstverständnis ein: *the fabric this nation is made of* – der Stoff, aus dem diese Nation gemacht ist.

Natürlich lief die Einwanderung in die Vereinigten Staaten nicht immer reibungslos und ohne Spannungen ab (und dabei lasse ich die bitteren Konsequenzen für die indigene Bevölkerung Amerikas außen vor). Immer wieder kam es zu Ausschreitungen, Diskriminierung und Fremdenfeindlichkeit gegenüber Einwanderergruppen. Erst traf es die Iren und die Deutschen, dann die Italiener und die Osteuropäer, später die Chinesen und heute die Latinos (auf das spezielle Thema der Schwarzen in den USA und das immer noch grassierende Problem des Rassismus bin ich weiter vorne eingegangen).

Der Mythos von den USA als Schmelztiegel der Kulturen, in der die Assimilation und Integration von Einwanderern sich quasi automatisch vollzieht, ist eben genau das – ein Mythos. Sehr viel treffender war immer schon das Bild von den USA als Salatschüssel, in der die verschiedenen Gruppen zwar durcheinandergewürfelt und vom »Dressing« Amerika zusammengehalten werden, als solche aber durchaus erkennbar bleiben. Oft dauert es Generationen, bis die Konturen verschwimmen, auch weil zahlreiche Viertel und Nachbarschaften unverändert nach ethnischen Zugehörigkeiten getrennt sind. Angehörige der verschiedenen Gruppen arbeiten zwar zusammen, doch abends fährt man oft zu »seinen« Leuten nach Hause.

An einer Sache wird dabei aber nie gerüttelt: Es handelt sich bei ihnen allen um Amerikaner! Allein schon die Regelung, wonach jeder auf amerikanischem Boden geborene Mensch die US-Staatsangehörigkeit bekommt, egal, welche Hautfarbe er hat oder welcher Ethnie er angehört, war seit jeher als Ausdruck einer Willkommenskultur, einer offenen Grundhaltung gedacht. Zwar gab es in der Geschichte der Vereinigten Staaten immer wieder auch bittere Ausnahmen dieser Haltung. So wurden zum Beispiel im Zweiten Weltkrieg rund 60 000 amerikanische Staatsbürger mit japanischen Wurzeln in Internierungslagern zusammengepfercht oder während der *Great Depression* in den 1930er Jahren Hunderttausende in den USA geborene Menschen mit mexikanischen Wurzeln nach Mexiko deportiert. Aber so furchtbar diese speziellen Fälle waren, es ändert nicht die Grundhaltung.

In diesem Zusammenhang hatte ich kurz nach unserem Einzug in Washington eine aufschlussreiche Begegnung. Ich saß auf unserer Veranda, als unser neuer Nachbar Rob aufgeregt winkend auf mich zukam: »Ich habe da etwas Unglaubliches über dich gehört, das musst du mir erklären!« Halb verunsichert, halb amüsiert schaute ich ihn an. Rob hatte am Vorabend auf einer Party ein paar Deutsche kennengelernt und erwähnt, dass gerade ein deutscher Journalist mit Familie in seine Straße gezogen sei. Als er meinen Namen nannte, prustete seine Partybekanntschaft gleich los: »Das war doch der mit diesem Fußballspiel …!« Ja, genau, *dieses* Fußballspiel. Ich hätte nie gedacht, dass mich diese Geschichte bis über den Atlantik verfolgen würde. Also erzählte ich meinem Nachbarn Rob, wie ich im Sommer 2012 in einer *Tagesthemen*-Sendung während des Fußball-EM-Halbfinales zwischen Italien und Deutschland meine innere Zerrissenheit ob dieser Konstellation offenbart und das

Ganze mit dem Satz beendet hatte: »Che vinca il migliore – möge der Bessere gewinnen!« Und wie daraufhin der (Fan-) Protest losbrach mit dem Tenor: Unverschämtheit, was fällt dem ein, soll er doch abhauen und heimgehen nach Italien.

Rob schüttelte ungläubig den Kopf: »Aber du bist doch in Deutschland geboren und aufgewachsen!« In der Tat, die Erfahrung, mein »Deutschsein« so in Frage gestellt zu sehen, war schräg gewesen. Ich habe meine deutsch-italienische Herkunft immer als Bereicherung empfunden, mich nie *zwischen* zwei Stühlen gefühlt, sondern immer *auf* zwei Stühlen. Rob war fassungslos. Er konnte nicht begreifen, dass es in Deutschland offenbar eine Trennung – zumindest eine gefühlte – zwischen »echten« Deutschen und Nicht-ganz-so-Deutschen gibt. Diese Haltung schien ihm äußerst befremdlich, sehr unamerikanisch. In den USA ist es selbstverständlich, ein Bürger dieses Landes zu sein, ohne dafür gleich jegliche Verbundenheit mit den eigenen Wurzeln über Bord werfen zu müssen.

Das habe ich auch während meines Studiums in Boston erlebt. Ich wohnte damals mit zwei Amerikanerinnen in einer WG, deren Eltern aus China beziehungsweise aus Südkorea eingewandert waren. Entsprechend asiatisch sahen sie aus und waren auch stolz auf ihren »Migrationshintergrund«. Aber kein Mensch in den USA käme auf die Idee, dass es sich bei den beiden *nicht* um Amerikanerinnen handeln würde, sie selbst am allerwenigsten und, kurioserweise, auch kein Deutscher. Und das liegt nicht nur daran, dass sie als gebürtige Amerikanerinnen akzentfrei Englisch sprechen. Selbst Henry Kissinger konnte mit seinem bis heute unüberhörbaren fränkischen Akzent Außenminister dieses Landes werden!

In diesem Punkt hängen wir in Deutschland noch ein gewaltiges Stück hinterher. Sicher, das mag auch an der lange ablehnenden Haltung zur doppelten Staatsbürgerschaft liegen und daran, dass bei uns das *ius sanguinis* größeres

Gewicht hat als das *ius soli*, also das Abstammungsprinzip mehr bedeutet als das Geburtsortprinzip. Und dass das Stadtbild bei uns vielerorts (noch) weitgehend von einer homogeneren Bevölkerung geprägt ist als in den USA. Aber dieses Akzeptieren und Wertschätzen der Herkunft, verbunden mit dem Blick nach vorne, ohne die Frage zu stellen, ob man auch ein »echter« Amerikaner und US-Staatsbürger sei, macht den Umgang mit den Themen Einwanderung, Immigration und Integration in den USA sehr viel entspannter. Und auch zukunftsorientierter, ja cooler, moderner.

Wie gesagt, auch in den Staaten gibt es Ressentiments gegen Ausländer und Neuankömmlinge. Niemand hat das krasser offenbart als Donald Trump während seines Präsidentschaftswahlkampfes, dem seine Anhänger zujubelten für seine Vorschläge, eine Mauer entlang der mexikanischen Grenze zu bauen und Millionen nichtregistrierte Ausländer abzuschieben. Doch ist dies nicht die Mehrheitsmeinung. Und beim Thema Flüchtlinge belegt eine Studie von Amnesty International, dass eine überzeugende Mehrheit von 71 Prozent der Amerikaner dafür ist, sie ins Land zu lassen, und dafür, dass die USA mehr für sie tun sollten.[1] Die Antiflüchtlingsrhetorik, die im Wahlkampf aufkam (etwa gegen Muslime), entspricht demnach nicht der in der Öffentlichkeit vorherrschenden Haltung.

In der öffentlichen Debatte heißt es eher: »Es ist egal, woher und warum du kommst, Hauptsache, du strengst dich an, dann bekommst du eine Chance. Auch eine zweite.« Damit meine ich nicht den alten Vom-Tellerwäscher-zum-Millionär-Mythos, sondern die prinzipielle Bereitschaft, jemandem Möglichkeiten zu bieten, solange er auch bereit ist, sie zu nutzen. Das ist typisch amerikanisch und erleichtert es, Einwanderer willkommen zu heißen. Vielleicht hat diese Einstellung auch damit zu tun, dass ich in den USA eine weniger ausgeprägte Neidkultur erlebt habe als in Deutschland. Wenn jemand Erfolg hat, wird das in Amerika eher als Ansporn gesehen. Da heißt es nicht: »Warum der und nicht ich?« Sondern eher: »Wow, nicht schlecht, das könnte ich doch auch schaffen, ich muss mich halt reinhängen.« Vielleicht kommt es ja nicht von ungefähr, dass es von den rund 3,5 Millionen im Ausland lebenden Deutschen etwa 1,1 Millionen in die USA gezogen hat – solch eine motivierende Einstellung wirkt anziehend.[2]

Zu dem modernen, weltoffenen, zukunftsorientierten Deutschland, das ich mir wünsche und vorstelle, gehört es jedenfalls zu akzeptieren, dass auch wir längst ein Einwanderungsland sind. Ein Land, das sich nicht vor Flüchtlingen und Einwanderern abschotten will, sondern anerkennt, dass es zum einen schon längst der Realität entspricht, wenn Deutsche mit Nachnamen Hayali, Atalay, Dibaba, Zervakis oder Zamperoni heißen oder asiatische und afrikanische Züge haben. Zwanzig Prozent der Deutschen haben bereits mindestens ein nichtdeutsches Elternteil! Zum anderen müssen wir auch akzeptieren, dass es einer dringenden Notwendigkeit entspricht, unsere alternde, schrumpfende Gesellschaft zu öffnen, ganz pragmatisch gesehen. Das Bundesinstitut für Bau-, Stadt- und Raumforschung hat in einer aktuellen Studie vorgerechnet, dass Deutschland jedes Jahr eine Zuwanderung von mindestens 400 000 Personen (!) braucht, um die Bevölkerungszahl langfristig wenigstens stabil zu halten.[3] Kein Elterngeld, keine Kita-Gutscheine, keine noch so gutgemeinte Anstrengung der Bundesregierung, die Deutschen zum Kinderkriegen zu bewegen, reicht da aus. Dass die deutsche Bevölkerung wieder wächst, hat in erster Linie mit Zuwanderung zu tun. Wir brauchen Zuwanderung, um Herausforderungen wie Fachkräftemangel, entvölkerte Regionen oder das Füllen unserer Rentenkasse zu meistern.

Dafür muss es aber eine grundsätzliche Willkommenshaltung geben, mit einem echten Zuwanderungsgesetz als Signal, das die Aufnahme, das jeweilige Verfahren und die

Integration von Einwanderern auch von außerhalb der EU klar und nachvollziehbar regelt. In den USA gibt es beides. Zwar haben die Amerikaner hohe bürokratische Hürden und strenge Richtlinien, wer wofür wann und wie lange in die USA kommen darf. Und sie befinden sich in der geographisch komfortablen Lage, von zwei Ozeanen umgeben zu sein, was es einfacher macht, Zuwanderung zu ordnen. Aber immerhin, es gibt sie, die legalen Wege. Zum Beispiel über das Verfahren der Green-Card-Lotterie, über vereinfachte Nachzugsregelungen für Familienangehörige oder über Visaprogramme für Hochqualifizierte. Eine Vielfältigkeitsquote weist sogar speziell jenen Ländern Visa zu, aus denen gerade wenige Zuwanderer kommen, um mehr Menschen aus möglichst verschiedenen Regionen anzulocken. Der Immigration Act regelt zudem, wie viele Menschen jedes Jahr einwandern dürfen, nämlich um die 700 000. Und wer als Flüchtling anerkannt wird (auch wenn das sehr lange dauern kann), bekommt neben dem Aufenthalts- auch ein sofortiges Arbeitsrecht inklusive Sozialversicherungsnummer und Green Card und kann sich nach fünf Jahren sogar um die Staatsangehörigkeit bewerben. Kindern erlaubt das Department of Homeland Security zunächst zwei Jahre zu bleiben, auch wenn sie vorerst nicht als Flüchtlinge anerkannt werden. »Humanitäre Bewährung« nennen die US-Behörden das.

Ohne Frage ist dies ein Flickenteppich von Regeln, der nicht immer nach logischen Kriterien zusammengesetzt ist. Und auch nicht an die einwanderungsfreundliche Effizienz des kanadischen Express-Entry-Programms heranreicht. Die Green-Card-Lotterie etwa basiert auf Zufall, nicht auf Bedarf oder Notwendigkeit. Präsident Obama hat nicht zufällig – wenn auch vergeblich – für eine Reform der Einwanderungsgesetze gekämpft. Dieses wenig vorbildliche Durcheinander sollten wir uns nicht von den USA abschauen. Aber die größere Bereitschaft zur Gewährung von Einwanderungsmöglichkeiten schon. Denn die Vereinigten Staaten profitieren in vielfältiger Weise von den Ideen und der Innovationskraft, von der Energie und dem Potential, welche die Einwanderer mitbringen. Das ist ein Standortvorteil, es gehört zu den großen Stärken der USA. Nirgendwo lässt sich das besser feststellen als im Silicon Valley, wohin die kreativsten und motiviertesten IT-Tüftler aus aller Welt pilgern, um an ihren Ideen zu basteln.

Einwanderung hat nicht nur Auswirkungen im Bereich der Hochtechnologie. Auch in der Baubranche, im Dienstleistungsbereich oder in der Pflege bringen Millionen eingewanderter Menschen ein Engagement, eine Einsatzfreude und eine Leistungsbereitschaft mit nach Amerika, die nur jemand entwickeln kann, der für eine Chance dankbar ist. Wer erleben will, wie Entschlossenheit aussieht und der Wille anzupacken, der muss sich nur einmal eine Einbürgerungszeremonie in den USA anschauen. Gestandene Erwachsene leisten dort heulend vor Dankbarkeit und Erleichterung ihren Eid auf die Verfassung, und man spürt regelrecht, wie sie darauf brennen, aus den ihnen gegebenen Möglichkeiten etwas zu machen.

Auch in Deutschland zeigt sich dieser Wille. Eine Studie der Kreditanstalt für Wiederaufbau belegt, dass Migranten bei uns überdurchschnittlich oft eigene Firmen gründen, sich selbständig machen – und so überdurchschnittlich viele Jobs schaffen.[4] Zwar nicht immer erfolgreich (es gibt bei dieser Gruppe von Existenzgründern auch überdurchschnittlich viele Pleiten und Karriereabbrüche), aber es belegt, dass Zuwanderer längst nicht allesamt faul in der sozialen Hängematte liegen wollen, sondern aus eigener Kraft am gesellschaftlichen Leben teilnehmen möchten. Diese Motivation müssen wir fördern und nutzen, indem wir die Rahmenbedingungen zur Integration verbessern. Integration passiert nicht von alleine, dieser Aufgabe müssen wir uns aktiv stellen, etwa durch Sprachkurse, Wohnungsbau oder Ausbildungsförderung. Das neue Integrationsgesetz ist ein erster Schritt. Bei weitem nicht alle Neuankömmlinge sind hochqualifiziert, aber die meisten sind im arbeitsfähigen Alter, also relativ jung und deshalb lernfähig.

Die Amerikaner betrachten das Thema Einwanderung insgesamt weniger ideologisch und eher sachlich. Und sind vielleicht auch etwas naiver, aber auch optimistischer gegenüber der Frage, ob Integration gelingen kann. Es ist demnach okay, wenn Neuankömmlinge erst einmal unter sich bleiben, anstatt sich sofort unter die restliche Bevölkerung zu mischen. Der Ansatz lautet eher: *Laissez-faire*. Es muss nicht gleich perfekt laufen. Aber ich glaube doch, dass es nicht schlecht läuft, einfach, weil die Rahmenbedingungen durch jahrhundertelange Gewohnheit insgesamt besser sind. Es muss ja auch nicht jeder die Staatsbürgerschaft erhalten. Geschätzte elf Millionen illegal Eingewanderte leben in den USA. Entweder haben sie unerlaubt die Grenze überquert wie Edi aus Guatemala, oder sie sind nach Ablauf ihres Visums einfach geblieben. Sie arbeiten, die Kinder gehen zur Schule, Familien leben als Teil der Gesellschaft, oftmals zahlen sie sogar Steuern. Aber statt eine gigantische Abschiebewelle zu starten, wie sie Trump propagiert, versucht US-Präsident Obama Mittel und Wege zu finden, das Beste aus der verfahrenen Situation zu machen. Er begann 2012 mit einem Programm, das Ausländer ohne Aufenthaltserlaubnis vor Abschiebung schützt, wenn diese als Minderjährige in die USA gebracht wurden, von Eltern, Schleppern oder wem auch immer – vorausgesetzt, sie erfüllen einige Kriterien (zum Beispiel durften sie keine Straftaten begangen haben). »*Dreamers*« wurden diese Menschen getauft, in Anlehnung an die plötzliche Chance auf den amerikanischen Traum.

Im Herbst 2014 weitete Obama dieses Programm aus. Nachdem er monatelang vergeblich den Kongress bekniet hatte, endlich eine Einwanderungsreform auf den Weg zu bringen, die diese Fälle regelt, übernahm er sichtlich frustriert selbst die Initiative. Indem er am Kongress vorbei per Dekret einen Abschiebestopp auch für die Eltern dieser »Dreamers« verfügte, wenn sie länger als fünf Jahre im Land lebten.[5] Eltern von Kindern mit US-Staatbürgerschaft beziehungsweise legalem Aufenthaltsstatus sollten ebenfalls nicht mehr abgeschoben werden. Offenbar wollte Obama nicht länger zulassen, dass Familien auseinandergerissen werden. Wer zudem bestimmte Kriterien erfüllte, sollte auch eine Arbeitserlaubnis erhalten und somit in die Steuerkassen des Landes einzahlen. Insgesamt betrifft dieses Dekret bis zu fünf Millionen *illegals*. »Mal ehrlich, illegale Einwanderer aufzuspüren, zusammenzupferchen und Millionen von Menschen zu deportieren ist doch unrealistisch«, begründete Obama seinen Schritt. Besser könnte man das Akzeptieren von Realitäten nicht ausdrücken. Diese Menschen sind nun einmal da und leben oft schon jahrelang in den USA. Und vor allem: »Es entspricht auch nicht unserem Selbstverständnis als Amerikaner!«, so Obama. »Wir müssen die Debatte um Immigration vernünftig und mit Mitgefühl führen und uns dabei auf unsere Hoffnungen konzentrieren, nicht unsere Ängste.«[6] Nicht nur das Problem sehen, sondern auch die Lösungen suchen, darum geht es ihm. Pragmatisch ein Problem angehen, das sich nicht ignorieren lässt, ob es einem gefällt oder nicht.

Gleichzeitig intensivierte die US-Regierung die Versuche, illegale Einwanderung schon dort zu stoppen, wo sie beginnt: in den Herkunftsländern der Flüchtlinge. Als die Zahl der minderjährigen unbegleiteten Einwanderer im Sommer 2014 plötzlich schlagartig zunahm, reiste Vizepräsident Joe Biden nach Guatemala zu einem Krisengipfel mit den Staats- und Regierungschefs dieser Region. Die US-Regierung schnürte ein Milliarden-Investitionspaket, um der Wirtschaft in Ländern wie El Salvador, Guatemala oder Honduras auf die Beine zu helfen, in der Hoffnung, den Menschen dort wieder Perspektiven zu bieten.

Um es nochmals klarzustellen: Auch die USA sind nicht der perfekte Hafen, der alle Flüchtlinge der Welt bedingungslos mit offenen Armen empfängt. Das erkennt man allein an der Tatsache, dass die Regierung Obama (bisher) nur einige Zehntausend Flüchtlinge aus Syrien und dem Nahen Osten aufzunehmen bereit ist – eine ungewöhnlich zurückhaltende Politik angesichts der Tatsache, dass eine gewisse Verantwortung der USA für das Chaos in der Region nicht zu leugnen ist. Jede Form von Einwanderung stellt jedes Land vor große Herausforderungen; jeder Zustrom von Neuankömmlingen verändert ein Land, sorgt für Ängste. Und tatsächlich: Obwohl Obamas Initiative auch vorsah, noch härter gegen kriminelle Einwanderer vorzugehen – sprich, sie schneller auszuweisen – und die Grenzpolizei zu stärken, lief die republikanische Mehrheit im Kongress Sturm gegen den geplanten Abschiebestopp inklusive Arbeitserlaubnis. Eine solche »Milde« gegenüber Menschen, die nachweislich amerikanisches Recht gebrochen hatten, werde in den Ländern Lateinamerikas nur als Anreiz zur illegalen Einreise gedeutet und sei unfair denjenigen gegenüber, die es auf legalem Weg versuchten. Mehr noch, es nehme Amerikanern Arbeitsplätze weg, wenn diese Menschen nun aus dem Schatten der Illegalität treten dürften – so lautete die Argumentation. Dass der US-Dienstleistungssektor gewaltige Probleme bekäme, wenn diese Menschen plötzlich wegfielen, lässt sie außen vor.

An der Vollmacht des Präsidenten kamen die Republikaner nicht vorbei. Auf Eis legte Obamas Vorhaben von 2014 erst ein Bundesrichter in Texas, der der Klage von 26 (fast ausschließlich republikanisch regierten) US-Bundesstaaten gegen das Exekutivdekret stattgab. Diese Ablehnung der Initiative hob im Juni 2016 auch der Supreme Court nicht auf. Nun hängt das Schicksal von Millionen Menschen in den USA bis auf weiteres in der Schwebe.

Das Thema Einwanderung bestimmt den amerikanischen Präsidentschaftswahlkampf jedenfalls seit der Kandidatenkür. Es ist vor allem der demographische Wandel, der es auf die Tagesordnung hebt, da der Anteil der Latinos und der asiatischen Amerikaner an der Bevölkerung schneller wächst als jener der Weißen. In Kalifornien etwa haben bereits 2014 die Latinos die weißen Einwohner als größte ethnische Gruppe überholt; Texas dürfte Ende des Jahrzehnts folgen. Und diese Wähler werden sich genau anschauen, wie ein Politiker mit dem Thema Immigration umzugehen gedenkt.

Kein Land der Welt hat seit Ende des Zweiten Weltkriegs so viele Menschen aufgenommen wie die Vereinigten Staaten von Amerika. *»E pluribus unum«* lautet das Motto der USA – aus vielen wird eins. Das heißt aber nicht, dass es ein uniformes Land werden soll. Integrationsprobleme gibt es auch in den USA mehr als genug. Vielmehr ist das Motto eine ständige Erinnerung an Offenheit für Neues, Toleranz für Andersartiges und Chancen durch Vielfalt.

Auch Deutschland ist ein Einwanderungsland, durch die Flüchtlingskrise mehr denn je. Das fordert berechtigte Fragen dazu heraus, wie wir die Integration der Neuankömmlinge hinbekommen, ohne Ghettos und Parallelgesellschaften zu schaffen. Der Versuch der Integration beispielsweise türkischer Einwanderer in den sechziger und siebziger Jahren ist teilweise bis heute nicht gelungen. Wir haben also Erfahrung genug, um zu wissen, welche Fehler wir vermeiden sollten.

Stichwort Spracherwerb: Wie dieser gut funktioniert, habe ich kurz nach unserer Ankunft in Washington erlebt. Damals waren meine beiden älteren Kinder im Vorschulalter. Anders als die gleichaltrigen amerikanischen Kinder, die damit im Kindergarten anfangen, hatten sie bis dahin kaum Buchstaben oder Zahlen gelernt; zudem verstanden sie Englisch dank ihrer Mutter zwar, sprachen es aber kaum. Dreimal in der Woche bekamen sie und andere nun Förderunterricht speziell für Schüler, deren Hauptsprache nicht

Englisch ist, erteilt von eigens angestellten Lehrern – so ist es im District of Columbia gesetzlich vorgeschrieben. Es dauerte kein halbes Jahr, da entsprachen ihre schulischen Leistungen denen ihrer Mitschüler.

Dabei ist Spracherwerb nur eine von mehreren wichtigen Säulen. Die anderen sind, Menschen in Arbeit zu bringen, ihnen eine sinnstiftende Aufgabe zu geben oder eine solche zu ermöglichen, statt sie in abgeschotteten Wohnblöcken sich selbst zu überlassen. Das kann die Politik nicht allein erreichen, Integration ist eine gesamtgesellschaftliche Aufgabe. Dabei geht es nicht zuletzt um die Frage: Wie verhindern wir Radikalisierung? Die Attentäter von Brüssel und Paris waren fast alle in den angegriffenen Ländern aufgewachsen. Wie können wir verhindern, dass sich ein solcher Hass auf unsere offene Gesellschaft und ihre Werte entwickelt, gerade unter Jugendlichen? Darüber können wir uns noch besser mit unseren europäischen Nachbarn austauschen, aber eben auch mit den USA. Diese Brücken zu bauen ist eine Aufgabe, die zentral für die Zukunft unserer Gesellschaften sein wird.

Vor allem aber müssen wir in Deutschland versuchen, Einwanderung und die Flüchtlingskrise nicht allein als Bedrohung zu sehen, sondern diese Realität zu akzeptieren und mit ihr konstruktiv umzugehen. Immerhin haben andere Länder wie Jordanien oder die Türkei viel mehr Flüchtlinge aufgenommen. Die Brandanschläge auf Flüchtlingsunterkünfte, die offenen Hasstiraden und Diffamierungen auf der Straße oder im Internet, die starre Auffassung dessen, was »deutsch sein« bedeutet – all dies zeigt, dass wir noch eine lange Wegstrecke vor uns haben. Die vielen Bürgerinitiativen im ganzen Land, um Flüchtlinge willkommen zu heißen und zu versorgen, die Bereitschaft, in einem über dieses Thema gespaltenen Europa voranzugehen und mehr als eine Million Menschen aufzunehmen – all dies zeigt, dass zumindest ein großer Teil der Deutschen auf diesem

Weg voranschreitet. Das wird, trotz aller Sicherheitsbedenken, auch in den USA anerkennend wahrgenommen. Kolumnist Richard Cohen hat Angela Merkels Bereitschaft, Deutschland gegenüber den syrischen Flüchtlingen nicht abzuschotten, so zusammengefasst: »So weit ist es nun gekommen – eine deutsche Regierungschefin zeigt amerikanischen Politikern, was es bedeutet, *amerikanisch* zu sein.«[7]

Die Ansätze also sind da. Aber dies darf nicht nur im akuten Krisenfall gelten, wenn es selbstverständlich sein muss, dass wir Menschen in Not helfen und Menschlichkeit zeigen – wer vor Fassbomben, Verfolgung und Terror flieht, hat ein Recht darauf, einen sicheren Hafen anzusteuern. Unser Land ist wohlhabend genug, kann sich gegenwärtig über Rekordsteuereinnahmen freuen und hat schon ganz andere Herausforderungen gemeistert, vom Wiederaufbau bis zur Wiedervereinigung. Wer, wenn nicht wir?

Aber Deutschland muss auch in ruhigeren Zeiten, wenn dieses furchtbare Chaos im Nahen Osten sich einmal gelegt haben wird, einen offeneren Umgang mit dem Thema Immigration finden. Wir brauchen ganz einfach mehr Einwanderer. Innerhalb der EU ist die Migration klar geregelt, es gilt die Freizügigkeit für alle EU-Bürger, und aus den EU-Staaten kommen auch nach wie vor die meisten Zuwanderer nach Deutschland. Aber wir brauchen mehr legale Wege auch für Menschen von außerhalb der EU statt nur das Asylrecht. Das würde die Verwirrung mindern, die wir aktuell erleben. Es würde den Anreiz, sich auf verzweifelte Todesrouten zu begeben, verringern.

Ich will damit nicht sagen, dass dieses Vorhaben ein einfaches wäre: weder politisch noch gesellschaftlich, auch nicht wirtschaftlich, und logistisch schon gar nicht. Die Masse an Menschen, die in kurzer Zeit nach Deutschland gekommen ist, aus anderen Kulturkreisen, mit anderer Sprache und oft anderen Wertvorstellungen, hat unser Land vor gigantische Herausforderungen gestellt. Einige Auswirkungen sehen wir bereits. Ich frage mich auch, wie das alles gelingen wird. Es wäre naiv, zu glauben, dass ihre Eingliederung reibungslos und ohne Schwierigkeiten über die Bühne ginge. Die Flüchtlingskrise ist eine Ausnahmesituation und unser Umgang mit ihr ein gigantisches Sozialexperiment mit ungewissem Ausgang.

Natürlich können wir nicht alle und jeden aufnehmen. Wir sollten uns nicht kosmopolitischen Utopien hingeben. Einwanderung muss in geregelten, legalen Bahnen verlaufen, wenn sie gelingen soll, und auch die Integration muss selbstverständlich nach unseren Gesetzen erfolgen. Dazu gehören gegebenenfalls auch Rückführungen und Grenzschutz. Man wird die Sorgen in der deutschen Bevölkerung nicht auflösen können, wenn die Menschen das Gefühl haben, das Chaos breche sich Bahn. Man wird sie nicht für diese Mammutaufgabe gewinnen können, wenn sie glauben, sie seien den Veränderungen hilflos ausgeliefert und der Staat habe die Kontrolle verloren. Diese Ängste müssen wir ernst nehmen und angehen. Und natürlich können in einer Demokratie die Menschen bei einem so kontroversen Thema unterschiedliche Auffassungen haben.

Aber ich bin überzeugt, dass wir besser bedient sind, wenn wir weniger auf die Ängste und Bedenken blicken und dafür mehr auf die Chancen und Möglichkeiten, die diese Flüchtlingskrise im Speziellen und Einwanderung im Allgemeinen mit sich bringen. Dabei werden wir auch überdenken müssen, was es bedeutet, *deutsch* zu sein. Diese Debatte müssen wir führen. *Change is good*, lautet ein vielzitiertes amerikanisches Sprichwort – Veränderung tut gut. Es widerspricht diametral der lange und gern gepflegten deutschen Haltung, den Status quo möglichst bewahren zu wollen. Wir erkennen aber, dass es in unserer globalisierten Welt meist nicht an uns alleine liegt, was mit uns geschieht, sondern dass unser Land von außen aus einer Art Dämmerzustand gerüttelt wird. Durch die Veränderung, die das mit sich bringt, wird Deutschland in Zukunft womöglich weniger weiß und weniger abendländisch-christlich aussehen, dafür aber bunter. Und das ist gut so. Wenn uns die Integration gelingt, wenn wir es schaffen, die Flüchtlings*krise* ins Gegenteil zu verkehren und einen Mehrwert für unsere Gesellschaft erreichen, ohne dass es sie in der Mitte zerreißt, dann kann Deutschland ein Vorbild werden. So hart der weitere Weg auch wird. »Wir tun Dinge nicht, weil sie leicht sind«, sagte Präsident John F. Kennedy bei seinem Amtsantritt, »sondern weil sie schwierig sind. […] Weil die Herausforderung eine ist, die wir bereit sind anzunehmen.« Ich würde hinzufügen: die wir annehmen müssen. Wir haben keine andere Wahl.

Das ist die Einstellung, die ich auch an Sheriff Benny Martinez bewundere. Ich erzähle ihm dann übrigens doch von unserer Begegnung mit Edi. Und bin irgendwie erleichtert, als er zum Hörer greift und die Grenzer anfunkt, damit diese nach dem verirrten Jungen suchen. Am Tag zuvor waren wir in der Gerichtsmedizin von Laredo gewesen, als zufällig ein gerade entdeckter Toter eingeliefert wurde. Das Risiko, dass Edi dort ebenfalls in einem Leichensack auf den Obduktionstisch gehievt wird, ist schlichtweg zu groß. Als Journalist lernt man eigentlich, nicht in eine Geschichte einzugreifen, sondern nur zu beobachten. Aber der Reflex, den Jungen zu retten, überwog einfach. Es ist das eine, wenn die irrwitzigen Zahlen der Opfer von Flucht und Vertreibung zu einer anonymen, ungreifbaren Masse verschwimmen. Es ist etwas ganz anderes, wenn ein einzelnes Flüchtlingsschicksal einem direkt und persönlich begegnet. Und so denke ich immer wieder auch an Edi, wenn ich die tragischen Bilder von den Grenzen der USA oder Europas sehe. Ich habe nie erfahren, was aus ihm geworden ist.

Das Geberland –
Philanthropie im Alltag

»*Ein Mensch wird nur reich,
wenn er auch andere bereichert.*«
Andrew Carnegie

Die Hände gingen tatsächlich hoch. Von all den Gegenständen und Gutscheinen, die es zu ersteigern gab, hätte ich nie gedacht, dass dieser spezielle einen Abnehmer finden würde. Zumindest nicht in der offenen Auktion, bei der jeder sehen konnte, wer wofür die Hand hob. Die meisten Artikel waren zuvor in einer *silent auction* versteigert worden, bei der die Bieter ihre Gebote verdeckt auf einen Zettel aufschrieben und am Ende derjenige gewann, der das höchste notiert hatte. Aber zum Höhepunkt des Abends kamen zehn Objekte im »klassischen« Auktionsverfahren unter den Hammer, darunter so attraktive Dinge wie eine Woche Skiurlaub in den Rocky Mountains oder eine Wochenend-Flugreise nach London, inklusive Luxushotel. Dass die Gebote sich hierfür überschlagen würden, hatte ich erwartet. Aber für eine Vasektomie, also eine Durchtrennung der Samenstränge? Immerhin war es eine Auktion unter Amerikanern, einem eigentlich für seine Prüderie bekannten Volk. Doch in diesem Punkt scheint es in diesem Land wenig Schamgefühl zu geben.

In Deutschland hat mir gegenüber nur ein einziges Mal ein Bekannter zugegeben, sich für diese besondere Verhütungsmethode entschieden zu haben. Vielleicht haben wir Deutschen größere Komplexe bei dem Thema, doch in den USA kenne ich eine ganze Reihe Männer, die offen und ungezwungen darüber reden. Ab einem bestimmten Alter, wenn die Familienplanung abgeschlossen ist, gehört das fast schon zum *small talk* bei Partys. Jedenfalls habe ich es ein paarmal in Unterhaltungen aufgeschnappt. »Und, schon den Schnipp gemacht? Also, ich schieße schon seit langem nur noch mit Platzpatronen und kann es nur empfehlen!«

Besonders pikant machte dieser Hauptgewinn, dass die Auktion unter Lehrern und Eltern stattfand. Die *Parent Auction* ist ein jährlicher Höhepunkt im Kalender der Grundschule meiner Kinder, komplett organisiert von der Elterninitiative der Schule, die nicht nur für das Essen und die Dekoration der Aula sorgt, sondern vor allem auch mehrere Hundert Preise zusammenbringt, für welche die Eltern an diesem Abend bieten. Teils stammen diese von Sponsoren, teils von den Eltern selbst; die besagte Skireise etwa ging ins Chalet der Familie eines Viertklässlers. Oder sie werden von den Schülern gebastelt. Besonders die Gemeinschaftskunstwerke der Klassen gingen zu atemberaubenden Preisen weg. Also, ich liebe die Malereien meiner Kinder sehr, aber ob sie mir 800 Dollar wert sind, wage ich mal zu bezweifeln. Doch in diesem Bereich lagen manche Höchstgebote – ich konnte es kaum glauben. Der Erlös kommt der Schule zugute, jedes Jahr sind das 130 000 bis 150 000 Dollar! Damit finanziert sie zusätzliche Lehrerstellen, Schulmaterialien und sonstige Ausgaben. Und nebenbei ist es auch eine sehr nette Party, immer mit einem Motto. Bei unserer ersten Auktion lautete es »Die Achtziger«. Das ist eine typisch amerikanische Einstellung: Wenn man sich schon für etwas engagiert, warum dabei nicht auch Spaß haben?

Der Vater eines Schülers ist Urologe und stiftete eben

eine Vasektomie. Am Ende ging diese für 1100 Dollar über den Tisch. Dabei war der Bieter krankenversichert und hätte das also wesentlich günstiger haben können. Doch darum ging es nicht. Mehr als einmal hörte ich an dem Abend: »Das ist viel zu viel Geld, aber es kommt ja letztlich den Kindern und der Schule zugute. Also sehe ich das als Spende.« Tatsächlich bekam man am Ende eine Quittung für die Steuererklärung. Das war der beeindruckende Geist dieses Abends. Ich stelle mir vor, ich würde Eltern an deutschen Schulen regelmäßig auch nur um einen niedrigen Spendenbetrag für die Schule bitten – die Begeisterung kann ich mir leicht ausmalen. Und das ist insofern verständlich, als unsere Schulen von Steuergeldern bezahlt werden. Allerdings gehen meine Kinder in Washington ebenfalls auf eine öffentliche Grundschule, die genauso durch Steuergelder finanziert wird. Und dennoch engagieren sich die Eltern, um noch etwas draufzulegen und so allen Kindern der Schule eine bessere Förderung zu ermöglichen. Das ist nicht nur eine faszinierende Haltung, sondern zudem eine ziemlich ansteckende. Im Jahr darauf ließ meine Frau sich überreden, mit einer anderen Mutter zusammen das komplette Catering für den Abend zu organisieren. Ich konnte mir das zunächst nicht vorstellen, aber am Ende haben die beiden raffinierte Häppchen, Snacks und Fingerfood für mehr als 400 Leute aufs Buffet gezaubert.

Diese Einsatzbereitschaft beschränkt sich in der Regel nicht nur auf ein exponiertes Einzelereignis wie unsere Schulparty. Sich engagieren, Geld und Zeit spenden, ehrenamtlich arbeiten – so etwas ist mir oft in diesem Land begegnet. Es gehört quasi zur DNA der Vereinigten Staaten. Schon die Gründerväter waren der Meinung, es stärke die junge Nation, wenn sich die Menschen gegenseitig helfen, statt sich auf den Staat zu verlassen. George Washington hielt das für eine vorrangige Bürgerpflicht, und Generationen von Präsidenten nahmen diesen Gedanken auf. Keiner brachte ihn so auf den Punkt wie John F. Kennedy in seiner berühmten Antrittsrede: »Fragt nicht, was euer Land für euch tun kann – fragt, was ihr für euer Land tun könnt!«

Dieser Aufforderung folgen Amerikaner in allen Schichten der Gesellschaft, egal ob reich oder arm, jung oder alt. Gerade hierin liegt die besondere Stärke der amerikanischen Geberkultur. Egal ob bei einem Fünf-Kilometer-Lauf gegen Brustkrebs in Chicago, einer Benefizgala für benachteiligte Jugendliche in einem Yachthafen von Miami oder wie im Fall eines Navy-Veteranen, der in sechs Monaten den kompletten Mississippi hinabgeschwommen ist, fast 4000 Kilometer von der Quelle bis zu Mündung, um auf eine Organisation aufmerksam zu machen, die sich um die Hinterbliebenen gefallener US-Soldaten kümmert.

Nachbarn von uns trommelten einmal spontan Freunde und Bekannte zu einem *bake sale* zusammen, weil sie die Arbeit von Ärzte ohne Grenzen unterstützen wollten. Sie verkauften selbstgebackene Kekse und Kuchen und servierten dazu Kaffee und Cider. Am Ende kamen um die 1600 Dollar zusammen. »Du kannst es in diesem Land nicht auf dich allein gestellt schaffen«, erklärte mir mein Bekannter Hartmann Schoebel die Eigeninitiative. »Da kannst du noch so viele Erfolgsgeschichten über Selfmade-Milliardäre wie Carnegie oder Rockefeller lesen – auch sie hatten Hilfe. Und das hier ist so etwas wie Hilfestellung leisten.« Wer die USA und ihre Gesellschaft verstehen will, der muss das Phänomen Philanthropie, diesen Grundwesenszug der Amerikaner, verstehen.

Aber woher kommt diese Bereitschaft, sich für andere zu engagieren, zu sammeln, zu spenden? Helfen ist kein amerikanisches Alleinstellungsmerkmal, vielmehr ist es ein allgemein menschliches Bedürfnis. Auch in Deutschland spenden wir viel. Im Jahr 2015 gab es sogar einen Spendenrekord. Die Flüchtlingskrise hat gezeigt, welch großes Potential für freiwilliges Engagement auch in uns steckt. Aber bis zu dieser

Ausnahmesituation war es nach meinem Eindruck generell eher so, dass wir eine Art Scheckbuch-Philanthropie betrieben haben. Wir haben Geld für alle möglichen guten Zwecke überwiesen, aber das ehrenamtliche Engagement eher an die »Profis« delegiert, von der Freiwilligen Feuerwehr bis zu den kirchlichen Einrichtungen wie der Caritas und der Diakonie. In den USA dagegen fällt das Engagement auf, weil es ganz selbstverständlich im Alltag präsent ist, auch durch nicht »offiziell« für wohltätige Zwecke engagierte Leute.

Die amerikanische Spendenbegeisterung könnte damit zu tun haben, dass die Vereinigten Staaten ein Einwanderungsland sind. Viele Immigranten verließen ihre alten, familiären Strukturen und Dorfgemeinschaften und standen dann oft für sich allein in der neuen Welt. Vielerorts gab es noch keine gefestigten staatlichen Strukturen, gewachsene Nachbarschaften oder Großfamilien. Die frühen Siedler waren auf ihrem Eroberungszug gen Westen verstärkt auf andere und auf gegenseitige Hilfe angewiesen, auch auf die von Fremden. Sie mussten neue Strukturen aufbauen und Gemeinschaften bilden, um einander zu helfen, um zu überleben. Und dieser Gemeinschaftsgeist spiegelt sich in der heutigen Bereitschaft zu freiwilligem Engagement wider, er wird quasi vererbt. Wer das schon mit der Muttermilch aufsaugt, orientiert sich daran.

Präsident Grover Cleveland verteidigte diese Einstellung 1887 so: »Staatliche Hilfe fördert nur die Erwartungshaltung, dass es eine paternalistische Fürsorge durch die Regierung gibt. Aber eine solche Haltung würde die Widerstandskraft unseres nationalen Charakters schwächen und verhindern, dass unsere Bevölkerung in den Genuss der Güte ihrer Mitmenschen kommt, welche die brüderliche Verbundenheit der Gemeinschaft stärkt.«[8] Das ist, in blumigen Worten, eine Erklärung dafür, warum die soziale Marktwirtschaft nach deutschem Vorbild in den USA bisher keine Chance hatte.

Community, also »Gemeinschaft« ist das eine Wort, das mir in den USA ständig begegnet. Das andere lautet: »Eigenverantwortung«. Schon Alexis de Tocqueville, dessen in den 1830er Jahren gemachten Beobachtungen noch heute bemerkenswert aktuell erscheinen, bewunderte an der jungen Nation, wie hoch sie diesen Wert schätzte, und sah in dem Prinzip, dem Staat nur das zu überlassen, was sich partout nicht ohne ihn regeln lässt, eine »Schule der Freiheit« und in der aktiven Bürgergesellschaft einen Garanten derselben. Viele Amerikaner glauben, dass sie selbst die treibende Kraft in ihrer Lebenserzählung sind, oder wollen diese zumindest sein. Sie bekommen oft genug die oberste Lebensweisheit der Nation zu hören: Jeder ist seines Glückes Schmied. Es macht eben einen Unterschied, ob etwas mit mir passiert oder ob ich die Dinge selbst lenke beziehungsweise es zumindest versuche.

Das gilt auch für das Prinzip des Gebens. Amerikaner wollen gerne selbst entscheiden, wofür sie Zeit und Energie verwenden und wohin ihr Geld fließt, statt es dem Fiskus zur unbestimmten Nutzung zu überlassen, nach dem Motto: *Give where you live!* Wer die Wirkungen seines philanthropischen Handelns direkt sehen kann, etwa weil die Schule neue Materialien bekommt oder ein Obdachlosenheim in der Nachbarschaft gebaut wird, den motiviert das stärker zum Spenden, zum Helfen, zur Beteiligung, als einfach nur Steuergelder vom Gehalt abgezogen zu bekommen in der Hoffnung, der Staat werde damit schon etwas Sinnvolles machen. Einmal traf ich einen Musiker, der Gratiskonzerte in seinem Keller veranstaltete und mir deren Auswirkung auf die Gemeinschaft erklärte. Er hoffte, »dass sich das ausbreitet wie ein Dominoeffekt und die Leute unmittelbar um uns herum berührt. Wenn du selbst gut drauf bist, in deinem Umfeld, dann kannst du etwas bewegen, etwas verändern.«

Bei aller Sympathie für diese Haltung – natürlich hat sie viel damit zu tun, dass der Staat in den USA ein sehr viel grobmaschigeres soziales Netz aufspannt als der deutsche. Bei uns ist das ehrenamtliche Engagement nicht so gefordert, weil die staatliche Absicherung besser ist. Wer nicht so viel vom Staat erwarten kann, ist natürlich mehr auf nachbarschaftliche Hilfe angewiesen – und auf sich selbst. Wo die öffentliche Hand wegfällt, muss die private zupacken, damit die Gesellschaft nicht auseinanderbricht. Aber was ist Ursache, was Wirkung? Ist in Amerikas Zivilgesellschaft die Gebermentalität buchstäblich aus der Not geboren? Oder zieht sich der Staat zurück, weil sich ja eh schon die Zivilgesellschaft engagiert? Jedenfalls verlagern die amerikanischen Verhältnisse die Verantwortung und machen Philanthropie (über-)lebensnotwendig.

In Lexington im US-Bundesstaat Kentucky gibt es beispielsweise eine Organisation namens »Surgery on Sundays«, die unversicherten Patienten kostenlose Operationen aller Art anbietet, vom Flicken eines Kreuzbandrisses bis zur Entfernung von Gallensteinen. Um die fünfzig Chirurgen, Krankenschwestern und Pfleger treffen sich jeden dritten Sonntag im Monat morgens um sechs, alle freiwillig und unbezahlt, um den OP-Plan des Tages zu besprechen. Tausende von Patienten haben sie schon versorgt. Ich traf dort eine Frau namens Sharon, die ein ziemlich unansehnliches Geschwür mitten auf der Stirn hatte. Seit Monaten hatte die 51-Jährige sich große Sorgen deswegen gemacht, aber bezahlen konnte sie einen Eingriff nicht. Sharon gehört zu den Millionen von Amerikanern, die sich trotz Präsident Obamas Gesundheitsreform immer noch keine Krankenversicherung leisten können. Der Staat übernimmt zwar über das Medicaid-Programm die Krankenversicherung für Menschen unter der Armutsgrenze, die aber gerade einmal bei knapp 12 000 Dollar Jahresgehalt liegt. Medicaid hilft also nur den Ärmsten der Armen.

Obamacare hat den Zugang zu einer Krankenversicherung vereinfacht, aber oft ist die Selbstbeteiligung noch so hoch, dass Kranke davor zurückschrecken, zum Arzt zu gehen, und Behandlungen so lange hinauszögern, bis es fast zu spät ist. Warum, erklärte mir der Gründer der Organisation, Dr. Andrew Moore, solle er, wie andere Kollegen, zu Hilfsmissionen in die Dritte Welt aufbrechen, wenn das Elend doch direkt vor der eigenen Haustür existiere: »Achtzig Prozent der Privatinsolvenzen in den USA haben mit Gesundheitsfragen zu tun. Entweder weil die Leute zu wenig oder gar nicht versichert sind. Achtzig Prozent, ganz schön irrwitzig, was? Ist doch verrückt, dass wir in einem so reichen Land solche Probleme haben, die Bevölkerung medizinisch zu versorgen.« Es ist nicht nur verrückt, es treibt auch die ohnehin horrend hohen Kosten im amerikanischen Gesundheitswesen noch weiter nach oben, weil viele Krankheiten verschleppt werden, und unterläuft damit die sich andeutenden Erfolge der in Obamacare vorgesehenen Kostenbremsen.

Wie sich herausstellte, war Sharons Geschwür tatsächlich Hautkrebs. Hätte sie sich eine Versicherung leisten können und wäre damit schon viel früher zu einem Dermatologen gegangen, hätte dieser sich ohne großen Aufwand darum kümmern können. So aber wuchs der Tumor zu solcher Größe heran, dass operiert werden musste. Der Lohn für Dr. Moore und sein Team: herzenstiefe Dankbarkeit. Sharon konnte nach der OP kaum in Worte fassen, wie verbunden sie ihren Helfern für die Behandlung war. Und fühlte sich ermahnt: »Ich mag vielleicht nicht in der Lage sein, das zu machen, was die hier machen. Aber das motiviert mich, auch irgendetwas Gutes für andere zu tun.«

Erfahre oder tue Gutes – und sprich darüber, damit es andere auch tun. Das ist der erwähnte Dominoeffekt in der Geberkultur, der dafür sorgt, dass ehrenamtliches Engagement nicht nur in Stiftungen oder kirchlichen Einrichtungen stattfindet. Obwohl gerade Letztere sicherlich viel zu dieser Haltung beitragen. Die USA sind die wohl gläubigste unter den Industrienationen, Religion ist im Alltag viel präsenter als bei uns. »*In God we trust*« steht auf den Dollar-Scheinen. Und die Gemeinden rufen ihre Schäfchen ständig auf, Nächstenliebe zu praktizieren, sich für die weniger Glücklichen freiwillig zu engagieren und zu spenden.

Aber es wären nicht die USA, wenn nicht auch dies professionalisiert würde. Es gibt den Vollzeitjob *Charity Manager*, bei dem es darum geht, alle möglichen Benefizveranstaltungen zu organisieren. Im Internet finden sich mehrere Webseiten, die dabei helfen, sich im Durcheinander der ehrenamtlichen Organisationen zurechtzufinden. Wohltätigkeitsveranstaltungen sind thematisch geordnet wie in einem Katalog, die Vertrauenswürdigkeit wird mit Gütesiegeln garantiert. Nach dem Motto »*Make giving easy!*«. An der University of Indiana in Indianapolis gibt es sogar eine School of Philanthropy. Studierende können dort Abschlüsse erwerben, einschließlich Promotion. Die Professoren lehren beispielsweise Spendensammel-Strategien oder haben erforscht, wie gesundheitsförderlich ehrenamtliches Engagement sein kann. Was mir einleuchtet. Denn wer sich engagiert, kommt aus dem Haus, bleibt in Bewegung, hat eine sinnvolle, befriedigende Aufgabe.

Eine Frage, die die Uni in Indianapolis besonders interessiert, lautet: Welchen Einfluss auf das Land, auf die Gesellschaft haben einzelne superreiche Spender wie Investor Warren Buffet oder Microsoft-Gründer Bill Gates, der mit seiner Stiftung seit Jahren Milliarden in gute Zwecke investiert? Oder auch das jüngste Mitglied im Zirkel der großzügigen Milliardäre, Mark Zuckerberg? Ende 2015 kündigte der Facebook-Gründer an, 99 Prozent seines Aktienpakets spenden zu wollen. In einem rührseligen Brief an seine neugeborene Tochter fragte er, ob man nicht Armut und Hunger gleich ganz beseitigen könne. Und antwortete selbst per Video mit einem Ja: »Wir haben eine moralische Verpflichtung, unsere Investitionen darauf auszurichten, als Gesellschaft und als Einzelne.«[9]

Sind dem frischgebackenen Papa die Vatergefühle zu Kopf gestiegen? Wohl kaum. Denn zum einen ticken viele im Silicon Valley so, zum andern gibt Zuckerberg das Geld nicht einfach weg. Er kontrolliert über eine Art Stiftung weiterhin, wofür sein Vermögen ausgegeben wird. Nicht die Gemeinschaft, sondern der Einzelne bestimmt, was förderungswürdig ist und was nicht. Durch diese »Privatisierung« der Wohltätigkeit befinden mächtige Spender darüber, wer oder was gefördert wird, nicht etwa der Staat.

Nun hatte ich eingangs erwähnt, dass Amerikaner grundsätzlich für weniger Staat sind und eher die Initiative von Privatpersonen geschätzt wird. Doch möglicherweise entgehen dem Staat durch das Stiftungsmodell auch Steuern, die sonst von gewählten Volksvertretern für die Öffentlichkeit hätten ausgegeben werden können. Es ist ja schön und gut, wenn Zuckerberg beispielsweise das Analphabetentum in den USA bekämpfen will, aber vielleicht wären der Allgemeinheit neu asphaltierte Straßen ein dringenderes Bedürfnis. Und nicht nur der Leiter der Philanthropie-Fakultät in Indianapolis, Amir Pasic, stellt die Frage: »Welchen Einfluss nehmen Reiche mit ihren Spenden auf unsere Politik? Angesichts der auseinanderklaffenden Schere zwischen Arm und Reich kritisieren viele den wachsenden politischen Einfluss nicht nur von Zuckerberg, sondern auch anderer Reicher in unserem Land.«

Doch was auch immer die Gates und Zuckerbergs dieser Welt auch im politischen Bereich treiben mögen, offenbar fühlen sich Amerikas Reiche am sozialen Gewissen gepackt, und das seit jeher. Amerikas öffentliches Bibliothekswesen etwa wäre kaum so gut ausgebaut, hätte Andrew Carnegie, einer der größten Philanthropen in der Geschichte der USA, seinerzeit nicht Tausende Bibliotheken im Land finanziert. Der Autodidakt aus armen Verhältnissen, der es zum Großindustriellen gebracht hatte, erinnerte sich an seine eigenen bescheidenen Wurzeln und verteilte Millionen seines Vermögens für alle möglichen Zwecke. In gewisser Weise wirkt Spenden auch erleichternd, wie mir ein schwerreicher Yachtbesitzer während einer Benefizgala in Miami erklärte: »Vielleicht leiden wir da an einem Schuldkomplex. Das glaube ich wirklich. Von klein auf kriegen wir eingebläut, auch etwas zurückzugeben. Das ist ein Motto Amerikas. Ob es effektiv ist, keine Ahnung. Aber ich fühle mich gut dabei, meine Frau Christy fühlt sich gut dabei. Es ist eine Mission für uns. Wir haben bei null angefangen, haben etwas aufgebaut, jetzt geben wir etwas zurück.« *Giving back*, Zurückgeben – auch das ein Leitgedanke, der mir in den USA oft begegnet ist.

Wie so vieles andere hat nichts die Philanthropie und die Art und Weise, wie gespendet wird, so verändert wie die Digitalisierung, vor allem unter jüngeren Amerikanern. Knapp die Hälfte aller Spenden der Millennial-Generation kommt mittlerweile über Webseiten.[10] Von diesem Trend hat auch die Familie von Joe Guinn profitiert, die in einem Vorort von Indianapolis lebt. 2014 traf die Guinns ein schwerer Schicksalsschlag, als Joe beim Sport plötzlich zusammensackte. Der Vater von drei kleinen Kindern war von einem Moment auf den nächsten vollkommen gelähmt. Ein Schlaganfall mit gerade einmal 36 Jahren. Er litt danach am Locked-in-Syndrom, nur mit den Augen konnte er noch blinzeln. Die Ärzte sagten seiner Frau Kim, er würde den Rest seines Lebens regungslos im Bett verbringen. Doch langsam, aber stetig kämpfte Joe sich zurück. Mühsam lernte er, wenigstens die Arme zu bewegen und aufrecht zu sitzen. Sprechen kann er nach wie vor kaum, doch im Kopf ist er voll da. Seine Kommunikation läuft in der Regel über Tablet-Computer. Als der Flugzeugtechniker wegen seines Zustands seinen Job verlor, flog er samt Familie auch aus der Krankenversicherung. Die Guinns kratzten alles Ersparte zusammen, um sich selbst eine Versicherung leisten zu können, die aber nur das Allernötigste abdeckte – mehr als ein einfacher Rollstuhl war nicht drin. Doch den konnte Joe nicht aus eigener Kraft bewegen, also hätte er den ganzen Tag in der Ecke hocken müssen. Die Guinns brauchten einen elektrischen Rollstuhl und im besten Fall auch ein behindertengerechtes Auto.

Deshalb fasste Joe eines Abends einen Entschluss – und tippte Buchstabe für Buchstabe auf dem Tablet einen Aufruf, den Kim zusammen mit ein paar Fotos auf die Internet-Plattform GoFundMe stellte. Es gibt eine ganze Reihe von Seiten wie dieser, über die man für alle möglichen Zwecke zum Spenden aufrufen kann. Innerhalb weniger Tage kamen mehr als 7500 Dollar zusammen, von Freunden und Verwandten, aber auch von vollkommen Fremden. Über Facebook und E-Mail hatte sich der Aufruf rasant verbreitet. Das Geld reichte am Ende sowohl für einen elektrischen Rollstuhl, der Joe eine ganz neue Mobilität und Eigenständigkeit ermöglicht, als auch für einen günstigen Gebrauchtwagen mit Rollstuhlrampe. Joe kann nun leichter zur Reha gelangen und endlich wieder an Ausflügen teilnehmen. »Das ermöglicht uns, wieder eine Familie zu sein«, sagt Kim.

Es fiel den Guinns keineswegs leicht, den eigenen Stolz zu überwinden und um Geld zu bitten. Aber es war der einzige Weg – der erst durch das Internet möglich wurde. »Dadurch, dass die Leute uns online sehen können, die Filme, die Fotos, sich mit uns anfreunden können, obwohl sie uns noch nie getroffen haben und das wohl auch nie tun werden, können sie unsere Geschichte mitverfolgen«, erklärte mir Kim. »Dadurch sind sie eher bereit zu spenden. Ich glaube, weil ihnen klar wird, es könnte jederzeit auch sie treffen.«

Zielgerichtetes Spenden, direkter Nachweis der Wirkung, daher größere »Teilnahme« an einer Sache, Vervielfachung des Spenderpotentials – das sind die Vorteile der Online-Spendenwerbung. Der Nachteil: Das Risiko, betrogen zu werden, steigt. Theoretisch könnte jeder einen Fall konstruieren, im Internet posten und hoffen, dass gutgläubige Menschen darauf hereinfallen und Geld überweisen. Aber vor Betrug ist man niemals sicher, und im Internet sollte man sowieso mit Vorsicht und einer gehörigen Portion gesunden Menschenverstands unterwegs sein. Seit meinem Besuch bei den Guinns bin ich jedenfalls überzeugt davon, dass die Chancen, die es bietet, die Risiken bei weitem überwiegen.

Dass Amerikaner so vielfältig aus der Not eine Tugend machen, ist bewundernswert, aber noch lange kein Plädoyer für das amerikanische System. Ich bin heilfroh, dass in Deutschland kein Bedarf an Gratisoperationen besteht, es bei uns nicht so bedrückend viele Obdachlose gibt und Menschen nicht so sehr auf den guten Willen ihrer Mitbürger angewiesen sind. Um unser soziales Netz beneiden uns viele weltweit. Aber es darf keine Hängematte werden. Und ich muss sagen, ich kann diesem Sichverantwortlichfühlen für die Gemeinschaft und dieser Bereitschaft, sich selbst zu engagieren, statt alles auf den Staat abzuwälzen, einiges abgewinnen. Es fördert die Zugehörigkeit zu einer Gemeinschaft, es stärkt die Zivilgesellschaft.

Es gibt eben einen Unterschied zwischen einer Bewegung und einer Aktion. In sozialen Netzwerken wird vieles schnell zu einer Bewegung. Es wird einem auch immer leichter gemacht, zu allem Möglichen seinen Senf dazuzugeben. Den Worten sollten aber auch Taten folgen. Darum geht es: wo und wie man von der Intention zur Handlung kommt. Die Musikerin und Komikerin Carrie Brownstein beschreibt es so: »Es ist wichtig, sich klarzumachen, ob du dich und andere motivierst, etwas Bedeutendes zu tun. Ich habe Angst vor Stillstand und eine Sehnsucht nach Verbindung.« Mit dieser Angst ist sie in den USA nicht allein.

Wie gesagt, die Deutschen haben 2015 so viel gespendet wie noch nie. In der Flüchtlingskrise packen Menschen überall im Land geradezu aufopferungsvoll an. Das ist großartig und macht mich stolz. Aber ich glaube, es würde unserem Land nicht schaden, wenn diese Einstellung nicht nur in Krisenzeiten eingenommen, sondern noch selbstverständlicher auch in unseren Alltag einfließen würde. Es würde unsere Gesellschaft noch stärker machen. Dass durch die Flüchtlingskrise der Begriff »Gutmensch« zum Unwort des Jahres 2015 geworden ist, sagt viel aus. Den sprachlichen Wahnsinn, aus zwei positiven Wörtern ein negatives zu machen, schaffen nur wir Deutschen. Da bin ich erneut ganz der Meinung von Georg Diez vom *Spiegel:* »Plus plus plus gleich minus – das ist verquere deutsche Sprachmathematik.«[11] Da ist mir – bei allen Mängeln – die amerikanische Haltung sympathischer. Ich fühle mich dort jedenfalls oft an ein Zitat von Hermann Gmeiner erinnert, dem Gründer der SOS-Kinderdörfer: »Großes in der Welt geschieht nur, wenn jemand mehr tut, als er muss!« In dieser Hinsicht sind die Amerikaner wirklich groß.

Silicon Valley – die Kultur des Scheiterns und die Welt von morgen

>»Du musst genau das machen,
>wovon Du glaubst,
>das kann man nicht machen.«
>Eleanor Roosevelt

Den Ton setzten bereits die Pilgerväter, die ersten Einwanderer nach Nordamerika. Als ihr Anführer John Winthorp beim Beschreiben der neuen Welt aus der Bergpredigt Jesu zitierte und die ersten Kolonien als eine leuchtende »Stadt auf einem Hügel« beschrieb, die herausragendes und sichtbares Vorbild für alle Welt sein würde, prägte er eine richtungsweisende Metapher. Der amerikanische Exzeptionalismus, also die Theorie, dass dieses neue Land und sein Schicksal etwas Besonderes seien und eine globale Vorbildfunktion hätten, beeinflusste Politik und Gesellschaft über die Jahrhunderte hinweg bis heute. Zahlreiche Präsidenten, von John F. Kennedy bis Ronald Reagan, bedienten sich dieser Metapher in ihren Reden.

Ehrlich gesagt, fand ich dieses Bild Amerikas als der leuchtenden Stadt immer ziemlich anmaßend. Und über die Vorbildfunktion lässt sich, wie man sieht, in vieler Hinsicht streiten. Doch es gibt einen Ort, der ganz unbestritten herausragt und der Tradition des *American exceptionalism* mehr als gerecht wird. Allerdings liegt dieser nicht leuchtend auf einem Hügel, sondern in einem Tal. Einem Tal, das geradezu glüht vor Innovation und in vieler Hinsicht die Richtung für die Welt von morgen vorgibt: Silicon Valley.

Das Tal der Halbleiterindustrie ist seit Jahrzehnten ein Taktgeber für die digitale Revolution, ein Hort der Ideen und Denkanstöße, der Ursprung technischer Entwicklungen und ungewöhnlicher Ansätze. Doch so radikal wie heute hat das, was aus dem Tal über uns kommt, wohl noch nie in unser tägliches Leben eingegriffen. Noch nie hat es so viel so rasant erneuert. Vor allem, weil es mittlerweile nicht mehr nur um Computer, neue Telekommunikationsgadgets oder das beliebteste soziale Netzwerk geht, sondern um alle Bereiche unseres Alltags: wie wir leben, wie wir arbeiten, wie wir lernen, lieben, heilen. »*Disruptive*« lautet das Zauberwort, das sie einem dort ständig um die Ohren hauen. Man könnte es wörtlich mit »zerstörend«, »spaltend«, »Unruhe stiftend« übersetzen. Sie meinen das aber weniger negativ, sondern im Sinne von »umwälzend«, »alte und eingefahrene Wege auflösend«, »Bisheriges beendend«, all dies, um Raum für Neues zu schaffen. Die Impulse sind dabei so vielschichtig, dass einem schwindelig werden kann. Aber wie so oft in revolutionären Zeiten gibt es zwei Möglichkeiten: mitzuschwimmen mit der Welle und wenigstens zu versuchen, auf ihr unsere eigene Richtung zu halten – oder von ihr überrollt zu werden. Wir haben so gesehen gar keine andere Wahl, als Ersteres zu versuchen.

Aber was genau passiert dort alles? Und warum passiert es genau dort, in diesem Tal der scheinbar unbegrenzten Möglichkeiten südlich von San Francisco? Was treibt die Menschen an, die unsere Zukunft so tiefgreifend verändern? Dass sie es können? Weil es sie reich macht? Und warum gibt es auf der Welt keinen vergleichbaren Ort?

Die Antworten sind komplex, und doch gibt es eine

klar verständliche Voraussetzung. Und die hat zunächst mit der rasanten technischen Entwicklung zu tun. Rechenpower und Speicherleistung von Prozessoren und Computern haben sich in den vergangenen Jahren dermaßen vervielfacht, dass plötzlich Dinge möglich geworden sind, die noch vor wenigen Jahren undenkbar waren. Diese Entwicklung nennt man die »exponentielle Evolution von Rechnern«. Auch das ist ein Schlagwort, das man im Silicon Valley an jeder Ecke hört: »exponentiell« – im Gegensatz zu linear. Seine Bedeutung lässt sich am besten mit dem Beispiel vom Reiskorn veranschaulichen. Wer dreißig lineare Schritte geht und bei jedem Schritt ein Reiskorn bekommt, hat am Ende dreißig Reiskörner. Wer dagegen dreißig exponentielle Schritte macht, bei dem sich also pro Schritt die Zahl der Reiskörner verdoppelt, säße schließlich auf einem gigantischen Berg aus 1 073 741 824 Reiskörnern. Warum also langsam gehen, denken, entwickeln, wenn es auch rasant geht?

Die Grundlage für diesen Ansatz lieferte in den sechziger Jahren der Mitbegründer des Halbleiterherstellers Intel, Gordon Moore, mit dem nach ihm benannten Moore'schen Gesetz. Es stellt kein wirkliches Naturgesetz dar, vielmehr liefert es die empirische Faustregel für das Phänomen, dass sich die Rechenleistung von Computerchips regelmäßig verdoppelt, im Schnitt alle zwei Jahre. Und wir befinden uns gerade direkt am Steilhang der Exponentialkurve des Moore'schen Gesetzes. »Jedes Smartphone ist heutzutage leistungsfähiger als der schnellste Supercomputer der Welt vor zwanzig Jahren«, sagt Peter Diamandis, einer jener Vordenker im Silicon Valley, der als sogenannter *Angel Investor* seine Millionen in unzählige Projekte und Start-ups steckt: »Jedes Kind in der Sahelzone oder im Dschungel hält mit seinem Smartphone den Zugang zu mehr Wissen in seiner Hand, als die mächtigsten Regierungschefs der Welt vor zwanzig Jahren hatten.«

Man möchte ihm einschränkend zurufen: »Ja, aber nur,

wenn sie in der Sahelzone auch Empfang haben.« Doch auch an dieser Frage basteln sie im Silicon Valley gerade: Wie lässt sich die Welt flächendeckend mit Internetzugängen ausstatten? Facebooks Mark Zuckerberg etwa investiert in die Forschung zu Heißluftballon-Ketten mit angehängten Routern, die »Wi-fi für überall« quasi aus der Luft liefern könnten. Natürlich tut er dies nicht ohne Hintergedanken, denn mehr Menschen mit Internetzugang bedeuten auch mehr potentielle Kunden und Facebook-Nutzer. Und schon sind wir bei einem weiteren Mantra, das mir Peter Diamandis erklärt: Millionär werden ist ganz einfach, man muss nur eine Lösung für die Probleme von Millionen Menschen finden!

Tatsächlich ist es erstaunlich, welchen immer schnelleren und immer günstigeren Zugang zur digitalen Revolution wir alle dank des Moore'schen Gesetzes haben. Gerade im Bereich der Informationstechnologie ist das Tempo atemberaubend. Es ist noch gar nicht lange her, dass man mit Handys eigentlich nur eines konnte: telefonieren. Heute ist das für viele nur noch eine Nebenfunktion. Und erinnert sich noch jemand daran, dass man sich einmal mühsam mit einem Modem einwählen musste, wenn man ins Internet wollte? Der andere entscheidende Grund, warum wir uns gerade in solch umwälzenden Zeiten befinden, ist der mobile und deshalb beinahe omnipräsente Zugang zum Internet via Smartphones und Tablets. Erst dadurch konnte der technologische Umbruch unseren Alltag derartig umfassend durchziehen.

So weit die Voraussetzungen. Für noch bedeutsamer halte ich allerdings die Mentalität, der ich im Silicon Valley begegnet bin. Die technische Entwicklung liefert die notwendigen Instrumente, doch die Umsetzung passiert im Kopf. Und diese Einstellung, so klischeehaft das klingen mag, lautet: »Nichts darf undenkbar sein.« Die Macher im Silicon Valley halten sich nicht mit Kleinkram auf, sondern denken in globalen Kategorien. Warum nicht gleich die ganz großen

Probleme der Menschheit lösen – Krankheiten, Armut, Ungleichheit? Und diese lassen sich, davon sind sie allen Ernstes allgemein überzeugt, mit Hilfe smarter Technologien tatsächlich zunehmend lösen. Das klingt größenwahnsinnig, aber so ticken sie in diesem Tal. Dass sich dabei auch viel Geld verdienen lässt, versteht sich von selbst.

Kaum ein Ort verkörpert diesen wenig hinterfragten, geradezu religiös-fanatischen Fortschrittsglauben besser als die Denkfabrik Singularity University südlich von Palo Alto: keine wirkliche Uni, vielmehr ein Forum, ein Tempel für Technologiebegeisterte, zu dem Jünger aus aller Welt pilgern, um in Kursen und Vorträgen von den High-Tech-Gurus die Silicon-Valley-Mentalität zu lernen. Zum Beispiel vom bereits erwähnten Peter Diamandis, einem der Uni-Mitbegründer und gefragtesten Redner zu Grundsatzthemen an der Singularity University. Auf der Bühne hinter ihm prangt ein Banner mit einer Frage, die eher als Appell an die Kursteilnehmer gedacht ist: »Wie wirst *du* das Leben von einer Milliarde Menschen verbessern?« Diamandis ist ein unerschütterlicher Optimist. Kein Wunder, er ist ja ein erfolgreicher Unternehmer, der sich das Privileg leisten kann, Millionen in zunächst scheinbar unsinnige Projekte zu stecken. Er hält es wohl mit Mark Twain, der einmal sagte, jeder Mensch mit einer neuen Idee sei ein Spinner, bis die Idee Erfolg habe.

Diamandis beginnt damit, dass er das Publikum davor warnt, zu viele Nachrichtensendungen zu schauen, das mache nur depressiv. Das kann ja gleich ein heiteres Interview werden, denke ich. Aber er meint das nicht persönlich, sondern in dem Sinne, dass wir Journalisten oft zu sehr auf die Katastrophen, Unglücke und Probleme in der Welt schauten. »Dabei machen Technologien diesen Planeten systematisch in fast jeder Hinsicht zu einem besseren Ort«, ruft er den Zuhörern zu, »und wir wollen hier ein Zuhause werden für Leute, die mit der modernsten Technologie die Welt umfassend verändern wollen.« Für Diamandis leben wir in Zeiten des Überflusses, in der es dank des Internets kein Herrschaftswissen mehr gebe, weniger Menschen verhungerten und mehr Krankheiten heilbar geworden seien denn je zuvor. Für die Millionen von Hungernden und Vertriebenen dieser Welt muss das wie Hohn klingen. Diamandis aber ist überzeugt, dass noch viel mehr möglich ist: »Wir haben die besten Technologien, alles Wissen der Welt. Jetzt lasst uns etwas Sinnvolles damit tun. Lasst uns nicht nur erfolgreich sein, sondern auch bedeutsam für die Welt!«

Think big! Das Prinzip der Exponentialität wirkt sich im Silicon Valley auch auf das Denken aus und beeinflusst sämtliche Aktivitäten: Forschung und Entwicklung, allgemeines Brainstorming, das Schreiben komplizierter Algorithmen. Von »Moonshots« reden sie hier. So wie Präsident Kennedy seinerzeit die Mondlandung innerhalb eines Jahrzehnts angekündigt hatte, peilt man hier Dinge an, die so großartig und unmöglich erscheinen wie einst der Flug zum Mond. Wer nach den Sternen greift, sollte sie eben auch anpeilen.

Aber dieser großspurige Ansatz ist nur möglich, weil er von einem weiteren entscheidenden Grundsatz gestützt wird: »Keine Angst vor Fehlern!« Das Prinzip der zweiten Chance ist grundsätzlich sehr amerikanisch. Scheitern ist hier nicht so sehr mit einem Makel verbunden als vielmehr Ausdruck von Unternehmermut. Schon der Verfasser der amerikanischen Unabhängigkeitserklärung, Thomas Jefferson, wusste: »Wir haben keine Angst, Fehler zu ertragen, solange genug Vernunft übrig ist, sie zu korrigieren.« »Und wenn eine Methode scheitert«, ergänzte Franklin D. Roosevelt mehr als ein Jahrhundert später, »dann gib es offen zu und versuche eine andere. Vor allem aber, versuche etwas.«[12]

Im Silicon Valley begegnet einem diese Haltung besonders geballt. Der Geschäftsführer der Singularity University, Rob Nail, erklärt es mir so: »Das Silicon Valley ist ein einzigartiges Ökosystem, das Ideen unterstützt und stärkt. Wir haben eine einzigartige Kultur, die es leichter macht, Risiken auf sich zu nehmen. Es ist eine Kultur des Scheiterns. Wenn du im Silicon Valley scheiterst, ist das okay – sogar mehr als das. Es ist ein Zeichen von Glaubwürdigkeit.« Scheitern ist nicht das Problem. Sondern nicht wieder aufzustehen, wenn man gestürzt ist.

Natürlich sollte man diese etwas einseitigen Heilsbotschaften nicht alle wörtlich nehmen. So einfach ist es dann doch nicht. Es geht auch um knallharte Geschäfte. Und etwas beängstigend Kulthaftes hat diese Kombination aus glühendem Fortschrittsglauben und rückhaltloser Technologiebegeisterung ebenfalls, besonders für jemanden, der mit der deutschen Grundtugend der Skepsis ausgestattet ist. Dennoch kann es hilfreich sein, sich von diesem Denken eine Scheibe abzuschneiden. Denn es ist diese optimistische Haltung und die ermutigende Bereitschaft, das Unmögliche zu denken, die solch einen rasanten technologischen Wandel erst ermöglichen.

Natürlich wird nicht aus jedem Start-up ein Erfolg wie Facebook, LinkedIn oder Twitter, also ein »Einhorn« (wie milliardenschwer bewertete Unternehmen in Silicon Valley genannt werden). Das Tal ist gepflastert mit gescheiterten Ideen, verworfenen Ansätzen und verpulverten Investitionsmillionen. Vieles gelingt erst im zweiten oder dritten Anlauf, und wenn nicht, dann probiert man eben etwas Neues. Aber immerhin sind die Erfolge überall sichtbar in diesem Tal und ermutigen die Gescheiterten, nicht aufzugeben. Es ist auch überschaubar genug, um mindestens einen zu kennen, der zuerst nur Flops produziert hatte, bis eines von seinen Startups plötzlich durch die Decke ging. Diese Beispiele motivieren und erweisen sich als Standortvorteil, der kreative Macher aus aller Welt anlockt.

Einer von ihnen ist der gebürtige Grieche Andreas Raptopoulos, der Gründer eines Drohnen-Start-ups. Er sieht die Zukunft beim Transport von Kleingütern in der per

App gesteuerten Luftfracht. Die Paketlieferung via Drohne ist ein Konzept, an dem auch große Unternehmen wie Amazon tüfteln. Sie klingt nach einer pfiffigen Idee, steht aber noch vor einer ganzen Reihe von Hürden und Regulierungen, etwa durch die Luftfahrtaufsicht. Doch Raptopoulos lässt seine Testdrohne über unseren Köpfen entlangbrummen und erläutert in charmantem Greko-Englisch, wer nur an die Probleme denke, übersehe die Potentiale: »Dieser Sinn für Möglichkeiten, dieser Optimismus in Bezug auf Technik ist mir bisher nirgendwo auf der Welt begegnet. Meine Firma hätte ich nirgendwo sonst gründen können.« Diese Einschätzung lockt natürlich auch deutsche Investoren und Ingenieure an die Westküste der USA. Der *brain drain*, also die Abwanderung hochqualifizierter Fachkräfte und Wissenschaftler aus aller Welt ins Silicon Valley, ist erheblich – auch der aus Deutschland.

Doch Optimismus allein hat noch nie ausgereicht. Womit ich zum nächsten Grundpfeiler für den Erfolg des Silicon Valley komme: die fast schon irrwitzigen Summen, die Risikokapital-Anleger dort investieren. Jedes Jahr fließen Milliarden Dollar in die unterschiedlichsten Projekte – 2015 waren es beispielsweise rund 26,5 Milliarden.[13] Das günstige Geld, für das die Federal Reserve mit dem extrem niedrigen Leitzins seit der Finanzkrise 2008 sorgt, um die US-Wirtschaft am Leben zu halten, hat die Goldgräberstimmung zusätzlich angefacht. Wenn im Silicon Valley Ideen überzeugen, dann werden sie finanziell massiv gefördert, ohne dass die vielen Fehlschläge sonderlich abschreckend wirken würden. Wenn unter zehn Investitionen auch nur ein Twitter oder Uber dabei ist, sind die Verluste aus anderen Projekten mehr als ausgeglichen. Jeder will ein Stück vom nächsten großen Kuchen bekommen, jede junge Idee könnte der Industriezweig von morgen sein. Und weil keiner weiß, wohin die Reise geht, aber auch keiner den Zug verpassen will, investieren die Anleger entsprechend. So paradox es klingt: Um sicherzugehen, geht man mehr Risiken ein – kein Vergleich zum Geschäftsgebaren einer deutschen Sparkasse. Eklatanter können kulturelle Unterschiede kaum ausgeprägt sein als in diesem Bereich, denn Risikobereitschaft ist bei uns im Land der Sparbuchbesitzer deutlich weniger verbreitet. Entsprechend gering ist unser Anteil am Kuchen.

Wer sehen will, wie diese Investmentstrategie erfolgreich umgesetzt wird, muss nur den Y-Combinator besuchen, eine Art Geburtshelfer für Start-ups, der mit Hilfe risikofreudiger Investoren schon Firmen wie Airbnb auf den Weg gebracht hat. Diese Einrichtungen heißen »Inkubatoren«, also Brutkästen, unter deren Fürsorge und finanziellem Schutz vor den Kräften des Marktes Firmen ihre Ideen entwickeln können. Bis zu 120 000 Dollar für drei Monate Entwicklungszeit bekommen junge Tüftler hier, dazu ein Mentoring-Programm mit Tipps und Ratschlägen. Am Ende muss ein marktreifes Produkt stehen. Kate Courteau leitet eines dieser Programme im Y-Combinator: »Wir glauben, dass Firmen in sehr kurzer Zeit sehr große Fortschritte machen können. Und wir suchen nach Firmen, die großen Einfluss auf die Welt haben können. Letztlich versuchen wir, die größten Probleme der Menschheit zu lösen.« Auch sie sagt das, ohne mit der Wimper zu zucken. Einerseits bin ich versucht, den Kopf zu schütteln angesichts dieser fast schon naiv wirkenden Überzeugung. Andererseits: Gibt der Erfolg ihnen nicht recht? Ist es nicht logisch, 100 Prozent anzupeilen, damit am Ende wenigstens 10 Prozent herauskommen?

Viele Elemente der Silicon-Valley-Welt gibt es auch anderswo. Aber in der Gesamtkonstellation kommen dort mehrere begünstigende Faktoren auf einzigartige Weise zusammen: eine höhere Risikobereitschaft mit höheren Investitionssummen; eine Konzentration von Kreativität, deren Protagonisten sich gegenseitig befruchten und anfeuern; und eine Mentalität, die Fehler als Entwicklungsfaktor versteht und das Unmögliche als Herausforderung statt als Sackgasse.

Dabei brauchen sich die Erfolge unserer deutschen Wirtschaft durchaus nicht zu verstecken. Auch in Deutschland gibt es jede Menge technischer Entwicklungen und Innovationen. Aber diese konzentrieren sich sehr im mechanischen Bereich, auf Dinge, die man, einfach ausgedrückt, anfassen kann, also auf Autos oder Maschinen – Hardware eben. Schon Goethe beschrieb die Beruhigung durch das, was man »getrost nach Hause tragen« kann. In den USA dagegen zeigt sich, wie entscheidend die Software unsere künftige Arbeitswelt bestimmen wird. Das Land hat in diesem Bereich eine regelrechte Monopolstellung. Etwa achtzig Prozent der allgemein genutzten Software weltweit werden in den USA geschrieben, rechnet der Wissenschaftsjournalist Ranga Yogeshwar vor – ein enormer Standortvorteil. Es trifft zwar zu, dass wir mit SAP einen *global player* im Softwarebereich haben, doch dieses Weltunternehmen wurde bereits vor vierzig Jahren gegründet. Und danach wird es überschaubar. Es muss ja nicht gleich jeder Programmierer werden, doch etwas mehr Breite und Kompetenz wäre nützlich. In den USA gehört Programmieren mehr und mehr zur Schulausbildung. Initiativen wie Code.org bieten Online-Kurse an, die schon mehr als sechs Millionen Schülerinnen und Schüler belegt haben. In Deutschland sind demgegenüber die Programmierkenntnisse deutlich bescheidener. Dabei ist Programmieren die Sprache des 21. Jahrhunderts, so fundamental in seiner Bedeutung wie einst Johannes Gutenbergs Buchdruck, der die Welt in ein neues Zeitalter katapultierte.

Auch bremst bei uns ein Wust von bürokratischen Regelungen und gesetzlichen Einschränkungen Innovation und Entwicklung. Bei der German American Conference an der Harvard University war dies die Hauptbeschwerde von Stephan Gemkow, dem Vorstandsvorsitzenden der deutschen Investmentholding Haniel. Es fehle der Rahmen, der es in unserem auf Sicherheit bedachten Land zuließe, Innovationen schneller zu fördern. Bis man in Deutschland grünes Licht für ein innovatives Projekt erhalte, sei der Zug oft längst abgefahren. Warum beispielsweise könnten Start-ups nicht steuerlich stärker begünstigt werden? Warum können Universitäten ihre Erfindungen nicht besser und schneller vermarkten? In Deutschland wird etwas oft erst dann zugelassen, wenn alle Risiken und Nebenwirkungen ausgeschlossen werden können. Das mag beim Verbraucherschutz sinnvoll sein, in der Forschung bremst es. In den USA dagegen wird schneller zugelassen, wird erst einmal »gemacht«. Eine Firma gründen geht schneller und einfacher; Ideen werden mit mehr Dynamik, mehr Vollgas angegangen.

Unsere unterschiedliche Herangehensweise birgt für Deutschland ein Risiko. In der Hardware-Welt, wo Qualität das überzeugendste Argument ist, kann man sich auch zu einem späten Zeitpunkt noch durchsetzen. So sind zum Beispiel BMW, Mercedes oder Audi nebeneinander existierende Variationen des Themas Auto. Aber in der grenzübergreifenden digitalen Revolution ist es schwer, die einmal von der vernetzten Mehrheit akzeptierte Lösung zu verdrängen. Anders als bei der Hardware gibt es bei der Software kaum Koexistenz von Konkurrenz. Wer ein soziales Netzwerk gründen will, wird es mittlerweile schwer haben, Facebook zu verdrängen. Wer eine Videoplattform gründen will, kommt an YouTube kaum vorbei, neue Kurznachrichtendienste müssen sich an Twitter messen. Und all das sind amerikanische Firmen, die gezeigt haben, dass IT-Business *big business* ist. Sind wir in Deutschland bei aller Innovationsfreude wirklich schnell genug, um das nächste große Ding selbst auf den Weg zu bringen?

Die Bundesregierung versucht mit der Initiative »Industrie 4.0« zwar, eine eigene Note im IT-Bereich zu setzen. Dabei geht es um die Schnittstelle zwischen digitaler und physischer Welt, also um die Kommunikation mit und zwischen Maschinen, die Einbeziehung solcher Abläufe in unseren Alltag, das »Internet der Dinge«. Aber bei einem Wissensforum des Vereins Deutscher Ingenieure im Februar 2015 beklagte der Vorstandsvorsitzende von T-Systems, Reinhard Clemens, dass Deutschlands Großunternehmen es versäumt hätten, schnell und pragmatisch eigene Standards in diesem Zukunftsmarkt zu setzen, anders als in den USA, wo sich Firmen wie AT&T, Cisco, General Electric, IBM und Intel zum Industrial Internet Consortium (IIC) zusammengefunden haben: »Das IIC kommt pragmatisch voran, dort wird nicht großartig standardisiert, sondern es werden Quasi-Standards gesetzt. Unsere Gründlichkeit könnte zur Bedrohung für uns werden. Am Ende gewinnt vielleicht nicht der Beste, sondern der Schnellste.«[14]

Hinzu kommt, dass die Unternehmen im Silicon Valley uns auch zunehmend den Hardware-Markt streitig machen. Tesla beispielsweise hat gezeigt, dass man durchaus attraktive Elektroautos bauen kann. Google bastelt mit Hochdruck am fahrerlosen Auto, nur gesteuert von Bordcomputern und Sensoren. Und es scheint nur eine Frage der Zeit, bis Amazon – oder Andreas Raptopoulos – Pakete per Drohne ausliefern wird.

Mehr Pragmatismus, weniger Skepsis vor technologischer Innovation, weniger »Fortschrittsangst« – so könnte man einen Wesenszug der USA im Vergleich zu Deutschland zusammenfassen. Anders ausgedrückt: In den USA gibt es einen größeren Hunger, den Status quo herauszufordern. *Disruptive technologies!* Und diese Haltung saugen die Kinder rund um die San Francisco Bay, wo sich ganz neue Bildungsmodelle ausbreiten, mittlerweile mit der Muttermilch auf. Auch Chris und Samantha Cook schicken ihre Kinder nicht auf eine herkömmliche Schule, sondern unterrichten sie zu Hause selbst. Dem Begriff *homeschooling* haftete jahrelang die Verbohrtheit religiös fanatischer Einsiedler in abgelegenen Tälern an, die ihren Nachwuchs vor der Evolutionstheorie und säkularer Schulbildung »schützen« und daher ihre Kinder lieber in heimischer Abgeschiedenheit indoktrinieren wollten. Das ist lange vorbei. Der Trend zum *homeschooling* wächst landesweit in den USA, und wohl nirgends ist man dem Konzept gegenüber aufgeschlossener als im Silicon Valley. In Deutschland ist zu Hause unterrichten übrigens verboten. Auch in diesem Punkt wird nicht einmal erwogen, etwas Neues auszuprobieren.

Zugegeben: Ich persönlich kann mir nicht vorstellen, meine Kinder selbst zu unterrichten – nicht nur, weil ich es viel zu anstrengend fände. Als ich bei den Cooks auf dem Sofa sitze und ihnen zuschaue, wie sie ihren drei Kindern im Wohnzimmer Physikunterricht in Form eines Magnetexperiments erteilen, wird mir schlagartig bewusst, wie wenig ich noch von meinem eigenen Schulwissen abrufen könnte. Aber die Cooks winken nur lächelnd ab: Vieles sei heute ganz einfach online nachschlagbar. Zudem gibt es im Internet auch ganz konkrete Stunden- und Lehrpläne, mit deren Hilfe Eltern strukturiert unterrichten können. Sogar renommierte Universitäten wie Harvard oder Stanford bieten dafür Material und Kurspläne an.

Außerdem, so erzählt mir Samantha Cook, funktioniere dies nur in einer Gemeinschaft gleichgesinnter Familien aus der Nachbarschaft. Wenn ein Vater oder eine Mutter ein bestimmtes Fach besser beherrscht als andere, unterrichtet er oder sie darin eben den eigenen Nachwuchs und die Nachbarskinder. Den Cooks geht es dabei nicht um irgendeine Ideologie. Als ihre jüngste Tochter entschied, sie wolle lieber mit ihren Freundinnen in die örtliche Grundschule gehen, meldeten sie sie dort an. Aber die Eltern sind schlicht der Auffassung, dass sie sich zu Hause gezielter und besser auf ihre Kinder einstellen können, als es ein genormter Stundenplan, der auf einen Mittelweg für alle abzielt, je leisten würde: »So fördern wir besser die Werte von Nachhaltigkeit, Kreativität und Innovation. Die Kinder blühen auf. Sie können ganz sie selbst sein und nicht, wie die Gesellschaft sie gerne hätte. Wenn man selbst in seinem Leben immer Grenzen durchbrechen, eine neue Welt erschaffen will – warum sollte eine Familie ihre Kinder dann in der alten Welt zurückhalten?«

Denn diese alte Welt bereite ihrer Meinung nach die Kinder oft nur dürftig auf die Welt von morgen vor. Und in dieser neuen Welt, so die Haltung im Silicon Valley, gehe es in erster Linie ums Machen, ums Ausprobieren. Deshalb bringt Samantha Cook ihren Nachwuchs mehrmals in der Woche in eine sogenannte Hacker-Werkstatt – kein Computerlabor, sondern ein chaotisch-kreativer Laden, wo den Kindern unter elterlicher Aufsicht alle möglichen Materialien und Werkzeuge zur Verfügung stehen. Man könnte es auch schlicht Werk- oder Bastelunterricht nennen. Sie nennen es: Neugierde entfesseln. Kinder sollen früh erfahren, wie man etwas selbst herstellt oder bedient.

Ich unterhalte mich mit einer Mutter, die ihrer vierjährigen Tochter dabei hilft, mit Leuchtdioden, verschiedenen Plastikrohren und einem Bohrer ein »Laserschwert« zu basteln. »Sie soll wissen, dass sie alles schaffen kann, was sie möchte. Nichts ist unmöglich. Das wollen wir Eltern erreichen.« Es klingt vielleicht etwas blauäugig, aber ist das nicht die Einstellung, die auch ich meiner ebenfalls vierjährigen Tochter vermitteln will?

Ich schaue mich um. Es scheint den Kindern Spaß zu machen. Aber sollen hier auch der nächste Bill Gates, der nächste Mark Zuckerberg geformt werden? Samantha Cook überlegt kurz, wie sie auf die Frage antworten soll: »Wir wollen ihnen den Zugang zu diesen Fähigkeiten verschaffen, ihnen dieses Selbstbewusstsein vermitteln. Sie sollen merken, dass ihre Ideen wichtig sind. Mit diesen Voraussetzungen können sie all das tun, was die Männer, die Sie gerade erwähnt haben, geschafft haben.«

Ich kann nur hoffen, dass das Selbstbewusstsein ihrer Kinder stark genug sein wird, um nicht eines Tages an den hohen Erwartungen zu zerbrechen. Die bedrückend hohe Zahl von Selbstmorden an Schulen im Silicon Valley hat landesweit Schlagzeilen gemacht. Es ist sicherlich nicht leicht, umgeben von Genies und erfolgreichen Unternehmern aufzuwachsen, wenn man merkt, dass man es selbst nicht so draufhat. Aber immerhin wächst hier eine Generation heran, die den rasanten Entwicklungen im Silicon Valley gegenüber keine Berührungsängste kennt – meiner Meinung nach ein entscheidender erster Schritt in die Welt von morgen.

Wie gesagt, ich will nicht den Eindruck erwecken, als seien wir in Deutschland vollständige Innovationsmuffel. Doch schon die Anzahl der Patentanmeldungen spricht eine deutliche Sprache: 2015 waren es in Deutschland 66 889,[15] in den USA 629 647.[16] Natürlich sind die USA auch ein größeres Land, und reine Menge ist allein kein Mehrwert. Aber sie zeigt diesen Willen zur Innovation, der in den USA schon früh vorgelebt wird.

Und dieser ist wohl historisch gewachsen. Die Pioniere, die den Westen eroberten, mussten sich ständig neue Mittel und Wege einfallen lassen, um in dem fremden Land zu überleben. Es waren zwar oft die Verzweifelten, die ihre Heimat verlassen hatten, um ihr Glück zu wagen, aber eben auch die Wagemutigen, welche die gewohnten Pfade hinter sich ließen, um sich in Amerika neu zu erfinden. Das Echo dieses risikofreudigen Pioniergeistes hallt deutlich hörbar bis heute nach.

Zu den Schattenseiten der Goldgräberstimmung im Silicon Valley gehört die enorme Gentrifizierung. Für jeden, dem kein Risikoinvestor unter die Arme greift, wird es immer schwieriger, einigermaßen bezahlbaren Wohnraum zu finden. Die Armee von Arbeitern in der Dienstleistungsbranche – Gärtner, Reinigungskräfte, Kellner – wird aus dem Tal verdrängt und muss weite Anfahrten in Kauf nehmen oder sich aufs Minimum beschränken. Obdachlose prägen das Stadtbild von San Francisco mittlerweile genauso wie Touristen und die berühmte Straßenbahn. In der Stadt an der Bucht sind die Mieten in schwindelerregende Höhen gestiegen, begünstigt auch durch Apps wie Airbnb. Denn für den Besitzer eines Apartment-Komplexes ist es wesentlich lukrativer, die einzelnen Wohnungen für Kurzzeitbesucher via Internet immer wieder neu zu vermieten, als sie einem Langzeitmieter zu überlassen. Kritiker der Sharing Economy monieren daher, diese Verknappung des Wohnungsmarkts treibe die Preise noch weiter nach oben.

Dass nicht alles Gold ist, was glänzt, haben auch andere Teilnehmer der Sharing Economy feststellen müssen. Fahrdienste wie Uber oder Lyft preisen ihre Fahrer als Partner an, die sich leicht und problemlos etwas dazuverdienen können. Was einerseits stimmt, andererseits zweigen die App-Unternehmen einen immer größeren Teil dessen ab, was die Fahrer erwirtschaften – ohne dass diese großen Einfluss darauf haben. Und die Fragen nach der Versicherung bei Unfällen ohne Personenbeförderungsschein oder Ähnlichem bleiben oft unbeantwortet.

Aber den Rausch des Fortschritts scheint das wenig zu dämpfen. Es gibt zurzeit zwei Felder, welche die »disruptiven« Silicon-Valley-Macher am meisten elektrisieren: die Künstliche Intelligenz und die Biomedizin.

Was den Bereich der Künstlichen Intelligenz (KI) angeht, so stellt in der Popkultur die Verschmelzung von Mensch und Maschine schon lange ein beliebtes Thema dar, ob in Romanen, Comics oder Kinofilmen. Und in gewisser Weise geht uns die Technik tatsächlich schon unter die Haut. 2016 etwa konnten sich Besucher auf der Computermesse CeBit in Hannover Chips implantieren lassen, mit denen Türschlösser oder Autos geöffnet werden können. Nie wieder Angst vor Schlüssel-Verlust. Und Ärzten in Ohio ist es gelungen, einem jungen Mann, der nach einem

Badeunfall gelähmt war, Elektroden im Hirn einzupflanzen, mit deren Hilfe dieser seine Hände und Finger wieder bewegen kann. Und das so gut, dass er sogar wieder das Computerspiel *Guitar Hero* spielen kann – allein durch verkabelte Gedankenkraft.[17]

Aufgrund des Anstiegs der Rechnerleistung machen Forscher jedoch besonders bei der KI bisher unvorstellbare Fortschritte. Selbstlernende Systeme werden exponentiell leistungsfähiger, Computer können immer präziser Gesichter erkennen, Sprache verstehen, sogar die Gefühlslage eines Menschen anhand der Stimmlage einordnen. Auch das Erfassen ganzer Sätze über die Hirnströme ist mittlerweile möglich.[18] Künftig könnten dadurch beispielsweise Locked-in-Patienten, die also vollkommen gelähmt, aber geistig noch voll da sind, via Gedankenübertragung mit der Außenwelt kommunizieren. Aus Science-Fiction wird dank hochkomplexer Algorithmen Realität, die in unseren Alltag einzieht.

Das weckt die unterschiedlichsten Interessen. Das Pentagon etwa erhofft sich einen technischen Vorteil für das US-Militär und hat 2015 im Silicon Valley extra ein nagelneues Versuchslabor eröffnet: die Defense Innovation Unit Experimental Facility, kurz DIUx. Es ist direkt Verteidigungsminister Ashton Carter unterstellt, der als erster Amtsinhaber seit zwanzig Jahren das Valley besucht hat.[19] Carter will damit die Tech-Industrie anzapfen sowie Tüftler und Programmierer anlocken, um die Verschmelzung von Mensch und Maschine für militärische Zwecke zu nutzen – ob für automatisierte Waffensysteme oder für »Iron Man«-Soldaten.

Mit sogenannten »*Grand Challenges*« hat das Pentagon bereits früher erstaunliche Innovationen gefördert. Aus diesen hochdotierten Wettbewerben etwa ist das Google-Projekt für fahrerlose Autos hervorgegangen. Ich war bei der letzten *Grand Challenge* im kalifornischen Pomona dabei, bei der es darum ging, wie gut humanoide Roboter einen Hindernisparcours meistern. Einerseits war es beeindruckend zu sehen, wie die Teams ihre Roboter gänzlich autonom ein Auto fahren ließen, der Roboter dann ausstieg und verschiedene Hindernisse wie Türen, Geröll oder Treppen erkannte und meisterte. Das Pentagon erhofft sich, eines Tages solche Roboter in menschenfeindliche Gefahrenzonen schicken zu können, zum Beispiel in radioaktiv verseuchte Gebiete, um bestimmte Aufgaben zu erledigen oder Opfer zu bergen. Andererseits war es irgendwie auch beruhigend – und sehr amüsant – zu sehen, wie weit entfernt diese Zweibeiner vom Original noch waren. Ständig kippten die Maschinenmenschen zur Seite weg, der kleinste Kiesel konnte sie aus dem Gleichgewicht bringen und umwerfen. Mit jedem scheppernden Krachen auf den Boden wurde mir bewusst, was für eine enorme evolutionäre Leistung der aufrechte menschliche Gang doch ist.

Den ideologischen Unterbau für die Begeisterung über Künstliche Intelligenz liefert die Denkströmung des Transhumanismus. Diese ist beseelt davon, dass technischer Fortschritt körperliche und geistige Begrenzungen des menschlichen Körpers überwinden hilft. Daraus speist sich die typische Silicon-Valley-Haltung: die Verpflichtung zum Fortschritt. Besonders die Eliten der IT-Branche wie Singularity-University-Mitbegründer Ray Kurzweil oder die Google-Gründer Sergey Brin und Larry Page sind glühende Transhumanisten.

Wir scheinen zwar noch weit davon entfernt zu sein, dass die KI ein menschenähnliches Bewusstsein entwickelt oder dass wir die Kontrolle über Computer und Roboter verlieren; der Terminator bleibt vorerst Science-Fiction. Aber auch so gibt es längst unübersehbare Risiken, etwa für den Datenschutz, wie der Politikwissenschaftler Christopher Coenen vom Karlsruher Institut für Technikfolgenabschätzung und Systemanalyse in einem ARD-Interview aufzeigt:

»In den letzten Jahren sind künstliche Systeme geschaffen worden, die im Internet permanent in unsere Privatsphäre eindringen. An der Börse kommt tagtäglich Technik zum Einsatz, die so komplex ist, dass sie kein einzelner Mensch mehr versteht. Sie hat jedoch einen enormen Einfluss auf die Wirtschaft – und damit auf das Leben sehr vieler Menschen. Verglichen mit der ›bösen‹ KI in Hollywood sind diese Systeme vielleicht eher unspektakulär. Dennoch bestimmen sie in zunehmendem Maße unseren Alltag – und agieren dabei weitgehend unabhängig.«[20]

Und wir füttern und stärken diese Systeme täglich mit unseren Daten und Suchanfragen. Daten sind die neue Währung. Was mir jedoch Hoffnung macht, ist, dass die Fortschrittsjünger hier und da den technologischen Entwicklungen wohl doch nicht komplett unkritisch gegenüberstehen und auch bei ihnen eine gewisse Skepsis durchschimmert. Warum sonst hätte Tesla-Chef Elon Musk zusammen mit anderen, darunter auch PayPal-Mitbegründer Peter Thiel, einen Think Tank namens OpenAI (Offene Künstliche Intelligenz) gegründet und mit einer Milliarde Dollar ausgestattet?[21] Doch wohl deshalb, damit künftig eben keine Killerroboter entstehen, die es plötzlich für eine gute Idee halten, die Menschheit auszulöschen. OpenAI will helfen, die Forschung so zu steuern und transparent zu machen, dass künstliche Intelligenz verantwortungsvoll und wirklich nur zum Nutzen der Menschheit entwickelt wird. Technologischer Fortschritt ohne moralischen Fortschritt kann uns zum Verhängnis werden; aus der Utopie darf sich keine Dystopie entwickeln.

Der andere Bereich, in dem derzeit atemberaubende Schritte getan werden, ist der biotechnologisch-medizinische Bereich. Dabei geht es nicht nur um die Frage, wie welche Krankheiten rasch ausgerottet oder geheilt werden können, sondern darum, dem Tod selbst ein Schnippchen zu schlagen – auch dies ein transhumanistisches Ideal. *Think big!* Zwar haben sie die Unsterblichkeit selbst im Silicon Valley nicht wirklich im Visier, aber zumindest die Ausdehnung der allgemeinen Lebenserwartung auf 120, 150 oder mehr gute Jahre. Warum nicht besser länger leben? Auch diese Haltung wird ermutigt durch die Sprünge der Exponentialität.

Als der Biochemiker Craig Venter und sein Team um die Jahrtausendwende erstmals das gesamte menschliche Erbgut entschlüsselten, dauerte das Monate und kostete so viel wie ein ganzes Football-Team. Heute, scherzen sie an der Singularity University gerne, gibt es die persönliche DNS-Sequenzierung zum Preis eines guten Sitzplatzes bei einem Football-Spiel. Die Bausteine des Lebens plötzlich zur Verfügung zu haben öffnete ein ganz neues Tor in die Zukunft. Es gibt eine ganze Reihe von Start-ups rund um die San Francisco Bay, die sich auf das *Genome Editing* konzentrieren, also das gezielte Umschreiben von Erbgut. Für die Bio-Hacker sind genetische Codes das Gleiche wie Software-Codes, sprich: programmierbar.

Einen Durchbruch hierzu lieferte eine neue molekularbiologische Methode, mit der bestimmte DNS-Abschnitte präzise angesteuert, zerschnitten und punktuell beliebig verändert werden können: das CRISPR/Cas-System. 2012 entdeckt, hat es den Vorteil, dass es sowohl schnell und einfach als auch kostengünstig ist. Es eröffnet bislang ungeahnte Möglichkeiten in der Biotechnologie, unter Umständen auch beim Menschen. Wenn etwa eine bestimmte Erbkrankheit vorliegt, könnte die dafür verantwortliche Gensequenz im Erbgut mit dem CRISPR/Cas-System problemlos korrigiert werden.

Könnten Diabetes, Down-Syndrom oder Sichelzellenanämie eines Tages also wirklich Geschichte sein? *Genome Editing* klingt verlockend und wie ein entscheidender Baustein auf dem Weg zu einem längeren, gesünderen Leben. Aber wie so oft hat auch diese Fortschrittsmedaille zwei Seiten. Denn je leichter und günstiger wir Zugang zu den DNS-Codes und ihrer Manipulation haben, desto größer wird das Missbrauchsrisiko, und desto schwerer wiegt eine ganze Reihe von ethischen Fragen. Werden wir künftig etwa nur noch genoptimierte Designer-Babys zur Welt bringen?

Erste Ansätze dazu sind bereits erkennbar. In China haben Mediziner 2015 erstmals mit Hilfe der CRISPR/Cas-Methode das Erbgut menschlicher Embryonen verändert.[22] Das Team an der Sun Yat-sen University in Guangzhou versuchte, das für eine tödliche Blutkrankheit verantwortliche Gen auszumerzen. Zwar gelang das nur in Ansätzen, und kein Embryo wäre lebensfähig gewesen, wie die Wissenschaftler versicherten. Aber es war ein aufsehenerregender erster Schritt. Oder vielmehr ein schockierender. Stehen wir vor einer neuen Konjunktur der Eugenik? Wird bald manches Unvorstellbare gemacht, weil es möglich ist?

Die Heißsporne der Silicon-Valley-Kultur sehen in erster Linie die Möglichkeiten und weniger die Risiken. Der inzwischen verstorbene Gründer des Start-ups Cambrian Genomics, Austen Heinz, hat es in einem CNN-Interview so formuliert: »Wir haben doch eine ethische Verantwortung unseren Kindern gegenüber. Das wäre doch Verrat an ganzen Generationen, würden wir Erbkrankheiten damit nicht heilen. Es wäre geradezu grausam. Das Korrigieren von Genen bei Babys ist die Zukunft.« Auf die Frage des Reporters, ob man sich das perfekte Kind dann einfach wird bestellen können, antwortete er: »Ja, es wird wohl einen Wettbewerb zwischen Eltern geben, um das schnellste, intelligenteste, kräftigste Kind zu kreieren.«[23]

Einerseits klingt das gespenstisch. Doch andererseits – würde ich meine eigenen Kinder nicht auch von einem tödlichen Gendefekt befreien wollen, wenn dies möglich wäre? Hierin besteht das Dilemma unserer Zeit. Wie mit den vielen neuen Technologien umgehen, die besonders im Silicon Valley so rasch entstehen? Denn eines ist mir bei meinem Besuch dort klargeworden: In diesem Tal werden technische und menschliche Grenzen verschoben, ob wir wollen oder nicht. *Disruptive Thinking!* Die digitale Revolution bringt gewaltigen Wandel mit sich, auf allen Ebenen. Und macht eine breite, gesellschaftliche Debatte auf beiden Seiten des Atlantiks notwendig: darüber, wie weit wir gehen wollen, ob und wie wir den Fortschritt mitgestalten wollen oder ob wir nur Getriebene in einer epochalen Umbruchsphase sind. Es ist eine Debatte, der wir uns überall stellen müssen. Auch in Deutschland. Sonst findet die Zukunft ohne uns statt.

Was wir nur gemeinsam schaffen

»Man frage nicht,
ob man durchaus übereinstimmt,
sondern ob man in einem Sinne verfährt«
Johann Wolfgang von Goethe

Das Kuriose am deutsch-amerikanischen Verhältnis ist nicht zuletzt, dass es einer gewissen Einseitigkeit unterliegt – zumindest, was die Ressentiments betrifft. Wir haben ein deutlich größeres »Problem« mit den USA als umgekehrt. Und das hat nicht so sehr damit zu tun, dass es der Eiche egal ist, wenn sich die Wildsau an ihr reibt. Auch nicht damit, dass es die USA gewohnt sind, als führende Weltmacht Ablehnung auf sich zu ziehen. Sondern es rührt daher, dass es in den Vereinigten Staaten nicht einmal das Konzept eines *Anti-Germanism* gibt. Ich würde sogar sagen, dass unser Land eher Bewunderung auslöst, wenn nicht sogar Begeisterung. Es vergeht kaum eine Drehreise, auf der ich nicht jemanden treffe, der mir stolz von seinen deutschen Wurzeln erzählt. Tatsächlich bilden die deutschstämmigen Amerikaner nach wie vor die größte einzelne Ethnie des Landes (vorausgesetzt, man unterscheidet die Latinos nach ihren Herkunftsländern wie Kuba oder Mexiko). Die Statistikbehörde der USA zählt um die 46 Millionen Amerikaner mit deutschen Vorfahren.[24] Diese fallen besonders im Mittleren Westen ins Auge, wo das fruchtbare Ackerland einst Millionen der Armut in Deutschland entflohene Bauern anlockte. Tatsächlich erinnert mich etwa Wisconsin mit seinen sanften Hügeln und Weiden voller schwarzbunter Kühe sehr an Schleswig-Holstein. An der Landstraße im Norden dieses Bundesstaates, an der meine Schwiegereltern wohnen, steht ein Wegweiser mit den Namensschildern der Anwohner: Hausmann, Rieke, Siegert, Osterholz.

Anders als andere Einwanderergruppen, die dem Land im Laufe der Zeit ihren Stempel aufgedrückt haben, sind die Deutschen jedoch nicht besonders auffällig. Die USA feiern den irischen St. Patrick's Day oder Mexikos Cinco de Mayo; Metropolen haben ein Chinatown oder ein Little Italy zu bieten. Aber der deutsche Beitrag zum Land manifestiert sich meist nur in einer lokalen Variante des Oktoberfestes. Zwar geht meine Jüngste in einen *Kindergarten*, fremde Menschen wünschen mir *Gesundheit*, wenn ich niese, und die Amerikaner nutzen den Begriff *Schadenfreude*, den es bezeichnenderweise nur im Deutschen gibt. Aber sonst fällt es im Alltag nicht allzu sehr auf, dass Deutschstämmige eine Säule der amerikanischen Gesellschaft bilden.

Sicherlich hat es viel mit den Weltkriegen im Allgemeinen und dem Holocaust im Speziellen zu tun, dass im 20. Jahrhundert deutsche Spuren verwischt oder zumindest nicht besonders unterstrichen wurden. Vielleicht kam auch ein besonderer Assimilierungseifer hinzu. Fakt ist, dass deutsche Einwanderer sich sehr erfolgreich in die US-Gesellschaft integriert haben, und das ohne größere politische Hilfe, wie der deutsche Botschafter Peter Wittig dem Magazin *The Economist* erklärte: »Die Griechen und Iren haben ein viel stärkeres Netzwerk von Unterstützern und Lobbygruppen als wir.«[25] Erst 2010 gründete sich der Deutsch-Amerikanische Ausschuss im US-Kongress, der seitdem an Einfluss gewinnt.

Mehr als ein Vierteljahrhundert nach der Deutschen Einheit lässt sich in den Vereinigten Staaten jedenfalls eine große Zuneigung zu unserem Land und Respekt vor seinen Leistungen feststellen. Das Nachrichtenmagazin *U.S. News & World Report* hat erstmals ein Ranking der besten Länder der Welt aufgestellt und Anfang 2016 auf dem Weltwirtschaftsforum in Davos präsentiert.[26] Dabei hat es verschiedene Parameter geprüft, von der Lebensqualität bis zur globalen Führungsrolle, von der Arbeitslosigkeit bis zum kulturellen Einfluss. *And the winner is … Germany!* Vor Kanada und Großbritannien; die USA verpassten mit dem vierten Platz knapp das Podium.

Das *Time Magazin* kürt jedes Jahr eine Person des Jahres. Und wer zierte am Ende des turbulenten Jahres 2015 das Titelbild? Bundeskanzlerin Angela Merkel – ein Ausdruck nicht nur der Anerkennung ihrer persönlichen Leistungen und Entscheidungen, sondern auch der gewachsenen Rolle Deutschlands als *global player,* als weltpolitischer Faktor insgesamt. Auch Präsident Obama betrachtet Merkel als Partnerin auf Augenhöhe. Natürlich sieht Washington manches auch kritisch, etwa die von Deutschland vorangetriebene Austeritätspolitik in der Eurokrise oder unsere Versäumnisse bei der Aufstockung des Verteidigungshaushalts. Aber ob beim Atom-Deal mit dem Iran, der Ukrainekrise oder der Suche nach einer gemeinsamen Linie in Syrien – wenn es um die großen Probleme auf dieser Welt geht, klingelt in Berlin das Telefon häufiger als früher. Bei vielen Zielen gibt es erstaunlich viele Übereinstimmungen. Und wohl nicht umsonst erinnerte Merkels »Wir schaffen das!« in der Flüchtlingskrise an Obamas Wahlkampfslogan »*Yes, we can!*«.

Überhaupt gestaltet sich das deutsch-amerikanische Verhältnis auf politischer Ebene so einträchtig wie wohl noch nie. Das liegt nicht nur an Merkels und Obamas gegenseitiger Wertschätzung und ihrer gemeinsamen Vorliebe für besonnene Analysen und pragmatische Entscheidungen, sondern auch am häufigen Kontakt auf parlamentarischer Ebene. 2014 betreute die deutsche Botschaft in Washington 188 Besuche von deutschen Parlamentariern, was mehr Delegationen entsprach als denen aus allen anderen EU-Staaten zusammen. Offenbar gehört es zum guten Ton für deutsche Politiker, die Kollegen in der US-Hauptstadt zu besuchen und sich mit ihnen auszutauschen, oft als Auftakt oder Höhepunkt einer auch andere Ziele ansteuernden USA-Reise. Auch deutsche Minister geben sich in D.C. die Klinke in die Hand. Einmal bekamen wir Korrespondenten von der Botschaft Einladungen zu gleich drei verschiedenen Hintergrundgesprächen, weil sich die Besuche dreier Ressortchefs innerhalb einer Woche ballten. Die hätten fast eine Kabinettssitzung am Potomac statt an der Spree abhalten können.

Die andere Seite der Medaille ist eine gewisse ablehnende Haltung gegenüber den USA in der deutschen Öffentlichkeit. Auf einige der Gründe für Misstrauen und Dissens im deutsch-amerikanischen Verhältnis bin ich bereits eingegangen. Gleichzeitig frage ich mich, ob die Deutschen sich wirklich grundlegend von den USA abgewandt haben oder ob die gegenwärtige Stimmung nur eine Schwankung darstellt, eine durch bestimmte Aspekte bedingte Phase. Wenn ich an die Zeit rund um den amerikanischen Einmarsch im Irak im Jahr 2003 denke, haben wir sicherlich schon schwierigere Zeiten erlebt. Zwar ist eine Ernüchterung, gepaart mit grundlegenden Vorbehalten gegenüber den USA, nicht zu leugnen. Doch zum 70. Jahrestag der Beendigung des Zweiten Weltkriegs nahm das PEW-Umfrageinstitut speziell das deutsch-amerikanische Verhältnis unter die Lupe, mit dem Ergebnis, dass eine solide Mehrheit von 61 Prozent der Deutschen in den USA einen verlässlichen Partner sieht. Die Amerikaner halten uns umgekehrt sogar zu 72 Prozent für zuverlässig.[27] Dieser höhere Wert mag historisch gewachsen sein; die USA haben uns Deutschen immer wieder riesige Vertrauensvorschüsse gewährt: erst der Bonner Republik beim Wiederaufbau nach dem Krieg, dann dem vereinten Deutschland 1989/90 und danach – und sie sind nicht enttäuscht worden. Jedenfalls ist das Verhältnis grundsätzlich stabil und bewährt.

Auf der anderen Seite halten 31 Prozent der Deutschen die USA nicht für einen verlässlichen Partner, deutlich mehr als die nur 18 Prozent der Amerikaner, die Deutschland nicht trauen. Bedenklicher finde ich jedoch ein anderes Ergebnis dieser Umfrage: Auf beiden Seiten des Atlantiks findet jeweils die Hälfte der Bevölkerung, dass ihr Land sich lieber um die eigenen Probleme kümmern und andere Länder ihre Herausforderungen alleine meistern lassen sollte. Hieraus spricht nicht unbedingt ein neuer Isolationismus, vielmehr ein selektiver Internationalismus. Diese Haltung deckt sich zwar mit der amerikanischen Politik, nicht mehr den einsamen Weltpolizisten zu spielen – wie auch mit der deutschen Linie, dass wirtschaftliche Macht nicht gleichzeitig eine politische Führungsrolle bedeuten muss.

Ich sehe in dieser Reserviertheit gegenüber den Problemen anderer Länder aber eine Gefahr: Wenn jeder die Initiative dem anderen überlässt und sich nicht verantwortlich fühlt und wenn deshalb Amerikaner wie Deutsche außenpolitische Ziele deutlich bescheidener abstecken und sich nunmehr um die eigenen Probleme kümmern, könnten uns manche Probleme über den Kopf wachsen. Doch wenn wir eines gelernt haben zu Beginn des 21. Jahrhunderts, dann dies: Es gibt in einer globalisierten, vernetzten Welt kaum noch »eigene« Probleme. Wir haben es stattdessen mit verketteten Ereignissen und verschlungenen Strukturen zu tun, die uns früher oder später alle betreffen können.

Die Liste an Herausforderungen erscheint endlos, wie das US-German Next Generation Project zeigt.[28] Die Flüchtlingskrise lässt uns spüren, dass ein furchtbarer Bürgerkrieg im fernen Syrien buchstäblich auch bei uns anklopft. Sie lässt sich nur in den Griff bekommen, wenn der Grund, warum Millionen Menschen fliehen, endlich beseitigt wird. Die Bedrohung durch Terrorismus und Extremismus, insbesondere durch den »IS«, haben wir mitten in Europa erleben müssen. Welche unberechenbaren Folgen es haben kann, wenn Russland seinen alten Platz als Weltmacht beansprucht, haben wir in der Ukraine erlebt. Die Finanzkrise hat offenbart, welchen Dominoeffekt Pleiten und Rezessionen in einer globalisierten Wirtschaft haben können. Atomare Abrüstung gelingt nur, wenn die Verhandlungspartner weltpolitische Nebenschauplätze ignorieren können. Und zum Klimawandel kann nun wirklich kein Mensch mehr behaupten, dieser gehe ihn nichts an.

Doch auch jenseits der konkreten Krisen gibt es eine Fülle von Herausforderungen, von denen wir nur erahnen, wie sehr sie den Verlauf des 21. Jahrhunderts bestimmen werden. Was, wenn Millionen Menschen zu einer Völkerwanderung aufbrechen, weil Wasser und Nahrungsmittel in bestimmten Regionen der Welt knapp werden? Wie gehen wir damit um, dass Gesellschaften altern oder durch Immigration neu durchmischt werden? Wie stellen wir uns darauf ein, dass der technologische Fortschritt nicht nur Arbeitswelten durcheinanderwirbeln, sondern auch den Zugang zu Wissen revolutionieren wird? Wie reagieren wir, wenn Staaten kollabieren und das Chaos in diesen *failed states* ganze Regionen mitreißt? Wie verhindern wir, dass Sicherheitsbelange unsere offene Gesellschaft einschränken oder gar bedrohen? All diese Herausforderungen lassen sich nur gemeinsam mit dem uns oft fremden Land USA lösen, ob uns das gefällt oder nicht.

Doch letztlich geht es auch darum, ob unser demokratisches Modell stark genug ist, um mit all diesen Herausforderungen fertigzuwerden. Ob wir es aushalten, wenn Globalisierung, Terror, Euro- oder Flüchtlingskrise unsere

Gesellschaften unter Druck setzen. Aktuelle Entwicklungen lassen da Zweifel aufkommen. Der Kolumnist Sascha Lobo schreibt: »Da stehen wir, die sich für irgendwie liberal haltenden Weltversteher, und schauen der weiteren Auflösung einer Gewissheit des 20. Jahrhunderts zu. Dass politischer Fortschritt in westlichen Demokratien – nach unserem Verständnis der Aufklärung – eine Art Einbahnstraße sei. Und dann: Front National, FPÖ, AfD. Und Trump.«[29] Ich würde noch hinzufügen: Und Brexit.

In der Tat führen wir auf beiden Seiten des Atlantiks ähnliche Debatten. Nicht alles lässt sich übertragen, aber manches eben doch. Das Phänomen Trump basiert ja weniger auf einer Ideologie, sondern ist Resultat einer immer hitziger geführten Debatte über soziale Ungleichheit und Chancenungerechtigkeit, gewürzt mit einer ordentlichen Prise Rassismus und Nationalismus. Auch bei uns können viele etwas mit der Logik der Trump-Unterstützer anfangen, die sinngemäß lautet: »Ich kann mich noch so anstrengen und komme doch auf keinen grünen Zweig. Früher war alles besser. Die Kluft zu den Eliten in Politik, Wirtschaft und Medien, die alles haben und sich an der Macht halten, wird immer tiefer. Die Veränderungen überfordern mich. Alles gerät außer Kontrolle. Wir leben in einem System, das von innen nicht zu reformieren ist. Also muss es ein Kandidat von außen schaffen, gerne auch mit brachialen Mitteln. Einer, der sich um uns kümmert und nicht um die anderen, die jetzt in unser Land kommen.«

Es ist beklemmend zu sehen, wie die einfachen Botschaften auf beiden Seiten des Atlantiks greifen, ohne dabei irgendwie konkret oder konstruktiv zu sein. Ein Trump-Fan hat es unserem Kamerateam ganz direkt ins Mikrofon gesagt: »Mir ist egal, wie er das alles anstellen will. Hauptsache, er stellt es an. Ich vertraue ihm mit meinem Leben. Ich vertraue ihm die Zukunft Amerikas an.« In diesen Worten spiegelt sich die Sehnsucht nach dem autoritären starken

Mann, der, auf welche Weise auch immer, alle Probleme überwindet und das Land gegen »die anderen«, die an allem schuld sind, verteidigt.

Das Zerbröseln des europäischen Integrationsprozesses, verschärft durch die Abstimmung über den Brexit, offenbart, wie schwächlich die politische Idee Europa ist, sobald es ernst wird – sobald es also nicht mehr nur ums Nehmen geht, sondern auch darum, zu geben und Verantwortung zu übernehmen. Es zeigt sich, dass es keine historische Einbahnstraße gibt, auf der es automatisch immer nur aufwärtsgeht, sondern dass wir politischen Fortschritt immer wieder neu finden und erkämpfen müssen. »Die Suche [nach dem richtigen politischen Weg] ist ein Kampf um Ideen und Ideale, in dem beide Seiten gefordert sind, Europäer und Amerikaner«, sagt der Politologe Jürgen Wilzewski. »Auf dem Spiel steht die Glaubwürdigkeit der demokratischen Systeme insgesamt. Sie müssen sich immer wieder neu legitimieren.«[30] Wilzewski bezieht sich hier auf das Spannungsfeld zwischen Sicherheit und Freiheit, doch lässt sich seine Aussage verallgemeinern.

Dass die westliche Vorstellung von Demokratie und aufgeklärter Gesellschaft sich nicht umstandslos exportieren lässt, haben der Irakkrieg und der anschließende Versuch des *nation building* (der Staatenbildung von außen) auf tragische Weise demonstriert. Wie sehr die Glaubwürdigkeit unserer Systeme aber insgesamt bedroht ist, zeigt der aktuelle Transformationsindex (BTI) der Bertelsmann Stiftung.[31] Der BTI analysiert und bewertet regelmäßig die Qualität von Demokratie, Marktwirtschaft und politischem Fortschritt in mehr als hundert Entwicklungs- und Schwellenländern und misst so die Erfolge und Rückschläge auf dem Weg zu rechtsstaatlicher Demokratie und sozialpolitisch flankierter Marktwirtschaft. Demzufolge werden diese Ziele weltweit so intensiv herausgefordert wie lange nicht mehr, während gleichzeitig der Einfluss von politisierter Religion und Fanatismus wächst. Schwere Zeiten für demokratischen Wandel, wie das Scheitern des Arabischen Frühlings unterstreicht. Regierungen konsolidieren in zunehmender Art und Weise ihre Macht, indem sie Bürgerrechte wie Presse- oder Versammlungsfreiheit beschneiden, so die Stiftung. Die Zahl der autoritären Regierungen ist gestiegen – aktuelles Beispiel: die Türkei. Der *wind of change*, der Wind des Wandels, der nach dem Ende des Kalten Krieges von Europa aus wehte, hat sich offenbar verflüchtigt. »Europas Nachbarschaft ist konfliktreicher geworden, unstabiler und autoritärer«, stellt der Vorstandsvorsitzende der Bertelsmann Stiftung Aart Jan de Geus fest. »Das Beunruhigendste ist dabei die wachsende Unfähigkeit zu gemeinschaftlichem und politischem Diskurs. … Europa muss mehr tun, um neue Wege zu einem konstruktiven Dialog zu finden.«[32]

Was wir brauchen: vielseitigen Austausch statt eines Rückzugs auf einen selbstbezogenen Nationalismus; politischen Mut, statt Einknicken vor der Politik der Angst. Angst, sagte Präsident Franklin D. Roosevelt, »lähmt die Anstrengungen, derer es bedarf, um den Rückzug in einen Vormarsch zu verwandeln«.[33] Und genau das müssen wir tun: nicht uns zurückziehen, sondern voranschreiten. Im deutsch-amerikanischen Verhältnis gibt es einiges, woran wir dabei ansetzen können. Und das heißt nicht zuletzt, von den Errungenschaften wie auch aus den Fehlern des anderen zu lernen.

Der Klimawandel ist sicherlich eine der naheliegendsten gemeinsamen Aufgaben. Was möglich ist, wenn es in eine gemeinsame Richtung geht, hat das Klimaschutz-Abkommen von Paris gezeigt. Sowohl die US- als auch die Bundesregierung sehen im Kampf gegen den Klimawandel nicht nur eine Notwendigkeit, sondern auch einen Zukunftsmarkt. Was funktioniert hier bereits? Wo liegt weiteres Entwicklungspotential? Wäre beispielsweise die amerikanische Tiny-House-Bewegung auch etwas für uns? Überall im Land wohnen Menschen in solchen Minihäusern, die sie zum Teil aus recyceltem Material selbst gebaut haben. Ich traf eine junge Frau, die sich bewusst dafür entschieden hatte, in einem Neun-Quadratmeter-Häuschen zu leben, um ihre Energiebilanz zu optimieren: »Ich verbrauche hier etwa ein Kilowatt Strom am Tag. Ich glaube, der durchschnittliche Amerikaner verbraucht 11 Kilowatt. Das ist doch beeindruckend. Wenn wir in so einer privilegierten und reichen Gesellschaft wie der unseren leben, ist es doch auch unsere Pflicht, verantwortlich mit den Ressourcen umzugehen, die wir verbrauchen.«

Ein weiteres Beispiel für amerikanische Neuerungen, die auch für unsere Behörden und Einrichtungen interessant sein könnten, sind die Nachhaltigkeitsbüros, die bereits an vielen US-Universitäten arbeiten. Die American University in Washington, D.C., beispielsweise betreibt seit 2009 ein solches *Office of Sustainability*. Es sorgt nicht nur dafür, dass die Uni nach umweltschonenden Kriterien einkauft, weniger Energie und Wasser verbraucht, weniger Müll produziert und möglichst klimaneutrale Neubauten auf dem Campus errichtet, sondern bietet auch ganze Seminare zu diesem Thema an. Die Umweltexperten bringen zudem Dozenten bei, wie sie ihre Kurse umweltfreundlicher durchführen können. Vier festangestellte Mitarbeiter hat das Büro, hinzu kommen mehrere studentische Hilfskräfte.

Einwanderung ist eine weitere gigantische Herausforderung, bei deren Bewältigung wir voneinander lernen können. Wie schöpfen wir das Potential der Einwanderer und ihrer mitgebrachten Fähigkeiten ab? Die USA interessieren sich auch aus diesem Grund sehr für unser duales Ausbildungsmodell. Wie integrieren wir Einwanderer, damit sie sich nicht radikalisieren? Wie können wir verhindern, dass in der Mitte der Gesellschaft stehende Menschen sich nicht dem Extremismus zuwenden? Wie können wir eine offene Gesellschaft bleiben, ohne unsere Sicherheit zu gefährden? Wie schaffen wir Sicherheit, ohne unsere Werte zu verraten? Was funktioniert – und was nicht?

Und schon sind wir beim Thema Sicherheit. Vom »IS« durchgeführte oder inspirierte Attacken gelten zwar der westlichen Lebensweise und der Idee des Pluralismus insgesamt, doch bedrohen sie uns Europäer offenbar stärker als die Amerikaner. Die Anschläge von Paris und Brüssel haben auf tragische Weise deutlich gemacht, wie wichtig eine enge internationale Zusammenarbeit im Kampf gegen Terrorismus ist. Hätten französische und belgische Geheimdienste die über die Attentäter bereits vorhandenen Informationen zusammengefügt, hätten die Angriffe vielleicht verhindert werden können. Eine einzige Panne zu viel kann Menschenleben kosten. Die Dienste müssen lernen, sich noch enger auszutauschen. Und mit kaum einem Land ist der Austausch von Daten und Informationen wichtiger als mit den USA und seinen sehr aktiven Geheimdiensten. Können wir hier mehr tun, müssen wir hier mehr tun? Die Balance zwischen offener Gesellschaft, Schutz der Privatsphäre und effektiver Terrorabwehr zu finden bleibt eine knifflige Aufgabe.

Auch innerhalb unseres wichtigsten Sicherheitsbündnisses, der NATO, müssen wir eine gemeinsame Strategie entwerfen und überlegen, wohin die Reise überhaupt gehen soll. Welche Aufgaben soll die NATO künftig haben? Der Einsatz in Libyen und das Chaos, in welches das Land anschließend fallen gelassen wurde, dürfte nicht gerade als Paradebeispiel heutiger NATO-Sicherheitspolitik gelten. Was die Konfrontation mit Russland betrifft, scheinen die USA eher bereit, den osteuropäischen Verbündeten in ihrer Sorge wegen Moskaus Muskelspielen entgegenzukommen. Eine neue Raketenabwehranlage der Amerikaner in Rumänien und die Ankündigung, ab 2017 eine komplette Panzerbrigade an die Ostflanke der NATO zu verlegen, bezeichnete das Pentagon als Reaktion auf »russische Aggression«. Die Bundesregierung dagegen befürchtet eine Eskalation im Konflikt mit Russland. Natürlich soll die Tür zum Dialog mit Moskau immer offen bleiben, aber im Interesse einer wirksamen Diplomatie müssen wir mit den Amerikanern eine gemeinsame Linie verfolgen. Sonst hat Putin leichtes Spiel.

Hinzu kommt: Selbst wenn der Ukrainekonflikt und andere Krisen die USA gezwungen haben, den Blick wieder verstärkt nach Europa zu wenden – der *alte* Kontinent wird künftig nicht mehr die überwiegende Aufmerksamkeit Washingtons genießen. Daraus müssen wir Schlüsse für die Bundeswehr und unsere eigene Sicherheitsstrategie ziehen, vor allem angesichts der Tatsache, dass Konflikte oft nicht mehr klaren Frontlinien zwischen Staaten folgen, sondern von nichtstaatlichen Gegnern wie dem »IS« ausgehen. Sind wir für diese Herausforderungen gerüstet?

Eine größere Bedrohung als die Eskalation der Spannungen mit Russland dürfte allerdings in einem anderen Feld liegen: im Cyberterrorismus, dem »Schlachtfeld der Zukunft«. Nicht umsonst haben die USA den Chef der NSA gleichzeitig zum Chef des Cyber Command gemacht – einem Militärstab, der auf die Abwehr, aber auch die Ausführung von Angriffen via Internet spezialisiert ist. Cyberattacken, erklärte der US-Geheimdienstkoordinator James Clapper bereits 2013 dem Kongress, stellten für die Vereinigten Staaten heute eine größere Bedrohung dar als der Terrorismus.[34] Um künftig ein »Pearl Harbor im Cyberspace« zu verhindern, stecken die USA Milliarden in diesen Bereich.

Welch raffiniert-perfide Angriffswaffe Computer sein können, zeigte sich, als 2010 Details über den Stuxnet-Virus bekannt wurden. Der Computerwurm legte zeitweise Hunderte Zentrifugen des iranischen Atomprogramms lahm. Niemand bekannte sich offiziell dazu, aber vermutlich steckten die Amerikaner dahinter. Jedenfalls legte das ein Bericht der *New York Times* zwei Jahre später nahe.[35] Demnach habe Präsident Obama die Programme zur Cyber-Kriegsführung persönlich gefördert und von Anfang an darin auch eine alternative Option gegen Irans Atomprogramm gesehen, wären die diplomatischen Bemühungen gescheitert.

Auch für Deutschland lässt sich leicht ausrechnen, wie verheerend der Schaden wäre, wenn Hacker-Terroristen erfolgreich die Flugsicherheit, Industrienetzwerke oder Börsencomputer angreifen würden. Potentielle Ziele gibt es in Zeiten der digitalisierten Industrie 4.0 und dem Internet der Dinge zuhauf. Was tatsächlich schon passiert ist, kann man im Jahresbericht des Bundesamts für Sicherheit in der Informationstechnik nachlesen[36] – etwa, dass Hacker den Hochofen eines Stahlwerks gekapert haben; der Schaden war massiv, weil der Ofen nicht mehr kontrolliert heruntergefahren werden konnte. Der Bundestag wurde im Mai 2015 Opfer einer Cyber-Attacke, als Hacker zentrale Systeme des internen Bundestagsnetzes manipulierten und gigabyteweise Daten klauten. Verfassungsschutz-Chef Hans-Georg Maaßen sieht den Cyberspace als »Ort hybrider Kriegsführung« und die Sicherheit der Informationen von Regierung, Verwaltung, Wirtschaft, Wissenschaft und Forschung als »permanent bedroht«,[37] insbesondere durch ausländische Geheimdienste. Hinter dem Bundestagsangriff vermutet Maaßen russische Cyberkrieger. Als Journalist empfand ich jedoch besonders den Angriff auf den französischen Sender TV5 Monde als gruselig – der Sendebetrieb wurde stundenlang lahmgelegt, und auf der Internetseite erschien Propaganda für den »IS«.[38]

Um sich effektiver gegen solche Cyber-Attacken wehren zu können, haben Deutschland und die USA die Bilateralen Cyber-Konsultationen ins Leben gerufen, jährliche Treffen, bei denen es um alle Aspekte dieses Themas geht, von Normen für die digitale Welt bis zu gemeinsamen Abwehrstrategien. Wenn solche Initiativen nicht nur ein netter Gedankenaustausch sind, sondern zu konkreten Maßnahmen führen, dann ist hier ein Weg eingeschlagen, der für die transatlantischen Beziehungen in Zukunft von enormer Bedeutung wäre.

Es gäbe noch eine Menge weiterer Beispiele, um zu

zeigen, wie notwendig die deutsch-amerikanische Zusammenarbeit ist. Der Grundgedanke bleibt dabei immer der gleiche: Wir sehen uns heute mit ernsthaften Bedrohungen konfrontiert, und um diesen zu begegnen, sollten wir uns, bei allen Unterschieden, nicht auf das konzentrieren, was uns spaltet, sondern, wie der Leiter des Planungsstabes im Auswärtigen Amt, Thomas Bagger, schreibt, »uns darauf besinnen, was wir alles gemeinsam haben, im Vergleich zu allen anderen großen Akteuren dieser Welt«.[39] In die gleiche Richtung geht die Zusammenfassung des New-Prism-Projekts des Atlantic Council, in dessen Rahmen ein Dutzend junger Amerikaner und Deutscher gemeinsam eine neue Stimme für den transatlantischen Dialog gesucht haben: »In einer Welt, in der unsere so geschätzten gemeinsamen Grundwerte – Demokratie, Rechtsstaatlichkeit, Gleichberechtigung, Pressefreiheit – nicht in gleicher Weise von aufstrebenden Mächten geteilt werden, ist es notwendig, trotz aller Meinungsverschiedenheiten gemeinsame Antworten auf die Herausforderungen der Zukunft zu finden. Notfalls auch mit zusammengebissenen Zähnen.«[40] Dafür müsse man einander mit realistischeren, weniger nostalgischen Augen betrachten, sich besser informieren und die Differenzen akzeptieren, statt darauf zu bauen, dass die Partnerschaft schon irgendwie halten werde.

Wir sollten dabei nicht nur zuversichtlich, sondern auch geduldig bleiben. Gerade wir Deutschen haben doch im Glück der Wiedervereinigung erlebt, dass Geduld und Beharrlichkeit sich auszahlen. Wie in jeder Beziehung wird es immer Meinungsverschiedenheiten geben. Dass Amerikaner die Dinge oft anders sehen als wir, können wir nicht ändern. Der »Westen« ist kein Einheitsbrei, und Demokratie ist nicht statisch, sie wird unterschiedlich interpretiert und in einem Wettbewerb der Ideen und Konzepte verwirklicht. Dass unsere Demokratie sich ständig erneuern und sich äußeren wie inneren Entwicklungen anpassen muss, hält sie lebendig. Dass sie nicht perfekt ist, sollte uns Ansporn sein – auf beiden Seiten des Atlantiks. Als Präsident Obama in Selma den Kampf der schwarzen Bürgerrechtsbewegung würdigte, sah er genau darin eine Stärke: »Welch größeres Vertrauen in das Experiment Amerika, welch höhere Form des Patriotismus gibt es, als den Glauben, dass Amerika noch nicht vollendet ist? Dass wir stark genug sind, um selbstkritisch zu sein. Dass jede neue Generation auf unsere Unvollkommenheiten schauen und entscheiden kann, dass es in unserer Macht liegt, diese Nation neu zu erschaffen, damit sie unseren höchsten Idealen besser entspricht.«[41]

Für diese Ideale müssen wir einstehen und an der dafür notwendigen Partnerschaft aktiv arbeiten. Sie erhält sich nur in der ständigen Auseinandersetzung miteinander. Es klingt banal, aber auch hier gilt wieder: Je mehr Informationen wir haben, je mehr wir voneinander wissen, desto realistischer ist unsere Sicht aufeinander, und desto leichter akzeptieren wir auch, was uns unterscheidet.

Deshalb ist der Austausch im empathischen Geiste von Senator Fulbright so wichtig, und das heißt konkret: Austauschprogramme zwischen Schulen, Universitäten, Regierungsbehörden, militärischen Stellen. Der ehemalige Verteidigungsminister Robert M. Gates warnte einst davor, sich auf dem Erreichten auszuruhen. Künftige Generationen von Amerikanern, die keine Erinnerung an den Kalten Krieg haben, könnten sich fragen, ob etwa die NATO nicht ein Relikt vergangener Zeiten sei, für das zu zahlen sie nicht mehr bereit seien. Umgekehrt mögen deutsche Millennials, welche die USA nur als ein Land im Krieg und im Antiterrorkampf kennen, ein zu einseitiges Bild erhalten, wenn sie sich nicht im direkten Kontakt mit Amerikanern eine eigene Meinung bilden. Ohne Schnittstellen droht ein schleichendes Auseinanderdriften. Mit weitreichenden Folgen.

Deshalb müssen wir wohl das formulieren, was der Deutschlandexperte der Johns Hopkins University, Jackson

Janes, bei einem Gedankenaustausch als ein »neues Narrativ« für das deutsch-amerikanische Verhältnis bezeichnet hat. Jahrzehntelang war diese »Erzählung« automatisch vorgegeben – vom Wiederaufbau unter amerikanischem Schutz und der dankbar angenommenen Hilfe in Westdeutschland ebenso wie vom Kalten Krieg. Im neuen Jahrhundert, das »niemandem gehört«,[42] funktioniert dies nicht mehr automatisch. Es bedarf einer neuen, fundierten, gerne auch kritischen Erzählung, die zum Leitfaden für beide Seiten wird und erklärt, warum es sich lohnt, die Erfolgsgeschichte dieses »unterschätzten Bündnisses«[43] fortzuschreiben.

Womöglich reicht dazu die Besinnung auf gemeinsame Werte allein nicht aus, die zwar wichtig ist, aber allzu leicht pauschal ausfällt. Vielmehr müssen sich beide Seiten in konkreten Projekten verzahnen, die uns immer wieder vor Augen führen, welche Vorteile – und natürlich auch Nachteile – diese transatlantische Beziehung bringt. Vieles in den genannten Bereichen, vom gemeinsamen Kampf gegen den Klimawandel oder Terrorismus bis hin zu Fragen der Immigration und Herausforderungen der Globalisierung, findet längst statt. Doch es könnte noch mehr sein. Die USA als Weltmacht und Deutschland als europäische Führungsmacht haben meines Erachtens eine besondere Verantwortung, hier die Lösungen voranzutreiben. Das funktioniert nur in einer konstruktiven, selbstbewussten Partnerschaft, die auch notwendige und berechtigte Kritik aushält. Die Grundlagen dafür sind so schlecht nicht – egal, wer gerade im Weißen Haus das Sagen hat.

Dabei sollte die latente Skepsis in Deutschland gegenüber den USA nicht dazu führen, dass wir in eine Falle arroganter Vorurteile tappen, schon gar nicht, wenn es nur darum geht, sich zu profilieren. Der Publizist Johannes Gross hat einmal gesagt: »Protest ist heute eine der bemerkenswertesten Formen der Anpassung.«[44] Wir sollten anspruchsvoll bleiben.

Schlussgedanke

»Wir müssen die endliche Enttäuschung akzeptieren,
aber nie die unendliche Hoffnung aufgeben.«
Martin Luther King, Jr.

Nun also wieder Deutschland. Nach knapp drei Jahren in den USA kehre ich im Herbst 2016 nach Hamburg zurück, und muss dabei daran denken, wie ich das letzte Mal nach drei Jahren in den USA nach Deutschland zurückgekehrt bin. Ich hatte mich damals verändert, und mein Heimatland hatte sich in dieser Zeit verändert. Als ich 1997 Richtung Boston aufgebrochen war, war der einzige Kanzler, den ich bis dahin gekannt hatte, noch immer an der Macht: Helmut Kohl. Der Sitz der Bundesregierung lag am Rhein. Und Deutschland, wie auch der Rest der Welt, lebte in jeder Hinsicht noch im 20. Jahrhundert.

Als ich im Sommer 2000 zurückkehrte, hatte ein neues Jahrtausend begonnen. Die Berliner Republik hatte meine alte Bonner Republik ersetzt. Der Kanzler hieß nun Gerhard Schröder. Und der Euro stand kurz davor, mit der D-Mark eines der sichtbarsten Symbole meines Landes abzulösen. Neben diesen äußeren Faktoren spürte ich aber auch eine innere Veränderung, ein Gefühl von Wechsel – sowohl in mir als auch in der Gesellschaft insgesamt.

Seitdem ist viel passiert, auf beiden Seiten des Atlantiks. Und es ist spannend zu beobachten, wie sehr sich auch die USA und unser Verhältnis zu ihnen inzwischen verändert haben. Umso gespannter bin ich aber darauf, wie sehr sich das Land, in das ich erneut zurückkehre, in den drei Jahren meiner Abwesenheit diesmal verändert hat. Denn ich habe das Gefühl, dass sich Deutschland in relativ kurzer Zeit noch dramatischer gewandelt hat als damals zur Jahrtausendwende. Mir ist, als komme ich in gewisser Weise in ein anderes Land, in eine andere Gesellschaft. Das mag weniger an den äußeren Faktoren liegen. Die Kanzlerin ist noch dieselbe, die Währung und die Hauptstadt ebenfalls. Aber soweit ich es aus der Ferne verfolgen konnte, scheint sich im Inneren grundsätzlich etwas verschoben zu haben.

Zum einen betrifft das unser Selbstverständnis, das wir Deutschen auch gerne mal mit einer Portion Selbstgerechtigkeit garnieren – was manchmal ganz schön nerven kann. Meine amerikanische Frau prägte in ihren ersten Jahren in Deutschland den schönen Spruch: »Whatever, Besserwissers!« – »Was soll's, Besserwisser halt!« Aber wie sich in jüngster Zeit herausgestellt hat, ist unsere Selbstgerechtigkeit unangebracht.

Wir halten unsere Umweltstandards für unvergleichlich hoch – mussten aber erfahren, dass der größte deutsche Autobauer nur durch Betrug die in der Werbung versprochenen niedrigen Emissionswerte einhalten konnte. Wir dachten, wir seien die Einzigen, die sich die Vergabe einer Großveranstaltung wie der Fußball-Weltmeisterschaft 2006 nicht durch Schmiergelder sichern müssten, und nur durch unser großartiges Konzept überzeugt hätten – dabei scheint sich auch die deutsche Bewerbung entlang der üblichen zweifelhaften Bahnen bewegt zu haben. Unser größtes privates Finanzinstitut, die Deutsche Bank, war genauso in Zinsmanipulationen verwickelt wie andere Großbanken auch und musste saftige 2,5 Milliarden Dollar Strafe zahlen.[1]

Am pikantesten ist sicherlich die bereits erwähnte Tatsache, dass nach all den Zerwürfnissen, die der NSA-Abhörskandal ausgelöst hat, nach all der Empörung deutscher Politiker und der deutschen Öffentlichkeit sich herausstellte, dass unser Bundesnachrichtendienst genauso europäische und amerikanische Ziele ausgespäht hat wie sein amerikanisches Pendant.

Ich will damit nicht sagen, dass wir uns jetzt als Land der Betrüger sehen müssen. Und natürlich können wir sehr stolz sein auf vieles, was Deutschland leistet und erreicht hat. Aber ich glaube, ein Schuss Bescheidenheit und Perspektive würde uns ganz guttun. Denn offensichtlich sind wir zwar nicht schlechter, aber eben auch nicht besser als andere Länder und Kulturen und haben unsere eigenen Verfehlungen.

Es gibt allerdings eine Entwicklung, die, wie mir scheint, Deutschland gegenwärtig fundamentaler verändert als alles andere: die Flüchtlingskrise. Zum einen verändert sie sichtbar unsere Gesellschaft und macht unser Land bunter. Vor allem aber zwingt sie uns dazu, darüber nachzudenken, was es bedeutet, deutsch zu sein. Dabei kommen Seiten unserer Gesellschaft zum Vorschein, von denen ich dachte, wir hätten sie weitgehend überwunden. Aber offensichtlich schlummerten sie lediglich unter der Oberfläche, um schlagartig hervorzubrechen, sobald die Lage schwierig wird. Oder wenn sie in Zeiten der Globalisierung und der mannigfachen Veränderungen unübersichtlich erscheint. Der Erfolg der AfD kam zwar plötzlich, aber keineswegs aus dem Nichts. Hier zeigt sich eine Parallele zu den USA und dem Phänomen Trump. Der Erfolg des exzentrischen Milliardärs lässt sich gleichfalls über das frustrierte, verängstigte, wütende Umfeld erklären, das ihn trägt.

Woran liegt es aber, dass in den USA so viele nach dem Bau einer Mauer rufen und den Gedanken eines Einreisestopps für Muslime bejubeln und hierzulande viele Deutsche dem europaweiten Rechtsruck folgen und der Ton auf Pegida-Demos nationalistischer, autoritärer, abgrenzender wird? Plötzlich werden beiderseits des Atlantiks Aussagen salonfähig, die bis vor kurzem unerhört gewesen wären, aber nun mit Wut im Bauch und Angst im Kopf hervorbrechen, nach dem Motto: »Endlich sagt's mal einer!« Dieses Gedankengut ist offenbar verdeckt gewesen, aber eben präsenter, als die wehrhafte Demokratie es sich vorgestellt hat. Ist etwa, wie Bertolt Brecht einst schrieb, der Schoß »fruchtbar noch, aus dem dies kroch«? Mit dem Satz endet das Stück *Der aufhaltsame Aufstieg des Arturo Ui*. Passenderweise ließ Brecht die Handlung in Amerika spielen, im Gangstermilieu von Chicago.

Die Angst vor wirtschaftlichem Abstieg kann nur bedingt eine Erklärung liefern. Denn auch wenn in den USA die Löhne stagnieren, so brummt doch der Jobmotor. Und mittlerweile gibt es sogar erste Anzeichen, dass sich auch bei den Löhnen endlich etwas tut. Ähnlich sieht es in Deutschland aus: Wie die Rekord-Steuereinnahmen zeigen, gibt es genügend Arbeit, kein Mensch bekommt wegen der Flüchtlingssituation Leistungen gekürzt. Wir stehen eigentlich glänzend da.

Offenbar ist sowohl die deutsche als auch die amerikanische Gesellschaft anfällig für Populismus. Doch Populismus ist ein Gift mit Langzeitwirkung.[2] Wozu das führen kann, haben wir Deutschen schon einmal erlebt. Es gibt keine einfachen Lösungen. Wer diese verspricht, verkauft eine Mogelpackung mit bitterem Nachgeschmack. Die heutigen Probleme sind komplex, und die Welt ist nun mal nicht schwarz oder weiß, sondern besteht hauptsächlich aus Grautönen. Das gilt selbstverständlich auch für das deutsch-amerikanische Verhältnis.

Könnte es sein, dass unser Modell der offenen, liberalen Gesellschaft doch anfälliger ist, als wir dachten? Dass die Radikalisierung an den Rändern, aber auch in der Mitte der

Gesellschaft eine ernste Bedrohung für die pluralistische, weltoffene, tolerante Demokratie geworden ist? Die Resultate der erwähnten Bertelsmann-Studie ließen sich so deuten. Die ausländerfeindlichen Äußerungen, die in den USA genauso wie in Deutschland ein Echo finden, ebenso.

Doch so pessimistisch bin ich nicht. Im Gegenteil. Ich glaube, wir können den Aufstieg rechter wie linker Populisten stoppen. Er ist, um es mit Brecht zu sagen, »aufhaltsam«. Daran ändert auch die Wahl Donald Trumps zum Präsidenten grundsätzlich nichts. Ich sehe viele eindrucksvolle Ansätze, die mir Mut machen. Die zahlreichen Demonstrationen gegen eine Politik der Abschottung in den USA und das aufopferungsvolle Engagement freiwilliger Flüchtlingshelfer in Deutschland sprechen Bände. Es gibt genügend Beweise, dass unsere Länder smart und vielfältig statt rückwärtsgewandt sind. Deshalb sehe ich die Radikalisierung vielmehr als Ansporn. Sie zeigt, dass nichts selbstverständlich ist. Wir müssen das Erreichte immer wieder aufs Neue verteidigen und Haltung zeigen, ohne dabei all diejenigen abzuschreiben, die empfänglich für populistische Botschaften geworden sind. Wir dürfen nicht aufhören, den Menschen bessere Alternativen anzubieten, damit sie nicht den Verlockungen eines rattenfängerischen Autoritarismus erliegen. »Offene Gesellschaften sind Konfliktgesellschaften«, mahnte Bundespräsident Joachim Gauck bei seinem USA-Besuch im Herbst 2015. »Sie entwickeln sich fort durch Kontroversen.«[3]

Die große alte Dame des öffentlichen Hörfunks in Amerika, Diane Rehm, die seit Jahrzehnten die Entwicklungen ihres Landes beobachtet, wunderte sich in ihrer Radiosendung darüber, dass die Diskurskultur verlorengegangen sei – dass Debatten heute so wütend, so emotional geführt würden und eigentlich keine Debatten seien, sondern eine Brüllerei, bei der niemand mehr etwas hören kann, geschweige denn verstehen. Ähnliches zeichnet sich in Deutschland

ab. Doch auch das sehe ich eher als Ansporn und Herausforderung. Das Buch, mit dem Barack Obama seinerzeit
seine Präsidentschaftskandidatur vorbereitete, trägt den Titel
Audacity of Hope. Dieser Aufruf, kühn genug sein, um Hoffnung zu wagen, ist heute aktueller denn je. Es steht viel auf
dem Spiel, aber wir dürfen die Hoffnung nie aufgeben, dass
sich am Ende die richtigen Prinzipien durchsetzen. Vorausgesetzt, wir stehen für sie ein. Wir dürfen nicht aufhören,
überzeugende Argumente und Lösungen für die aktuellen
Probleme zu suchen und zu präsentieren. Wir sollten uns
nicht einschüchtern lassen und Kontroversen aushalten, in
unsere Werte vertrauen und in die Kraft, die sie auf Dauer
haben. Auch wenn es kurzfristig nicht so erscheint.

Mit Blick auf das deutsch-amerikanische Verhältnis
bedeutet dies, dass wir im Ringen um die beste Gesell-
schaftsordnung voneinander lernen können, weil die Basis
eine gemeinsame ist, auch wenn die Amerikaner manchmal
fremde Freunde sind und es einem leichtmachen, verwun-
dert den Kopf über sie zu schütteln. Aber den schütteln sie
über sich selbst ebenfalls oft genug. Wir dürfen nicht vergessen, dass die USA nicht nur für uns ein fremderes Land
sind, als wir meinen, sondern häufig auch sich selbst fremd
sind. Es ist ein gigantischer Kontinent mit unterschiedlichen
Klimazonen, unterschiedlichen Ansichten, unterschiedlichen Kulturen. Mit fünfzig Staaten, die viel autonomer sind
als unsere Bundesländer und sich deshalb in unterschiedliche Richtungen entwickeln. Das fällt manchmal nicht so auf,
weil es eine Nationalität, eine Währung und eine Hauptsprache gibt. Aber Hawaii und Connecticut haben so viel gemeinsam wie Finnland und Portugal. Und die aktuelle Lage
der EU zeigt ja, wie uneins wir uns selbst innerhalb unseres
eigenen Kontinents sind.

Wir Reiseweltmeister aus Deutschland machen uns
auch gerne lustig darüber, dass viele Amerikaner keinen
Pass haben und noch nie ihr Land verlassen haben. Aber

nicht jeder Deutsche war schon einmal außerhalb Europas. Auf unserem Kontinent muss man nicht lange fahren, um sich kosmopolitisch zu fühlen und anderen Kulturen zu begegnen. In den USA ist man nach zehn Stunden Autofahrt immer noch in Texas. Die Binnenausrichtung vieler Amerikaner zu erkennen hilft dabei, sie zu verstehen. Einer der schönsten Nebeneffekte meines persönlichen transatlantischen Verhältnisses war übrigens, dass sich mein Schwiegervater erstmals in seinem Leben einen Pass besorgen musste, um zu unserer Hochzeit nach Europa zu reisen. Er war so begeistert über diese Horizonterweiterung, dass er sich seitdem noch einige weitere Male auf den Weg über den Atlantik gemacht hat.

Angesichts so mancher Entwicklung in den USA kann man sich schon fragen, ob das alte Churchill-Zitat noch gilt, demzufolge man sich immer darauf verlassen kann, dass die Amerikaner das Richtige tun – nachdem sie alles andere ausprobiert haben. Sie zeigen allerdings, dass sie in manchen Bereichen progressiver und moderner sind als wir Europäer. Zudem sollten wir nicht so verbittert nur auf Verfehlungen in der Vergangenheit blicken, sondern konstruktiv nach vorne schauen. Wir haben allen Grund, optimistisch zu sein. Und selbstbewusst. Nicht nur Hoffnung, sondern auch Zukunft wagen – darum geht es in Anlehnung an Obama.

In einigen Fragen driften Amerika und Deutschland auseinander, in anderen stehen sie sich in Wirklichkeit näher, als wir vielleicht glauben. Bei allen (beiderseitigen!) Verfehlungen und bei aller berechtigten Kritik sollten wir nie vergessen, dass wir in unseren Werten und Idealen mit nur wenigen Ländern so weitreichend übereinstimmen wie mit den USA. Rechtsstaatlichkeit, Menschenwürde, Meinungsfreiheit – ohne Zweifel werden die Vereinigten Staaten diesen Werten nicht immer gerecht. Im Gegenteil. Aber erfüllen *wir* sie immer? Und trotz allem bleiben sie für beide Seiten eine Richtschnur, die manch anderem Land, mit dem wir politisch und wirtschaftlich viel zu tun haben, gut zu Gesicht stünde.

Die USA sind einer unserer wichtigsten strategischen Partner. Bundespräsident Joachim Gauck fasste es so zusammen: »In einer Welt, in der Terroristen wüten, in der die Autokraten und Diktatoren auftrumpfen, in der Staaten zerfallen und ganze Regionen im Chaos versinken, in der die wichtigsten Rechtsprinzipien unseres Zusammenlebens mancherorts keine Achtung mehr finden – in dieser Welt der alten und der neuen Gefahren wird das bewährte Bündnis der freien und demokratischen Staaten die wichtigste Stütze der Stabilität bilden.«[4]

Ja, wir brauchen einander. Wir können all diese Herausforderungen nur gemeinsam meistern. Je besser wir Unterschiede wie auch Gemeinsamkeiten verstehen, desto eher können wir gegenseitiges Vertrauen zurückgewinnen oder sogar neu und standfester aufbauen. Und desto gewappneter sind wir für künftige Belastungsproben.

Dank

Wenn man sich wie ich als Fernsehjournalist in seiner täglichen Arbeit zu weiten Teilen auf die Kraft von Bildern verlassen kann, um eine Botschaft zu transportieren, dann erscheint der Gedanke, sich plötzlich nur auf die Kraft von Worten verlassen zu müssen, zunächst als ziemlich respekteinflößend. Ob mir das dennoch gelungen ist, mögen die geneigten Leser entscheiden. Aber wie ich erfahren durfte: So wie Fernsehjournalismus, bei dem stets die Arme von Produktion und Redaktion ineinandergreifen müssen, damit ein ansehnliches Resultat herauskommt, ist auch das Entstehen eines Buches glücklicherweise Teamwork. Weshalb ich einer ganzen Reihe von Menschen und Institutionen zu tiefstem Dank verpflichtet bin.

In erster Linie stehen da zweifelsfrei der Westdeutsche Rundfunk und sein Intendant Tom Buhrow, die mir die Möglichkeit gegeben haben, als Korrespondent in die USA zurückzukehren. Das war die Voraussetzung für die aktuellen Gedanken und Erfahrungen, die in dieses Buch eingeflossen sind. Gerade aus journalistischer Sicht hätte es kaum einen spannenderen Zeitpunkt dafür geben können. Die WDR-Programmgruppe Ausland wurde rasch zu meiner redaktionellen Heimat, und ich hatte immer das Gefühl, mich auf die leidenschaftliche Unterstützung und breite Brust dieser Redaktion verlassen zu können.

Wie gesagt: No man is an island – das gilt in besonderer Weise für die Arbeit als Auslandskorrespondent. Nie hätte ich so breitflächig über das Abenteuer Amerika berichten können ohne die Hilfe des großartigen Teams im ARD-Studio Washington. So sehr ich meinen Korrespondenten-Kollegen verbunden bin für Rat und Gedankenaustausch im Bestreben, dieses komplexe Land richtig abzubilden, und allen Gewerken im Studio, von Kamera bis Schnitt, von Technik bis Feed, Archiv, Sekretariat und Verwaltung für ihren unermüdlichen Einsatz, so muss ich doch einen Bereich hervorheben: die Producer-Riege unter Leitung der unerschütterlichen Hillery Gallasch. Deren aufopferungsvolle Mithilfe ist grundlegend. In Bezug auf Inhalte dieses Buches danke ich besonders Audrey Stimson, Heather Dorf-Dolce, Florens Herbst, Charlotte Potts, Oliver Richardt und Herta Borniger. You guys always went the extra mile, and it made all the difference! Thank you.

Dem gesamten Ullstein Verlag gilt mein Dank für das Wagnis, einen Debütautor in sein Programm aufzunehmen. Besonders möchte ich hierbei den Programmleiter Sachbuch, Christoph Steskal, erwähnen, der schon Jahre vor mir gewusst zu haben scheint, dass wir eines Tages ein Buch zusammen machen würden. Er und mein kluger Lektor Jan Martin Ogiermann haben sich beharrlich durch die »Mühen der Ebene« gekämpft und mich dabei wohlwollend vor manchem Irrweg bewahrt.

Ganz klar: Ohne Daniel Graf und den Beistand der Literatur- und Medienagentur Graf & Graf hätte es dieses Buch nie gegeben. Seiner geduldigen Führung, seinem steten Zuspruch und seinem verlässlichen Gespür für Inhalt, Stil und Inspiration habe ich es zu verdanken, dass aus der Idee Wirklichkeit geworden ist.

Gleiches gilt für Lis Miebach und das Team meiner Agentur Barbarella, die mir mit Humor und Weitsicht den Rücken freihalten und auf die ich mich in allen Belangen blind verlassen kann.

Wenn Fehler oder Missverständnisse in diesem Buch angefallen sein mögen, dann bin in jedem Fall ich allein verantwortlich dafür. Dass ich diesbezüglich aber ein ruhiges Gefühl haben darf, ist das Verdienst meiner Erstleser: Philipp Ackermann und Martin Ganslmeier sowie Christine Adelhardt, Kai Küstner und Holger Stark.

Nicht zuletzt bin ich Claus Kleber dankbar für die entscheidende Weichenstellung, mit der die ganze Reise einst in Washington begann. Diese Chance zu bekommen war nicht selbstverständlich. Wer weiß, wohin mein Weg mich sonst geführt hätte?

Vor allem aber bin ich meiner Familie dankbar. Meiner amerikanischen, die mich so bereitwillig aufgenommen hat und mir in vielerlei Hinsicht hilft, ihr Land zu begreifen und zu schätzen; die mich gleichzeitig mit ihrer Neugier über mein eigenes Heimatland immer wieder herausfordert, auch dieses besser zu verstehen. Und natürlich meiner deutsch-italienischen Familie. Besonders die liebevolle und immer verlässliche Unterstützung meiner Eltern hat mir früh das Vertrauen gegeben, zu neuen Ufern aufzubrechen, selbst wenn die weit weg jenseits des Atlantiks lagen. Grazie!

Meinen drei wundervollen Kindern möchte ich danken für die Geduld, die sie immer wieder aufbrachten, wenn ihr Vater auf langen Dienstreisen durch die USA unterwegs war oder auf gemeinsame Ausflüge verzichten musste, weil er an den Schreibtisch gefesselt war. Ich bewundere, mit welch natürlicher Leichtigkeit sie schon in jungen Jahren die kulturellen Brücken schlagen, die ihre trinationale Herkunft ihnen abverlangt. Sie geben mir Hoffnung für die nächste Generation im deutsch-amerikanischen Verhältnis.

Wie ich eingangs erwähnte, zieht sich die Auseinandersetzung mit den USA schon früh durch mein Leben. Aber sie wäre wohl nie so zentral geworden ohne den Mittelpunkt meiner persönlich wichtigsten transatlantischen Beziehung:

meine Frau. Für ihre unverwüstliche Unterstützung bin ich von ganzem Herzen dankbar. Ihr aufmunternder Rückhalt ist nicht in Worte zu fassen und bedeutet mir alles. Ohne sie wäre nicht nur dieses Buch nicht möglich gewesen. You are amazing! Thank you!

Anmerkungen

Einleitung

1 www.sueddeutsche.de/politik/usa-und-deutschland-vom-
   freund-entfremdet-1.2383529 , abgerufen am 27.07.2016
2 eca.state.gov/fulbright/about-fulbright/history/j-william-
   fulbright/j-william-fulbright-quotes, abgerufen am 27.07.2016

Teil I: Uncle Sam in Schieflage

1 www.nytimes.com/2015/11/06/us/politics/human-
   cost-rises-as-old-bridges-dams-and-roads-go-unrepaired.
   html?rref=collection%2Ftimestopic%2FBridge%20Disasters
   &action=click&contentCollection=timestopics&region=
   stream&module=stream_unit&version=latest&content-
   Placement=1&pgtype=collection&_r=0, abgerufen am 26.6.2016
2 Pew Research Center via *Washington Post* vom 27.11.2015
3 www.whitehouse.gov/the-press-office/2015/01/20/remarks-
   president-state-union-address-january-20-2015, abgerufen am
   27.07.2016
4 gabriel-zucman.eu/files/SaezZucman2015.pdf, Seite 1
5 www.pnas.org/cgi/doi/10.1073/pnas.1518393112, abgerufen
   am 26.6.2016
6 www.vox.com/2015/11/7/9684928/angus-deaton-white-
   mortality, abgerufen am 3.8.2016
7 www.epi.org/blog/income-stagnation-in-2014-shows-the-eco
   nomy-is-not-working-for-most-families/,abgerufen am 3.8.2016
8 www.whitehouse.gov/the-press-office/2016/01/12/re
   marks-president-barack-obama-%E2%80%93-prepared-deli
   very-state-union-address, abgerufen am 27.07.2016
9 www.gallup.com/poll/181490/obama-approval-ratings-histori
   cally-polarized.aspx?utm_source=Politics&utm_medium=news
   feed&utm_campaign=tiles, abgerufen am 26.6.2016
10 www.archives.gov/federal-register/executive-orders/disposition.
   html, abgerufen am 26.6.2016
11 www.vox.com/2014/7/24/5930247/financial-reform-is-
   working, abgerufen am 3.8.2016
12 www.whitehouse.gov/the-press-office/2016/03/22/statement-

president-sixth-anniversary-affordable-care-act, abgerufen am 28.7.2016

13 Ich habe in diesem Kapitel sehr vom breiten Überblick von Michael Grunwald profitiert und seiner ausführlichen Analyse der Ära Obama in seinem Artikel »The Nation He Built«, *Politico Magazine,* Januar 2016. Orszags Zitat befindet sich hier auf S. 26.

14 www.whitehouse.gov/climate-change, abgerufen am 26.6.2016

15 www.vox.com/2016/3/10/11192022/big-solar-boom-times? utm_medium=social&utm_source=twitter&utm_campaign= voxdotcom&utm_content=thursday, abgerufen am 26.6.2016

16 aceee.org/press/2014/09/new-air-conditioner-standards-would-, abgerufen am 26.6.2016

17 townhall.com/columnists/charleskrauthammer/2002/07/26/ stupid_vs_evil, abgerufen am 27.07.2016

18 David Frum: »The Great Republican Revolt«, *The Atlantic,* Januar 2016, S. 50

19 matthewg.org/papers/policyredblue3.pdf, abgerufen am 26.6.2016

20 www.handelsblatt.com/finanzen/anlagestrategie/zertifi kate/nachrichten/us-haushaltsstreit-ami-land-ist-abge brannt/8912240.html, abgerufen am 26.6.2016

21 US Census Bureau (via Chuck Todd, NBC News)

22 Zitat aus dem Film »Die Story: Donald Trump – Milliardär ohne Tabus« von Markus Schmidt, Ingo Zamperoni und David Muntaner, WDR, 04.05.2016

23 George Packer: »The Republican Class War«, *The New Yorker,* 9.11.2015

24 www.washingtonpost.com/news/in-theory/wp/2016/03/21/ our-socialist-youth-why-millennials-are-embracing-a-bad-old-term/, abgerufen am 28.07.2016

25 www.theatlantic.com/magazine/archive/2015/09/the-coddling-of-the-american-mind/399356/, abgerufen am 26.6.2016

26 Peter Beinart: »Why America is moving left«, *The Atlantic,* Januar 2016. Die erhellenden Ausführungen von Peter Beinart waren mir bei diesem Thema eine große Stütze.

27 www.vox.com/2015/11/25/9800174/why-one-political-scientist-thinks-donald-trump-might-actually-win, abgerufen am 29.07.2016

28 Netzwelt: »Die falsche Revolution«, *Der Spiegel,* 12/2016

29 theintercept.com/2016/02/29/cbs-donald-trump/, abgerufen am 28.07.2016

30 www.pewresearch.org/fact-tank/2014/03/10/61-of-young-re
    publicans-favor-same-sex-marriage/, abgerufen am 26.6.2016;
    www.pewresearch.org/fact-tank/2015/02/27/63-of-republi
    can-millennials-favor-marijuana-legalization/, abgerufen am
    26.6.2016

31 Beinart, a.a.O.

32 www.pewresearch.org/fact-tank/2014/12/12/racial-wealth
    -gaps-great-recession/, abgerufen am 26.6.2016

33 www.michigan.gov/documents/snyder/FWATF_FINAL_RE
    PORT_21March2016_517805_7.pdf, abgerufen am 26.6.2016

34 *New York Times*, 21.04.2015

35 Op-Ed von Larry D. Thompson, Deputy US Attorney General
    from 2001 to 2003, *New York Times*, 2.11.2015

36 www.washingtonpost.com/sf/national/2015/08/08/
    black-and-unarmed/, abgerufen am 26.6.2016

37 ProPublica Analyse vom 10.10.2014, www.propublica.org/article/
    deadly-force-in-black-and-white, abgerufen am 29.07.2016

38 Bericht des Justizministeriums vom März 2015: www.nytimes.
    com/interactive/2015/03/04/us/ferguson-police-department-
    report.html?_r=0, abgerufen am 19.6.2016; offener Brief des Justiz-
    ministeriums vom März 2016: www.justice.gov/crt/file/832461/
    download, abgerufen am 9.8.2016

39 E. J. Dionne Jr.: »Arizona´s voting rights fire bell«, *Washington
    Post*, 28.03.2016

40 www.voanews.com/content/ns-constr-stike-down-voten-
    restrictions-id-laws/3446149.html

41 Stefan Niemann: »Außer Schießen nichts gelernt?«, ARD Welt-
    spiegel, 13.12.2015

42 www.washingtonpost.com/sf/investigative/2015/12/10/new-
    style-of-police-training-aims-to-produce-guardians-not-warri-
    ors/, abgerufen am 19.6.2016

43 fortune.com/2015/12/01/gun-sales-black-friday/, abgerufen
    am 19.6.2016

44 www.law.cornell.edu/wex/second_amendment, abgerufen am
    19.6.2016

45 www.tucsoncitizen.com/morgue2/1999/03/04/147996-
    lagrand-18-minutes-to-die/, abgerufen am 20.6.2016

46 www.whitehouse.gov/sites/default/files/gun_violence_in_
    america_by_the_numbers.pdf, abgerufen am 28.07.2016

47 www.whitehouse.gov/the-press-office/2016/01/05/remarks-

president-common-sense-gun-safety-reform, abgerufen am 28.07.2016

48   www.vox.com/2015/10/3/9446193/gun-deaths-aids-war-terrorism, abgerufen am 20.6.2016

49   www.whitehouse.gov/the-press-office/2015/10/01/statement-president-shootings-umpqua-community-college-roseburg-oregon, abgerufen am 28.07.2016

50   »Guns in America: Obama Town Hall Meeting«, CNN, 07.01.2016

51   UNODC & Small Arms Survey (www.smallarmssurvey.org/publications/by-type/yearbook.html), via *The Guardian*; vgl. auch www.vox.com/2015/10/3/9444417/gun-violence-united-states-america.

52   David Hemenway: *Private Guns, Public Health – A Dramatic New Plan for Ending America´s Epidemic of Gun Violence*. Ann Arbor, The University of Michigan Press 2004, S. 61

53   andrewleigh.org/pdf/GunBuyback_Panel.pdf, abgerufen am 21.6.2016

54   www.youtube.com/watch?v=7OZIOE6aMBk, ab Minute 0:17

55   www.justice.gov/opa/speech/attorney-general-loretta-e-lynch-delivers-remarks-press-conference-announcing-complaint, abgerufen am 28.07.2016

56   abcnews.go.com/US/prescription-painkillers-record-number-americans-pain-medication/story?id=13421828, abgerufen am 21.6.2016

57   www.washingtonpost.com/local/education/maryland-couple-want-free-range-kids-but-not-all-do/2015/01/14/d406c0be-9c0f-11e4-bcfb-059ec7a93ddc_story.html, abgerufen am 21.6.2016

58   www.pewresearch.org/fact-tank/2015/11/20/40-of-millennials-ok-with-limiting-speech-offensive-to-minorities/, abgerufen am 28.07.2016

59   Markus Brauck: »Staatsaffäre Böhmermann«, *Der Spiegel* 15/2016

60   www.theatlantic.com/magazine/archive/2015/09/the-coddling-of-the-american-mind/399356/, abgerufen am 21.6.2016

61   ebenda

62   Jacob S. Hacker, Paul Pierson: *American Amnesia. How the War on Government Led Us to Forget What Made America Prosper*. New York, Simon & Schuster 2016

63   de.statista.com/statistik/daten/studie/1975/umfrage/staatsverschuldung-der-usa/

Teil II: New World Order

1   foreignpolicy.com/2014/05/28/president-obama-at-west-point-watch-the-speech-read-the-transcript/, abgerufen am 28.07.2016

2   »The Vox Conversation: Obama –Part Two: »Foreign Policy«, www.vox.com/a/barack-obama-interview-vox-conversation/obama-foreign-policy-transcript, abgerufen am 29.07.2016

3   Jeffrey Goldberg: »The Obama Doctrine«, *The Atlantic*, April 2016. Goldbergs exzellenter, aufschlussreicher und detaillierter Artikel war mir für dieses Kapitel besonders hilfreich.

4   ebenda

5   ebenda

6   ebenda

7   »The Vox Conversation: Obama – Part Two: Foreign Policy«, a.a.O.

8   CBS 60 Minutes-Interview mit Barack Obama am 09.10.2015 (www.cbsnews.com/news/obama-on-putins-military-mission-in-syria/)

9   Martin Ganslmeier: »Keine Weltpolizei mehr – Obama hat globale Rolle der USA verändert«, NDR Info, 10.02.2016

10 *Frankfurter Allgemeine Woche*, 17/2016, S. 24

11 www.theguardian.com/commentisfree/2016/apr/01/obama-claims-nuclear-weapons-reductions-start-treaty, abgerufen am 26.6.2016

12 a.a.O.

13 Aussage von Joe Biden: www.huffingtonpost.com/2014/12/09/joe-biden-torture-report_n_6296518.html, abgerufen am 4.8.2016. Aussage von Barack Obama: www.whitehouse.gov/the-press-office/2014/08/01/press-conference-president (abgerufen am 4.8.2016)

14 »The Vox Conversation: Obama – Part Two: Foreign Policy«, 2015, a.a.O.

15 www.youtube.com/watch?v=kV2HDM86XgI, O-Ton bei Minute 18:01, abgerufen am 2.7.2016

16 www.hrw.org/news/2014/05/08/us-modest-step-congress-nsa-reform, abgerufen am 2.7.2016

17 Marcel Rosenbach und Holger Stark: *Der NSA-Komplex. Edward Snowden und der Weg in die totale Überwachung*, München, DVA 2014, S. 223

18 www.zeit.de/2013/28/nsa-chef-alexander-keith, abgerufen am 23.6.2016

19 blogs.reuters.com/ian-bremmer/2014/07/17/world-cup-chants-reveal-true-state-of-u-s-german-relations/, abgerufen am 23.6.2016

20 www.bundeskanzlerin.de/ContentArchiv/DE/Archiv17/Reden/2011/06/2011-06-07-usa-medal-of-freedom.html, abgerufen am 23.6.2016

21 Foschepoth zit. bei Rosenbach/Stark, *Der NSA-Komplex*

22 Josef Foschepoth: *Überwachtes Deutschland – Post- und Telefonüberwachung in der alten Bundesrepublik*, Göttingen, Vandenhoeck&Ruprecht 2012

23 www.zeit.de/politik/deutschland/2013-10/nsa-ueberwachung-merkel-interview-foschepoth, abgerufen am 23.6.2016

24 www.theguardian.com/politics/2013/jun/10/nsa-offers-intelligence-british-counterparts-blunkett, abgerufen am 23.6.2016

25 Rosenbach/Stark, *Der NSA-Komplex*, S. 247

26 www.tagesschau.de/inland/bnd-spionage-103.html, abgerufen am 23.6.2016

27 Julia Krittian: »BND spähte offenbar Partnerstaaten aus«, *Tagesschau* 17 Uhr, 15.10.2015

28 www.tagesschau.de/inland/nsa-selektoren-107.html, abgerufen am 23.6.2016

29 money.cnn.com/2016/01/20/technology/aclu-state-privacy-laws/index.html?sr=twCNN012116aclu-state-privacy-laws0751PMStoryPhoto&linkId=20558961, abgerufen am 23.6.2016

30 www.wsj.com/articles/american-isis-recruits-down-but-encryption-is-helping-terrorists-online-efforts-says-fbi-director-1463007527, abgerufen am 23.6.2016

31 www.ndr.de/nachrichten/netzwelt/Am-Privacy-Shield-muss-nachgebessert-werden,datenschutz386.html, abgerufen am 23.6.2016

32 www.oekopol.de/archiv/material/622-19_ÖKOPOL_Quecksilber-aus-Kohlekraftwerken_V5.pdf, abgerufen am 23.6.2016

33 NDR Fernsehen: *Panorama3*, »Wie TTIP das Land spaltet«, 19.04.2016

34 chemicalwatch.com/47498/senate-negotiators-announce-tsca-deal, abgerufen am 30.6.2016

35 Alexander Hagelüken und Alexander Mühlauer »Geheime TTIP-Papiere enthüllt«, *Süddeutsche Zeitung*, 2.5.2016

36 Streitgespräch zwischen Robert Habeck und Friedrich Merz, *Spiegel* 48/2015

37   www.destatis.de/DE/ZahlenFakten/GesamtwirtschaftUmwelt/
     Aussenhandel/Handelspartner/Tabellen/RangfolgeHandels
     partner.pdf?__blob=publicationFile, abgerufen am 30.6.2016

38   www.tagesschau.de/wirtschaft/ttip-obama-merkel-101.html,
     abgerufen am 30.6.2016

39   www.tagesschau.de/wirtschaft/ttip-usa-103.html, abgerufen am
     30.6.2016

40   ebenda

41   Im Interview mit dem ARD-Studio Washington am 14.04.2016.

42   Rede vor dem Pacific Council on International Policy, Omni Ho-
     tel Los Angeles, 12.4.2016

43   Geoff Dyer: *The Contest of The Century*. New York, Knopf 2014,
     S.24 ff.

44   Jeffrey Goldberg, »The Obama Doctrine«, a.a.O.

45   www.tagesschau.de/ausland/suedchinesisches-meer-115.html

46   www.nytimes.com/interactive/2015/07/30/world/asia/what-
     china-has-been-building-in-the-south-china-sea.html?_r=0,
     abgerufen am 30.6.2016

47   www.nbcnews.com/news/us-news/chinese-intercept-u-s-mi
     litary-spy-plane-over-south-china-n576351, abgerufen am
     30.6.2016

48   rhg.com/notes/chinese-fdi-in-the-us-2015-recap, abgerufen am
     30.6.2016

49   www.youtube.com/watch?v=JlkLhVo3PbY

50   www.manager-magazin.de/politik/weltwirtschaft/deutschland-
     tritt-aiib-bei-china-spaltet-westen-mit-bank-a-1024354.html,
     abgerufen am 30.6.2016

51   Gespräch mit dem Autor und im Film »Die Story im Ersten: Chi-
     nAmerika – Duell der Supermächte« – ein Film von Christine
     Adelhardt und Ingo Zamperoni, ARD, 10.11.2014

52   Zachary Karabell: *Superfusion. How China and America Became
     One Economy and Why the World´s Property Depends on It*. New
     York, Simon&Schuster 2009

53   Jackson Janes und Yixiang Xu: »Changing Parameters of Inter-
     dependence: The Triangle of German-Chinese-US Relations«,
     www.aicgs.org/site/wp-content/uploads/2016/01/Changing-
     Parameter-of-Interdependence-.pdf, abgerufen am 30.6.2016,
     AICGS, Johns Hopkins University

54   Charles Kupchan: *No One's World. The West, the Rising Rest, and
     the Coming Global Turn*. New York, Oxford University Press 2012

Teil III: Unterschiede und Gemeinsamkeiten

1   www.amnestyusa.org/news/press-releases/new-poll-shows-majority-of-americans-believe-us-must-do-more-for-refugees-0, abgerufen am 30.6.2016

2   www.keepeek.com/Digital-Asset-Management/oecd/social-issues-migration-health/talente-im-ausland-ein-bericht-uber-deutsche-auswanderer_9789264234055-de#page1, abgerufen am 2.7.2016

3   www.bbsr.bund.de/BBSR/DE/Veroeffentlichungen/Analysen-Kompakt/2015/DL_12_2015.pdf?__blob=publicationFile&v=3, abgerufen am 30.6.2016

4   www.tagesschau.de/wirtschaft/unternehmen-fluechtlinge-101.html, abgerufen am 30.6.2016

5   www.whitehouse.gov/the-press-office/2014/11/20/remarks-president-address-nation-immigration, abgerufen am 28.07.2016

6   ebenda

7   www.washingtonpost.com/opinions/following-germanys-lead-on-the-refugee-crisis/2015/09/14/977695e6-5b01-11e5-8e9e-dce8a2a2a679_story.html, abgerufen am 3.8.2016

8   Grover Cleveland, »Veto of the Texas Seed Bill«, 16. Februar 1887 (www.presidency.ucsb.edu/ws/?pid=22943, abgerufen am 29.07.2016)

9   www.youtube.com/watch?v=a6p8CM7zbnw, ab Minute 0:58, abgerufen am 28.07.16

10 »The Next Generation of American Giving«, *Blackbaud* (www.blackbaud.com/nonprofit-resources/generational-giving-report)

11 Georg Diez: *So gesehen*: »Gut+Mensch=schlecht«, *Der Spiegel* 3/2016

12 Jefferson to William Roscoe, December 27, 1820, in: Andrew A. Lipscom and Albert Ellery Bergh (ed.): *The Writings of Thomas Jefferson*, vol. 15. Washington D.C., 1903–04, S. 303; Franklin D. Roosevelt: Commencement Address at Oglethorpe University, Atlanta, Georgia, 2.5.1932, www.presidency.ucsb.edu/ws/?pid=88410

13 newsroom.cnb.com/venture-capital-report-silicon-valley-q4-2015, abgerufen am 3.8.2016

14 www.elektroniknet.de/elektronikfertigung/strategien-trends/artikel/116855/, abgerufen am 1.7.2016

15 www.dpma.de/docs/service/veroeffentlichungen/jahresberich-te/jahresbericht2015_barrierearm.pdf, abgerufen am 1.7.2016

16 www.uspto.gov/web/offices/ac/ido/oeip/taf/us_stat.htm, ab-gerufen am 1.7.2016

17 www.pbs.org/newshour/updates/paralyzed-man-moves-finge rs-plays-guitar-hero-with-brain-implant-milestone/, abgerufen am 1.7.2016

18 www.ard.de/home/wissen/Die_Verschmelzung_von_Mensch_ und_Maschine/2147050/index.html, abgerufen am 1.7.2016

19 John Markoff: »Pentagon courts tech for robotic weaponry«, *New York Times*, 12.5.2016

20 www.ard.de/home/wissen/Die_Verschmelzung_von_Mensch_ und_Maschine/2147050/index.html, abgerufen am 1.7.2016

21 Andrea Peterson: »Tech titans like Elon Musk are spending $1 billion to save you from terminators«, Washington Post, 15.12.2015

22 www.nature.com/news/chinese-scientists-genetically-modify- -human-embryos-1.17378, abgerufen am 1.7.2016

23 In: Morgan Spurlock: *Inside Man* (CNN), via Homepage von Cambrian Genomics (nicht mehr abrufbar).

24 »German-Americans: The Silent Minority«, *The Economist*, 07.02.2015

25 ebenda

26 www.usnews.com/news/best-countries/overall-full-list

27 www.pewresearch.org/fact-tank/2015/05/07/5-key-takeaways-about-the-u-s-german-relationship/, abgerufen am 1.7.2016

28 Vgl. »Through a newPrism. A Next generation Strategy for the US-German Relationship«, *Atlantic Council*, www.atlanticcoun-cil.org/publications/reports/through-a-new-prism-a-next-gen eration-strategy-for-the-us-german-relationship, abgerufen am 4.8.2016

29 www.spiegel.de/netzwelt/web/us-vorwahl-sascha-lobo-erklaert-donald-trumps-erfolg-in-drei-tweets-a-1090742.html, abgerufen am 1.7.2016

30 Zit. in Jochen Stahnke und Johannes Pennekamp: »Das unter-schätzte Bündnis«, *Frankfurter Allgemeine Woche*, 17/2016

31 www.bti-project.org

32 Via Pressemitteilung der Bertelsmann Foundation vom 29.02.2016

33 Franklin D. Roosevelt: *Inaugural Address, March 4, 1933*, zit. Samu-

el Rosenman (Hg.): *The Public Papers of Franklin D. Roosevelt, vol. 2: The Year of Crisis, 1933*. New York, Random House 1938, 11–16

34 www.zeit.de/2013/28/nsa-chef-alexander-keith/seite-2, abgerufen am 23.6.2016

35 www.nytimes.com/2012/06/01/world/middleeast/obama-or dered-wave-of-cyberattacks-against-iran.html?_r=0, abgerufen am 1.7.2016

36 www.bsi.bund.de/SharedDocs/Downloads/DE/BSI/Publikatio nen/Lageberichte/Lagebericht2015.pdf;jsessionid=2A8A51FB 924F7F4A556FE87D74391488.2_cid359?__blob=publication File&v=4, abgerufen am 1.7.2016

37 www.tagesschau.de/inland/verfassungsschutz-warnt-vor-cyber attacken-aus-russland-101.html, abgerufen am 1.7.2016

38 www.tagesschau.de/ausland/tv5-hacker-101.html, abgerufen am 24.03.2016

39 Thomas Bagger: »The German Moment in a Fragile World«, *The Washington Quarterly* 4/2015, S. 33, via Karen Donfried

40 »Through A New Prism – A Next Generation Strategy for the US-German Relationship«, Atlantic Council 2015, www.atlantic council.org/images/publications/US_Germany_Next_Genera tion_Report_webfinal_2.pdf , abgerufen am 1.7.2016

41 www.whitehouse.gov/the-press-office/2015/03/07/remarks-p resident-50th-anniversary-selma-montgomery-marches, abge rufen am 1.7.2016

42 Kupchan, S. 64

43 Stahnke/Pennekamp, a.a.O.

44 Zit in. Karl Schön: »Johannes Gross – Freundliche Erwiderung: Notizbuch«, *BookRix*, 2014

Register

Ingo Zamperoni

Anderland
Die USA unter Trump –
ein Schadensbericht

Gebunden mit Schutzumschlag
Auch als E-Book erhältlich.
www.ullstein-buchverlage.de

*Ingo Zamperoni über ein Land auf der Suche nach sich
selbst*

Es wird immer klarer, welche Zäsur die Präsidentschaftswahl 2016 in der Geschichte der USA bedeutet.
Wie gelingt es Donald Trump, vor allem bei den weißen
Amerikanern nach wie vor so tiefe Emotionen anzu-
sprechen? Wie spürbar ändern sich durch einen Staats-
lenker, der die üblichen Regeln des politischen Mitei-
nanders bricht, das ganze Land und seine Leute? Und
ist Trump mit seinem Stil nicht erfolgreicher, als viele
es wahrhaben wollen? In persönlichen Begegnungen
und Betrachtungen erlebt Ingo Zamperoni ein Amerika, das aus den Fugen geraten ist und in dem die Risse
sogar quer durch die eigene Familie geht. Sein Buch
zeichnet ein präzises Bild der heutigen Stimmungslage
in den USA.

ullstein